新时代·职场新技能

秘书工作手记 2
怎样写出好公文

像玉的石头 / 著

SECRETARY WORK NOTES 2

清华大学出版社
北京

内 容 简 介

之前从没有出现过这样一本公文写作书。

它是一本真正教你"怎样写"的公文写作书,不是罗列"优美、简洁、严谨"这类标准,而是手把手教你一步步写;它是一本不唱高调的公文写作书,不谈远大理想,而是实事求是告诉你工作中什么样的文章才能过关;它是一本把互联网思维放在极端重要位置的公文写作书,不回避网络,而是坚信现在写稿子写得好的人,就是搜索引擎用得好的人;它是一本举例完全贴近实践的公文写作书,完全放弃华而不实的诗词歌赋,例子都是最近最新的公文素材和范例;它是一本特别不待见堆积范文的公文写作书,没有一篇完整的范文,但教给你精准找寻范文、充分利用范文、深刻改造范文的神奇法门;它是一本文风清奇的公文写作书,说好话讲公文,直接把干货晾出来,你拿走就是。同时它也是一本关心笔杆子成长发展的公文写作书,在这里,写公文不是目的,写是为了成长,是为了发展;写是铺路石,是垫脚砖。

在这本书里,写文章不是什么"经国之大业,不朽之盛事",只是一项与我们须臾不离的工作内容。这本书可以帮助你更轻松、更快捷、更精美地写出让领导满意的公文。

希望你看完这本书,不但能写出合格的稿子,或许还能有时间陪陪孩子、看看闲书,拥有自己更丰富的业余生活和精神世界。

本书封面贴有清华大学出版社防伪标签,无标签者不得销售。

版权所有,侵权必究。举报:010-62782989,beiqinquan@tup.tsinghua.edu.cn。

图书在版编目(CIP)数据

秘书工作手记2:怎样写出好公文 / 像玉的石头著. —北京:清华大学出版社,2019(2024.11重印)
(新时代·职场新技能)
ISBN 978-7-302-51957-7

Ⅰ.①秘⋯ Ⅱ.①像⋯ Ⅲ.①公文—写作 Ⅳ.①C931.46②H152.3

中国版本图书馆CIP数据核字(2018)第294806号

责任编辑:刘 洋
封面设计:李召霞
版式设计:方加青
责任校对:王凤芝
责任印制:沈 露

出版发行:清华大学出版社
   网 址:https://www.tup.com.cn,https://www.wqxuetang.com
   地 址:北京清华大学学研大厦A座 邮 编:100084
   社 总 机:010-83470000 邮 购:010-62786544
   投稿与读者服务:010-62776969,c-service@tup.tsinghua.edu.cn
   质 量 反 馈:010-62772015,zhiliang@tup.tsinghua.edu.cn
印 装 者:大厂回族自治县彩虹印刷有限公司
经 销:全国新华书店
开 本:170mm×240mm 印 张:22 字 数:334千字
版 次:2019年5月第1版 印 次:2024年11月第27次印刷
定 价:69.00元

产品编号:080372-01

自序

之前从没有这样一本公文写作书

在中国，每天可能有成百上千万人，在为拼凑"加强领导、强化认识、开创新局面"等话语抓耳挠腮。所以，关于公文写作的书应市而生，各种《公文大全》《公文指导》数不胜数。

但很可惜，直到今天，石头还没有发现一本既具权威，又有智慧和诚意的，且能用通俗易懂的方式，对公文写作这项工作进行讲解和指导的书籍。这就是《秘书工作手记2》聚焦公文写作的初衷。这本书的写作，在起意之初，就决定写成一本公文写作界的泥石流，横冲直撞，甚至让人惊掉下巴。

它，是一本真正教你"怎样写"的公文写作书。

你可能会疑惑，那些林林总总的"公文写作"书，哪一本不是教人写公文的，石头好大的胆子，敢拿"第一"给自己脸上贴金。

这还真不是石头吹牛。绝大多数的此类书，虽然号称"公文写作书"，但其实根本不教方法，只是连篇累牍陈述标准，顶多算一套"好公文标准指南"。

比如，石头手边有一本流传颇广的公文写作书，主要观点是公文写作要做到"八面玲珑"，它的八个观点是："一要文如其人，二要有的放矢，三要因地制宜，四要精准到位，五要立意高远，六要千变万化，七要创新进取，八要务实管用。"

说得好不好？确实精彩。但问题在于，这些本质上只是好公文的标准，根本没有体现"怎样写"，我怎样去达到这些标准呢？很遗憾，没有讲。

对于两鬓斑白的资深笔杆子，这样讲或许具有提点的意义，但对于一个公文写作的生手来说，这样教公文写作就是耍流氓。如同一个人根本还没学会游泳，你不去教收翻蹬夹，却只告诉他100米男子自由泳世界纪录是46秒91，就照着这目标努力吧。

石头不一样。石头手把手教你写。我不光有"道"，更注重"术"。比如说标题，别人只说标题要亮、要抓人、要新颖，这都是标准，可怎样才能做到呢？石头把现在公文写作中常见的、显得特别酷炫的标题种类一一给你摆出来：单字重复型的、生动比喻型的、引用型的、谐音型的，一看就懂，一学就会。

它，是一本不唱高调的公文写作书。

大多数公文写作书都爱唱高调，什么"文章乃经国之大业，不朽之盛事"，这是制度的性格和文人的自负双重作用的结果。比如，关于公文要不要简约，不少公文写作书中总有这么一节："公文要力求简约，写短文、说短话，是我们一贯提倡的文风。"意思是短文才是好公文，短文才能实在。道理固然没错，但放到公文写作的实践中看，有意义吗？

写短那是理想，不是标准，更不是现实！实际操作中需要的，我们就要服从。我们活在现实之中，如果你按这些公文书提倡写短的要求删繁就简，把前面啰哩啰唆的指导思想、后面啰里啰唆的号召口号删掉不写，这样的稿子能过关才怪呢。

再比如，不少书在谈到如何调整写公文的心态时，动辄就要求写作者对公文写作要热爱，写公文要有情怀，要把写公文当作事业。这样的话听起来固然过瘾，但实在是要求过高。

实际上，尊重常识更有助于我们接近真理。对大多数人来说，写材料不过是工作，那我们就从工作的层面来谈来说，别动辄上升到热爱、事业的高度，那样于事无补，毕竟我们不能用模范的标准去要求每一个普通人。

石头的这本书，不唱高调，实事求是地把写公文当作一种工作，以平常心来看待。比如，在讲我们为什么要写好公文的时候，石头从写好公文自己能得到什么讲起，这才是符合常识和人性的思维逻辑。

它，是一本把互联网思维放在极端重要的位置，去突出、去强调的公文写作书。

在这个互联网无孔不入的时代，公文写作也被深刻地改造了。不少人都有写前上网搜一搜的习惯，但搜的时候有时自己心里也在打鼓：这样到底对不对啊？

石头明确告诉你，在互联网时代之前，材料写得好的人，往往是特别喜欢做剪报，特别喜欢读书，特别喜欢背书，特别喜欢藏书的人。

但现在，写稿子写得好的人，变成了搜索引擎用得好，能够发现最合适的内容，并利用互联网进行积累，同时思考、综合、借鉴和发散能力特别强的人。所以，搜一搜不但不可耻，而且还是一项我们必须熟练深入掌握的技能。

有人对网上公文材料的质量不屑一顾，他们的观点是："网上的公文材料，大多粗鄙不堪，不值得花费过多功夫研究，也没有下载收藏的必要。"

真的是这样吗？石头告诉你，大错特错！你觉得网上公文质量不高，是因为你根本不会用百度，很多人写材料，其实只用了百度功能的十分之一！而在这本书里，石头会教大家怎么找到连你自己都不敢相信会被放到网上的素材。

它，是一本举例完全贴近实践的公文写作书。

很多公文写作书中举的例子，动不动就是李白、孟浩然、柳宗元、韩愈、杜甫怎么说，《文心雕龙》、四书五经怎么说。大文豪当然让人心生景仰，但离我们实际的公文写作很远。一个时代有一个时代的文风和需要，毛主席的文章挥洒自如、淋漓畅快，但拿到今天，也不一定完全合适。

石头这本书，在举例上特别注意贴近实际，放弃华而不实的例子。书中所举之例，要么是党代会报告、政府工作报告，要么是石头自己写过的材料，或者是在别的地方看到的优秀公文实例，都是最近最新的素材和范例。石头觉得，这样新鲜的案例对我们才有参考意义。

它，是一本特别不重视、不待见堆积范文的公文写作书。

有很多材料员极端依赖范文，一些编者就投其所好，编撰各种公文写作范例范文大全，内容就是范文和模版的堆积，厚厚一本，直接给一些行文结构和固定范式，拿来读吧，毫无营养；拿去学吧，早已过时。

这都什么时代了，什么好范文网上找不到，还需要花钱买一本过时的范文大全？石头可以断言，你如果还在看着纸质的范文大全写材料，你的公文眼界绝对处于末流。

石头这本公文写作书，没有一篇完整的范文，但我会教给你精准找寻范文、充分利用范文、深刻改造范文的神奇法门。有了这些方法，我们不用再把目光局限于纸上那几篇可怜的范文，而是随时可以投身到范文的汪洋大海中遨游。

它，是一本文风清奇的公文写作书。

之前有过不少业内人士撰写的公文写作书，其中也不乏真知灼见，问题在于形式太过陈腐枯燥。公文的形式是板正规范的，有时甚至是僵化、毫无生气的，但背后的思考和创造其实是生动活跃的。

然而，绝大多数公文写作者没有意识到这一点，他们已经被彻底"形式化"，出于强大的惯性，明明有积淀，有思考和创造，却只会以一以贯之的、僵化冗长的形式来表达自己几年、几十年来的经验，对受众和自己都是一种折磨。

比如有本公文书，石头翻看目录一看，各节标题多是"万变之宗、挥斥之始""掘旺水井、作辁辘体""相马相骨、探水探源"。我是来学成语的还是来学公文写作的？我糊涂了。

这样的文风固然能体现作者的高水平，但也为读者阅读设置了障碍。石头觉得，既然是想教读者公文写作技能，就应该说好话讲公文，让读者把注意力集中到技能本身上，直接把干货晾出来，读者拿走就是。

所以，石头要用非公文的叙事方式来讲公文，语言力求平实风趣，一看就懂，最大限度减少信息冗余，就像一位老师在你耳边娓娓道来。

它，是一本关心笔杆子成长发展的公文写作书。

大部分公文写作书，就写论写，只谈写材料。在石头看来，这远远不够，写只是我们能力的一种，写是一种工具，而不是全部的意义。说得功利点，现在写材料，是为了以后早点脱离苦海。

在这本书中，除了怎么写公文，石头还会跟大家一起探讨，在单位要不要专司写公文，写公文是否影响被提拔速度等一系列涉及材料人综合发展的问题。毕竟，写是为了成长，是为了发展，写公文是我们的铺路石、垫脚砖。

在这本书里，文章不是什么"经国之大业，不朽之盛事"，只是一项与我们须臾不离的工作内容。石头想通过这本书，帮助你更快、更好地写出让领导满意的公文。

石头衷心希望，看完这本书，你不但能写出合格的稿子，或许还能有时间陪陪孩子、看看闲书，拥有自己更广阔的业余生活和精神世界。

当然，如果你立志成为大笔杆，本书一定也能对你有所启发，让你掉头发的时间来得晚一些。

辛苦了，笔杆子们！

怎样写出好公文

怎样写出好公文这件事，如果放开让人去讲，能讲上三年都不重样。石头不想搞那么复杂，毕竟，写一篇公文都用不了这么久对吧？讲清楚写公文最简单、最直接、最有效的办法，就是把石头自己写公文时的步骤完整、直接地还原出来。

当接到一个写作任务之后，石头是怎么着手，一步步"整"出一篇材料的呢？这是这篇序想开宗明义说到的问题。

开讲之前，先明确一下本书中公文的定义。如果我们在百度中输入"公文"二字，得到的结果一般是：根据2012年《党政机关公文处理工作条例》等规定，公文包括命令、议案、决定、指示、公告、通告、通知、通报、报告、请示、批复、函、纪要等共15种。

然而，石头在这本书里要讲的公文写作法，并不是讲怎么写命令、议案、决定、指示、公告、通告、通知、通报、报告、请示、批复、函、会议纪要，这些都是法定公文，也就是《党政机关公文格式》明确规定的公文品种，因为法定，所以格式、要求都非常固定，网上找个模板一套就完了，再费口舌实在是浪费时间。

石头在这本书中说的公文，主要是指非法定公文，也就是《党政机关公文格式》中并未规定，但又在党政机关日常工作中大量使用的文字材料，比如领导讲话、主持词、工作报告、工作汇报、工作总结、述职报告、文件、调研报告、经验介绍、心得体会、理论文章，等等。此类公文有着与法定公文迥然不同的特点：用量大，几乎天天都需要；篇幅长，动辄成千上万字；要求高，领导特别关心关注；变化多，没有格式文本可以参考，等等。总之，非法定公文比法定公文那种大路货难搞多了，我们平时也亲切地称这类公文为"材料""文稿""稿子"。也就是说，石头在这本书中解析的"怎样写公文"，本质上是"怎样写材料""怎样写文稿""怎样写稿子"。

石头每次写材料，主要步骤有七步：问，搜，搭，填，顺，亮，磨。

第一步，问。

问就是探寻背景。问领导、查通知，搞明白为什么要写这篇材料，是用于推动工作，还是用于向上级汇报，还是仪式性表态。然后还要弄清楚这个材料起草的背景是什么，领导有什么想法，当前的形势任务有哪些，上级的部署要求是什么，行业有什么趋势和动态，涉及的工作内容有哪几块，等等。关于怎么问才能搞清楚写材料的意图，请详细阅读本书的**第四章。**

第二步，搜。

搜就是搜集素材。搜自己的计算机，搜百度、知网，看本单位这几年有没有类似材料，看外单位有没有相关材料，看网上有没有能启发思路的材料。建个文件夹，把材料都放进去。好的篇章，整个拷下来，有启发的句子，也摘录在文档里。完全程式化的材料就模仿改造一下，需要下功夫的个性化材料，也要搞清楚大概的套路是什么。总之，素材搜得越多，自己写起来就越能游刃有余，搜集素材的时间，甚至可以长于动笔时间。关于怎么搜方可手握大量素材，请详细阅读本书的**第二章、第三章。**

第三步，搭。

搭就是搭框架。大概确定我这个材料分哪几个部分，每个部分大概写什么观点，最好细化到二级标题。这时候标题还不一定要特别工整美观，美化的工作我们可以放到后面再去做，但每一部分想表达的意思要基本明确。搭标题的好处有两个：一是可以明晰逻辑关系，几个标题之间是平行关系还是递进关系，一看就清楚了；二是可以少折腾，标题确定之后，我们就可以拿着去找领导，让领导看看这个路子到底对不对。不然你全部写出来再推倒重来，代价就大了。关于怎么搭才能形成公文合理框架，请详细阅读本书的**第四章**。

第四步，填。

填就是填充内容。按照要素填充法，把之前收集素材中可用的材料填上去，把每个段落的内容填上去。填充不是大段大段地复制粘贴各种素材，对于可以模仿的素材，一定要调整一下说法，然后加上本部门本单位本地区的实际内容。在这个过程中不要停，不要憋，有缺失的地方，需要补充素材了，就回到"搜"的步骤中，继续补充，以最快的速度先组出一篇初（粗）稿。这时候你有个靶子了，就知道怎么改了。千万不要想着毕其功于一役、文不加点一气呵成，好材料都是改出来的。关于怎么填方可让材料内容丰满翔实，请详细阅读本书的**第五章**。

第五步，顺。

顺其实就是初改。从头到尾梳理一遍，消灭文章里的硬伤。前面组出来的初（粗）稿，混杂了各种来源的素材，必然有很多问题：逻辑不顺的问题，重复的问题，语句错误的问题，篇幅失衡的问题，啰哩啰唆的问题，数据不一致的问题，语言风格差异的问题，等等。这些都要在我们顺稿子的过程中予以调整。顺完之后，一篇基本合格的稿子，就可以拿出手了。关于怎么顺，怎么给材料去枝去蔓，请重点参考本书**第七章**。

第六步，亮。

亮就是给基本稿加料、增亮，有意识制造亮点。不少人写材料有一个误区，觉得稿子里特别亮眼的话，都是灵光乍现写出来的。以石头的经验来看，材料中特别精彩的地方，确实不乏灵光一现的神来之笔，但这个灵感是可遇不可求的。就像说相声的人，包袱并不是他们现场想出来的，而是排练了无数次，试验了无数次，验证了无数次，事先安排好的。基本稿拿出来之后，要花很多的时间，放在加料和增亮上。之前，标题只是平铺直叙的观点，这时就要用一套比较酷炫的标题来进行改造；语句比较平，我们就专门找典语、找金句，加进去；内容有点空，我们就加数据、加故事，不断丰富细节。大家一定要明白，领导看稿子的时候，其实根本没有精力去字斟句酌，影响他们判断的往往就是标题、开头、结尾和一两句亮眼的话，这也是我们着力的重点和主攻方向。石头每次在加料上面会花很多的时间和心血，一句让人心头一颤的话，能拯救无数篇平庸的稿子。关于怎么提亮，怎么给材料化妆穿戴首饰，请重点参考本书**第六章**。

第七步，磨。

磨就是继续深入修改。好文章是改出来，改的次数越多，文章质量就越高。尤其是对特别重要的稿子，你心里虽然觉得差不多了，但还是先收一收，稳一稳，别急着交，隔一阵就拿出来从前到后通读一遍。石头的经验是，放一放再改，会有完全不同的感受。有的稿子即使改了十几遍，也从来没有一次改无可改，每一次修改仍会有增有减，甚至到交稿前的几分钟，还能给一两个字换个说法，删掉一些冗长的表述，有句话叫"文章不厌百回改"，确是真理，稿子越改越好。关于怎么磨，让出自你手的公文无懈可击，请重点参考本书**第七章**。

目录

第一章　不能不会写，也不能只会写：关于心理 \ 001

　一、写作是一种武器 \ 002

　二、不能不会写，也不能只会写 \ 004

　三、如何让一把手充分了解我高超的文稿写作
　　　水平？ \ 010

　四、帮领导写好公文，我们自己能得到什么？ \ 014

　五、兄弟，你写的是文稿，不是文章 \ 019

　六、对材料的执念，或许正在毁掉你 \ 020

　七、写材料，套路是可耻的吗？ \ 026

　八、我们不生产文字，我们只是文字的搬运工 \ 031

第二章　先上网搜一搜：关于互联网 \ 041

　一、我为写材料时"先偷偷上网搜一搜"找到了坚实的
　　　理论依据 \ 042

　二、请笔杆子收藏这些网站 \ 044

　三、写材料，你其实只用了百度功能的十分之一 \ 054

第三章　模仿无罪：关于基础 \ 063

　一、模仿无罪 \ 064

二、模仿的路径 \ 067

三、手把手教你找到模仿对象 \ 076

四、不要走上抄袭的邪路 \ 082

五、如饥似渴地霸占素材 \ 083

第四章　领导所想，即我所写：关于思路 \ 091

一、意图才是硬杠杠 \ 092

二、领导所想，即我所写 \ 100

三、这像是我的话！这本来就是您的话！ \ 104

四、代拟文稿也能体现领导个性 \ 110

五、写出高度是最容易的事 \ 115

六、想明白，更要说清楚 \ 127

七、理顺公文逻辑的手法 \ 139

第五章　到底写点啥：关于内容 \ 147

一、不知道写什么话？要素组合法了解下！ \ 148

二、要素组合公式放送 \ 158

三、词和句是必须闯过的关卡 \ 162

四、领导老说你语言太平，问题就出在修辞上 \ 174

五、领导有时只看开头结尾 \ 184

六、结尾再起飞 \ 191

七、写实讲话稿正文的几种办法 \ 196

第六章　刻意打造亮点：关于出彩 \ 201

一、刻意打造公文写作中的亮点 \ 202

二、写好公文的第一要务是做亮标题 \ 212

三、单字重复，当今标题界第一网红 \ 229

四、拟写标题三步就成型 \ 235

五、用典约等于有才 \ 238
　　六、营造浓厚的细节感 \ 251
　　七、如何用数据才能不山炮？\ 259

第七章　给文章整容：关于修改 \ 267

　　一、给文章整容 \ 268
　　二、用5分钟大幅提升公文质量和水准 \ 280
　　三、写材料，可以在格式上花的一些小心思 \ 285
　　四、一个错别字毁所有！\ 289

结语　假如学写公文有捷径，那么一定有且只有这一条 \ 295

参考文献 \ 300

附录一　党政机关公文格式 \ 301

附录二　党政机关公文处理工作条例 \ 325

第一章

不能不会写,也不能只会写:关于心理

chapter 1
<<<

一、写作是一种武器

某次,石头偶然碰到一个毕业刚一年的学生回来办某项手续,表上要填月收入。这位在证券公司工作的"95后",在表上写下的月收入是4万元。

当时石头感觉胸口受到猛击:"哦,原来我们体制内的收入,真的,已经滑向底层了。"

更可怕的是,对很多人来说,进入这座"围城",一开始你会不适应,想反抗;慢慢地,你习惯生活在其中,不幻想不折腾不纠结,平凡寡淡地生活下去,直至终老。

当然,也有例外,有的人硬是在这围墙里活出了别样人生。"公务员队伍斜杠青年",当代最畅销的历史演义《明朝那些事儿》的作者当年明月就是其中之一。

据网络上能收集到的公开资料显示,当年明月,本名石悦。1979年出生在宜昌一个普通干部家庭,曾经是广东顺德海关公务员,以《明朝那些事儿》成名于互联网,截至2014年《明朝那些事儿》累计销量过千万册,创下中国图书销量奇迹。

公务员石悦同志收入高,其实早就不是新闻,为啥今天石头又把这事拉出来说一遍呢?

是因为前几天传来消息,今年4月底,石悦已经荣升山东省政府办公厅综合处处长。

省府办综合处处长,位置有多重要,各位办公室同仁心里大概都有数。

办公厅哪个处处长最容易得到提拔呢？当然是综合、秘书。可以说，石悦同志一只脚已经迈进了厅官的门槛里。

啧啧啧，坐拥数千万合法收入，39岁又出任实权处长。

如果说，之前的当年明月，还不过是体制内靠副业致富的典范。那么，现在的石悦同志，已经可以说是事业财富双丰收的体制内生存样本了。

这样走向人生巅峰的神操作，除了作为吃夜宵的谈资佐料，我们俗人能不能受点熏陶、启发呢？

石头觉得还是可以的，最关键的，我们应该充分感受到"写作"中蕴含的巨大力量。

互联网时代，写作具备了穿透层级、地域、时间的力量，成为不少普通人崛起的机会。

写作在这个时代成为一种武器，越能写，就越能影响更多的人、连接更多的人。

而体制内的同志们，大多数写作功底还是可以的，如果你对做点什么毫无头绪，能写，会写，爱写，或许是我们手头现有的、寻求改变的最有力也最实际的工具。

你可能要说，当年明月这种是体制内"大牛"、知名作家，又是部委的，我一个基层干部可能学不了。

那我们可以学学"小牛"啊！去年，大家可能都在网上看到一篇"最燃党课"《做最优秀的自己》频繁刷屏，作者是一位1988年出生的中部某县县委组织部党员教育中心主任。

作为组织部的党员教育中心主任，讲党课是他的业务、本职工作。

但是一旦党课这种螺蛳壳里也做出了道场，讲得好之后会怎样呢？

石头偶然看到前几天《湖北日报》报道，这位年轻的主任现在应邀到各地讲座，多省份媒体全文刊载演讲稿，全国不少地方集中学习，不知情的人还以为碰到了什么国学大师、人生导师。

这可是基层啊！这可是科级干部啊！大多数人的平台至少不比他低吧？人家怎么就风生水起了呢？

无非钻、专。所以，你手头的让你痛苦不堪的材料，或许就是大学问呢？或许就是你改变的契机和起点呢？

写材料，究竟是让我们起飞的平台，还是让我们沉沦的陷阱，大概，取决于我们自己吧。

二、不能不会写，也不能只会写

关于写材料和提拔之间的关系问题，历来众说纷纭。

有人表示，文字水平的高低，跟晋升速度的快慢没有必然联系。百度一下各级官员的履历，多数人都没有专职写材料的经历；观察一下本单位的领导，也没几个是"笔杆子"出身。

他们进而得出结论，不要试图把写材料当成升官晋爵的敲门砖，不仅敲不开，还容易砸到自己的脑袋。那么，材料写得好，对个人发展的影响和助推到底有多大呢？

1. 写材料的人，不少提拔得快

有人觉得写材料的人提拔不见得快，也有曾在材料堆里摸爬滚打了几十年的老办公室人，真心诚意地对石头说："材料写好了，真的有前途。"他粗略估算了一下，就认识的跟材料打交道的同事、上级、下级，被省、地、县、乡机关提拔的不下200人，有人现已官至副部级，偶尔还在央视《新闻联播》中露脸1秒钟；还有1人成了《人民日报》重磅栏目××文的写手之一……

他还如数家珍般地给石头举出好几个因为材料写得好，才得到提拔的例子，石头正好转述给大家，你权当故事听听吧！

气势磅礴的高正雄

高君，20世纪80年代初从某县师范毕业分配到该县实验中学教语文，平常喜欢写写画画，笔耕不辍，一路"写"进了县教育局、县文办（当时文办管文、教、卫等）、县委办公室，并渐入佳境，成为县委办公室"三大笔杆"之一。

到1993年他已升任县委办公室副主任，后被安排到县体改办当主任，大家都认为他已经功成名就，终于可以在体改办养尊处优了。

谁知道人算不如天算。1996年，从外地调来一位县委书记——牛书记，此人思想解放，敢想敢干，尤其是讲话富有感染力、极具气势，用当地人的话来说，就是"能把死的说成活的"，往往听得人热血沸腾、激情四射。

牛书记要求材料也要有震慑力、感染力，办公室的写手们使出浑身解数为书记写出的讲话，总被牛书记束之高阁，甚至嗤之以鼻。在材料一片叫紧的危难之际，有人向牛书记推荐了高君，牛书记一声令下将其招至麾下。

高君到岗后，仔细研究了牛书记过去几年的讲话，发现他善于引经据典，尤其喜欢引用毛主席等伟人、名人的诗词名句，于是他便投其所好，写出的讲话谈古论今、气势磅礴，大有摧枯拉朽之势。

他还首次把"雄关漫道真如铁，而今迈步从头越""俱往矣，数风流人物，还看今朝"等写进了党代会报告，深得牛书记喜爱。凡有其他部门请牛书记讲话报材料来，牛书记看都不看，只签一句"请高正雄把关后再送我"。

牛书记干劲十足，已调到省里工作，现为副省级干部，高君也进了县委常委，后任县人大主任，去年光荣退休，算是功德圆满。

"激情+速度"的"火箭"程一休

程一休，比上面提到的高君小几岁，也是从某县师范毕业后在该县实验小学教书。一次组织部到实验小学调研党建情况，发现程君有点写作才能，遂借到组织部组织科工作。

此人优点是工作积极主动热情高，什么都肯干且无怨言；能吃苦，视加班熬夜至通宵达旦为平常事，总是提前一两天完成领导交办的工作，同伴们都戏称他为"火箭"。

他写材料除了能吃苦外还有个最大的特点，就是平时留心报刊资料。每月他都把机关当月的报纸抱回去分类剪辑，每年积累几大本。一旦接到材料任务，想好结构，就翻阅资料，通过"剪刀＋糨糊"七拼八凑，总能化腐朽为神奇，叫领导满意、被上级认可。

时间一长，才思文笔终促他修成正果，他先后被提拔当了副科长、科长、副部长，现在是县政府办主任，常指导一帮小秘书为县长写材料，乐此不疲。

自学成才的宋小兵

宋君，出身贫寒，为了早日工作，高中毕业后，就"顶职"他老爹（当时一种招工方式）到某城关镇政府办公室当工人，主要收发报纸，偶尔也收送文件材料。这小子的特点是爱学习、有悟性，工作之余，常常读书看报学习，恰好办公室这方面资源又较多，可谓如鱼得水。

时间一晃到了1997年，全国干部人事制度改革如火如荼，公考选拔出的领导干部、工作人员更如雨后春笋。县委组织部自然不甘人后，率先在全县打破身份、职业、学历限制招录4名工作人员。

这小子逮住机会，从120多人中脱颖而出，同其他3人一起考进了组织部，部长把他们都安排在老材料员手下学写材料。宋小兵悟性极高，加之吃苦好学，在师傅画龙点睛般的指导下，写作水平如同芝麻开花般节节攀升，很快成为4人中的佼佼者。

他曾被省、市组织部借用，后正式调到市委组织部研究室，一路写一路升，先后任副主任、主任，去年11月市县换届，他调任为一个县的组织部部长。

误入歧途的周林

周君，某地区农业学校畜牧兽医专业毕业，按说这个专业与写材料八竿子都打不着，但这小子却酷爱写材料，而且写得还不错，在县畜牧局工作仅两年就调到县委一个重要机关写材料，又不到两年就"写"成了副科长，看来这小子确实有两把刷子，大家都十分看好，说他照此一路写下去必定前途无量。

不料，一次周四机关例行学习结束后，单位一把手宣布调周君到吴镇工作，大家一脸惊愕。之后领导严肃地讲了缘由，并要求全体干部以此为鉴、举一反三，严格要求自己。

原来，该小子不仅为领导写材料，有时镇里找他帮忙他也不推。基层同志为了表示感谢，在周君写完材料后请他洗洗脚捶捶背（当时县城洗脚捶背室比饭馆还多，遍地开花）。时间一久，他跟一位打工妹关系暧昧，打工妹要跟他结婚，他不干，这妹子也不是吃素的，直接找到了单位一把手。

这样重要的机关岂能容留此人？于是有了调动一事。好在这小子化跟头为力量，到基层后痛改前非、重新做人，一门心思写材料，逐渐被上级认可，目前在县里也成了一名正科级干部。

2. 材料只是敲门砖

从上面的例子可见，确实有不少人，靠着材料写得好，在职场杀出一条血路。

之所以对写材料有争论和非议，根本原因在于前途这个东西，就像小马过河，每个人境遇不同，得出的结论自然相异。凭借材料写得好脱颖而出的人当然不少，于是有人说，材料写得好，当然有前途。

而虽然材料写得好，但由于种种原因晋升并不顺利的人，则愤懑不平地表示："我就是因为材料写得太好，领导不愿意让我走，才舍不得提拔我的！"

客观讲，现实中确实存在这样的情况，那种搞后勤的、搞文件运转的、搞接待的都提拔了，而写材料的人却一直原地不动，为什么呢？

有些人认为，由于机关大部分人不愿意写材料，也写不了材料，一旦领导认为你材料写得好，他就舍不得你走，因为选一个满意的笔杆子实在是太难了。因此，当外边有空缺岗位时，领导宁可另选他人来干，也不愿让笔杆子离开。

确实，不排除存在这样不体谅下属的领导，但石头觉得这不是主因，毕竟，伟大的辩证唯物主义已经说了，内因是事物发展的根据，是第一位的原因，它是事物存在的基础；外因是事物发展的外部条件，是第二位的原因，它能加速或延缓事物发展的进程。

那么，笔杆子有时不受待见的主要原因是什么呢？石头觉得，根本上还在于笔杆子们自己。写材料的人，往往有内才，但同时具备外才的不多。

石头曾听过一件事：老王是单位公认的大笔杆子。有一次一把手召集开座谈会，通知老王参加。平时很少有在一把手面前露脸的机会，老王暗下决心，要好好表现一番。熬了3个晚上，把发言稿精雕细琢，完了还破天荒地请外单位的一位材料高手帮忙给看了一遍。

开会时，老王第三个发言。前两个都是读稿子，轮到他的时候，一把手突然插话：别读稿子了，捞干的、说实的，时间控制在5分钟内。

听到这话，本来就有点紧张的老王，一下子慌了。尽管稿子是自己写的，内容也熟悉，但不让读稿，就感觉嘴巴好像不是自己的了，怎么说怎么不顺。磕磕绊绊讲了3分钟，越说越乱，头上都冒了汗。最后没办法，只得读稿。看着老王，一把手面露不悦。会议结束后，老王垂头丧气。说好的要"露脸"，最后成了"丢脸"。

这件事反映了不少笔杆子身上普遍存在的问题：能写，但只会写，不会干，也不善于说。

写材料是一项高强度的智力活动，需要全神贯注、冥思苦想，这就导致笔杆子容易陷入自己的内心世界难以自拔，埋头在无穷无尽的文牍中，绞尽脑汁所为的只是讲话、汇报、总结，相伴于杯中浓茶、眼中红丝、头顶华发，忽视了其他能力的提升。

久而久之，给领导留下的只是个"秀才"的形象，觉得你只能在电脑前务虚，整一整码字这种笨功夫，而不能在一线拼杀，攻坚克难，独当一面。这类笔杆子，吃的是只会写，不会说、不会干的亏。

3. 能写，更要会干、会说

一句话概括：**会写材料只是职务提升的加分选项，而不是唯一选项，不能不会写，也不能只会写。**

石头请大家切记，最好不要沉湎于写材料，而忽视了综合素质的提升。"笔杆子"的标签不一定是美誉，"秀才"的称号或许只是个美丽的陷阱。平时要抓住机会，多向领导展示自己的另一面，特别是沟通协调的能力、办事办会的水平，否则以后都可能只与文字为伍、跟键盘相伴了。

笔杆子们在写好材料的同时，还须做如下修炼：

经常展示自己高超的材料功底

永远记住"高超"二字，要写就写得一骑绝尘、惊世骇俗，而不要只满足于做一个拼拼凑凑的匠人。要吃得了苦，练就过硬本领，做到你无我有，你有我优，你优我特，不断产出有品质的材料，唯此才能受重视、得重用。如人云亦云，平平淡淡，肯定没戏。关于这一点，参见本章第三节，学学如何在领导面前展现自己的材料功底。

谦虚低调，和群众打成一片

能写这项技能在中国文化中地位崇高，赞誉、吹捧颇多，所谓"文章千古事，得失寸心知"，古代科举说到底只不过考察一项本领，那就是写，古人大多凭一篇八股文平步青云。不少人把这种经验照搬到现代，以为能写就能提拔，殊不知，现代的知识体系发生重大进步，比古代不知庞杂到哪里去了，写，只能成为知识版图的一小部分，而不是全部。

这个时代，再以为自己能写而搞什么恃才傲物，就太格格不入了；如果仅凭文字功夫比领导强，就不满别人领导自己，满腹牢骚、独来独往、藐视群众，那苦果就只有你自己吞下了。

会说、会干

被人看成笔杆子是件好事，但更好的是内外兼修，肚里有货，又掏得出来。再加上待人接物有方，人情世故通达，那就更好了。组织能力、协调能力、个人魅力都要有，在练就写材料真功的同时，一定要不忘提升综合素质。

有位石头很尊重的领导曾告诫石头，成功的笔杆子必须同时做到"四像"，即"像马一样奔跑，像牛一样耕耘，像猴一样灵活，像猪一样受气"。但大多笔杆子们，偏偏只做得一两点像，更多的是四不像。

写材料可以作敲门砖，但我们绝不能当"范进"，指望着凭一篇文章挣得荣华富贵。道路是曲折的，前途是光明的。革命尚未成功，同志仍需努力！

三、如何让一把手充分了解我高超的文稿写作水平？

前些天，公众号后台有条急切的留言引起了石头的注意，一位新入门的"材料狗"写下长长一段话：

老师您好！我是忠实铁粉，有个办公室问题想请教一下。是这样的，我刚刚调去办公室，有一篇很重要的稿子落到我头上。我自认为稿子写得还不错，但是部门领导是让我写，再让老笔杆去改，定稿后恐怕一把手很难分清内容分工，这种情况如何让一把手知道我的水平呢？如果自己把题目和导语找机会直接拿给一把手看看，不知道是否合适？

眼看这位兄弟即将因为冲动陷自己于窘境，石头必须站出来提醒他悬崖勒马："兄弟，且慢啊！"

试图绕过所在办公室，绕过自己的直接领导，绕过文稿起草机制，直接把稿子捅到大领导那儿去表功，以显示自己的写作水平，绝对是一种愚蠢的做法。

原因呢，我们一条一条来分析。

第一，你的材料写得并不一定真行。刚到办公室，对领导思路了解吗？对领导喜好了解吗？就敢说写得不错？自己觉得好并不是好，关键是领导觉得你好。写文章和写材料是两码事，你觉得不错，领导可能觉得狗屁不通。

第二，得罪直接领导。急于表现，心态浮躁，把直接领导和同事们都得罪了，别说丧失了有老笔杆给你斧正的宝贵学习机会，以后能不能在办公室待下去还两说。

第三，违反管理机制。大领导其实未必就关心材料是谁写的，他忙着呢。你违反层级和管理体制，他说不定反而觉得你不懂规矩、肤浅、浮躁。

可见，越级表现，害处不少、风险很大。当然，如果大领导明确表示要直接跟你沟通稿子，或者你的直接领导明确要带着你去跟大领导沟通思路，这些情况也都存在，是没问题的。

虽然新"材料狗"的冲动应该被拍死在沙滩上，但石头同样承认，这位不安分的材料员提出了一个很好的问题：作为一个初稿撰写者、基层工作人员，大多数时候隐姓埋名，如何让一把手知道我的写材料水平？

石头把这个问题抛到群里讨论的时候，有不少人说："是金子总会发光的，不用做什么，慢慢等待即可。"

这句话当然有合理性，但并不全面，发光的速度，未必不能更快一些、更主动一些。

材料员想发光，依石头的经验，可以试试这几种方法。

1. 提高水平，远远超过其他人

真的写出自己的风格，写出了别人写不出的材料，搞成了鹤立鸡群，领导肯定很快会知道是你写的，也知道你能写。群里讨论的时候，有位在局办工作的网友就提供了一个很好的个人范例，他说：

我从三年前开始就给各个层级的领导做PPT，其实我根本不用给他们做，因为他们都是与我工作无关的部门，我工作也很忙，但我还是做了，直到有一天，某领导用我的PPT给全单位上课，我们大领导直接问这个是谁做的，不是机关的风格，然后他说了我名字，大领导第二天把我叫到办公室，直接让我给他做了一个，我自然是拿出自己全部的能力做好了。年底，我考评合格，顺利晋升。我相信厚积薄发。

这位兄弟举的是做好PPT的例子，写材料同样如此。以前老笔杆们拿出的稿子平平，你一上手，立马字字珠玑，甩开别人一大截，是个人都会好奇稿子到底是谁写的，以后你想低调怕是都难。

2. 在媒体发表一些高水平的文章

这基本是一条亘古不变的经验。你肯定听过这种发生在20世纪80年代的故事：小李本来是基层乡镇办事员甚至临时工，因为热爱写作，笔耕不辍，频频在本地党报发表通讯、散文乃至诗歌，被称为"小笔杆"。终于，引起了上级某实权部门的关注和欣赏，发来一纸调令，小李从此踏上职场的金光大道。

发表文章博得关注的方法，至今仍没有过时。试想，假如你在《人民日报》理论版发表了一篇文章，本单位、本地区谁还不知道你能写呢，马上封神，还用你自己吆喝？

当然，不是说非要上《人民日报》发表文章才算数，那个相当难，本系统、本地区乃至更高层次的业务性、理论性报刊都可以。去年，石头在行业报上发表了一篇四五千字的理论文章，也没有主动跟谁说，本以为不会有人关注，不承想那段时间动不动就有领导见到石头说："小石啊，看见你在××报发了一篇大文章，不错啊！"这说明，领导对媒体发表文章这事还是很关心的。

况且，在报纸杂志上发表文章是件喜事，一件非常适合主动向领导汇报的喜事。杂志印出来了,你大可以拿着杂志主动找到领导:"领导,我在××天地发了一篇小文章,也署了咱局的单位名,您是大笔杆子,请您批评指正!"如此操作,还怕领导埋没你?

3. 多向老笔杆学习,先赢得老笔杆认可

兔子先吃窝边草。假如一时没有发光的机会,别急躁,先用高超的水平征服你身边的老笔杆吧。

大多数单位都要讲先来后到论资排辈,新人根基不牢就想着跟老人争,往往没有好下场。想抛头露脸,第一步不是争名夺利,而是让老笔杆认可你。老笔杆平时与领导聊天随便说几句褒奖的话,比你王婆卖瓜强很多。

有人可能要问,谁能保证老笔杆都有提携后人的雅量呢?石头觉得大概率还是可以放心的,毕竟写材料是苦差,大家都巴不得找到接班人交出去,需要像宝贝一样攥在手里不放吗?

4. 善于经营朋友圈

新媒体时代,朋友圈也是一条宣传自己热爱写作、善于写作的好渠道。动不动就发学习写材料、钻研写材料的朋友圈,别人一看你的朋友圈,美食、美女、豪车一律没有,只有"金句100条""经典提纲50套""老秘的公文写作"之类的,笔杆子的形象不也能跃然纸上?

也有同志睿智地指出,成名越快,写得越多,任务越重,主张不要展露在材料方面的任何天赋,就把自己当成文盲好了。

对于这种观点,石头不能认同。如果你是来单位带孩子养老的,这样想或许算不上什么大错,但对于追求发展的年轻人,材料写得好绝对是本事而不是负担。无论什么行业,文字能力是必备素质,材料写得好永远是核心竞争力,不要妄自菲薄,这个观点石头在前面讲述得很清楚了。

四、帮领导写好公文，我们自己能得到什么？

石头在公众号曾发过好几篇怎么写好公文的小文章，发出之后，便不断有读者问石头：我天天给领导写稿子，写出来从来也不署我的名，干着干着就没意思了，你说我图个啥呢？是啊，写稿子，除了是你的本职工作，写得好与不好除了有工作评价上的意义，到底还有什么意义？我们写好稿子，到底能得到什么？

这似乎是一个敏感的问题，工作不尽心尽力、鞠躬尽瘁、追求奉献、燃烧自己，还好意思讲什么回报、提什么条件？！太大逆不道了！但另一方面，这又是一个极其现实的问题，是提高工作认识的一个重要话题，如果只是为了完成工作，大部分人都会在字斟句酌的推敲中消磨掉自己的热情。石头觉得，你或许可以时不时给自己打这么几针鸡血。

1. 写作是一种放之四海皆准的高级能力

很多人虽然从事写作工作，甚至靠写作为生，但自己从来没把写作当成一种了不起的能力。这也可以理解，你说写作这东西，路上拉十个人过来，估计都能写两笔呢，只要识字不就能写嘛。所以，写作这项能力看上去门槛不高，远不如我考个注会、律师之类来得实惠。

但实际上，写作的重要性、高级程度远远被低估了。前段时间，清华大学将在2018级新生中开设"写作与沟通"必修课程的消息刷爆网络，不少人惊掉下巴："清华这么高级的学校还需要教写作这么低级的技能吗？"

清华大学对这件事的认识非常坚定清楚：写作本身就是观察问题、分析问题、解决问题的过程，而且是最深刻的过程。文字表达能力，是基本的表达能力，也是口头表达能力的基础。没有写作能力，无论是学习、研究，还是交流、决策，都走不远。

王健林讲过一段故事，让石头印象深刻。他说："我以前在军队里面搞文字，因为写得好才被领导调到身边搞写作班子，应该说在军队也是大笔杆子之一。直到现在，公司的半年总结、年终总结都是我亲自写。闲暇时我也写几篇小文章，其实文笔也是非常优美的。"写作能力对个人判断力、思考力的影响，可见一斑。

2. 通过写公文可以学习领导为人之道

给领导写稿子，看似是文字上的能力、纸面上的功夫，但要写得符合要求，可堪使用，不能不符合领导独特的为人处世之道。该怎么对待上级、怎么对待同僚、怎么对待部下，从稿子中其实都可窥知一二。

一次，石头帮领导起草某次春节后单位全体员工大会的主持词，这当然是最简单的活计之一，开头同志们辛苦了，中间请××、××发言，最后同志们好好干，总归逃不出这样的套路，所以石头写起来一气呵成、一蹴而就。

谁知拿给领导后，领导并不买账，问石头：你不觉得有很重要的事没提吗？石头反复端详稿子，毫无线索，很全了呀！该写的都写到了呀！领导点拨：刚过完春节，马上就到元宵节了，不要给大家拜年吗？石头这才恍然大悟，哦，太应该了！可以想象，台下聆听指示的部下，听到领导及时而特别的拜年，心中极有可能暖流澎湃。

时刻关注下属的感受，非常注意拉近和部下之间的距离，塑造和蔼可亲的形象，这就是石头从那篇小小的主持词中学到的为人之道。

3. 通过写公文学习领导怎么推进工作

公文并不都是花拳绣腿，并不都是文山会海的产品，绝大多数公文还是针对具体问题的，是冲着解决问题去的，帮领导写这种公文，很大程度上就是在学习领导推进工作的思路和方法。

比如，单位想新建一幢办公楼，得上级部门批准，写公文吧，把单位的困难说清楚，再不盖房子我们就只能去大街上办公了！批准了，写公文吧，把对办公楼建设的设想、方案、困难、需要支持的事项都汇报汇报。正建着呢，写公文吧，说说如何周密地组织实施，如何紧锣密鼓万无一失。建好了，还要写公文，请上级部门来剪剪彩讲讲话，看看雄伟的建筑，感受下巨变的面貌。

这么一步一步的，事办成了，每一个关键的节点都在公文中留下了痕迹，这就是推进工作的节奏和办法呀！盖房子是个相对规范和程式化的事，还有更多模棱两可的工作，要钱、要人、要政策、协调关系等，更离不开公文的推动。所以，来往的公文，清晰地反映了工作推进的脉络，这也是值得我们在处理公文的过程中理解和体会的。

我们甚至可以说，写作过程，其实就是决策过程。作为领导，最核心的职责就是毛泽东说的"出主意、用干部"。写作好的干部，决策能力肯定比其他干部要高，自然就会提升领导能力。从这个意义上来说，没有什么工作比写作更能培养领导能力了。领导的能力也往往表现在逻辑思维的广泛性、深刻性、敏锐性、严密性上，这也正是材料的要求，写材料的过程就是培养逻辑能力的过程，是领导思维能力的培养与锻炼过程。

4. 通过写公文学习领导怎么考虑斟酌问题

同样一个领导的讲话，上午讲和下午讲是不同的，冬天讲和夏天讲是不同的，开幕式上讲和闭幕式上讲更是不同的，领导在事前、事中、事后分别要讲的话，如果顺序弄颠倒了，实际效果就有很大不同。事前应说的话拿到事后来讲，别人肯定会说你是马后炮；事后应说的话若放在事前说，人家肯定会说你是瞎指挥。

听众的身份、职务及文化层次、理解能力等不同，对领导讲话的要求也就有所不同。给本单位的群众讲和给外单位的群众讲是不同的，给大学生讲和给农民工讲更是不同的。

如果听众的职务、文化层次不是很高，讲话稿就要尽量通俗一些，多谈一些他们身边的人和事，多讲一些深入浅出的道理，多关注一些他们关心的问题，切忌引经据典、咬文嚼字，或夸夸其谈、空唱高调。相反，如果听众各方面层次都比较高，讲话稿就要思想深刻、观点新颖、论据充分，讲究表达艺术。

你在写公文的过程中，根据实际需要和确切场合处理这些关系，增删调整文字、内容的过程，其实就是在模拟领导在环境中应变、考虑斟酌处理各种问题的过程，这既是极高的智慧，也是我们自己今后走上领导岗位必需的素质。你要站在领导的位置上确定主题、谋篇布局、提升思想、提炼观点、组织文字、形成语言。久而久之，你就具备了领导水平。

5. 通过写公文获得发光发亮的机会

年轻人大都做的是幕后工作，难得有抛头露脸的机会，尤其是在大会上发言或者当众讲话，一般员工类似的机会并不多。纵然你文韬武略，看问题鞭辟入里，堪称当代的卧龙凤雏，但其实展示的场合很少，没人听你扯，再有见识也只能回去教孩子识字。

写公文无疑给了你机会。书面表达可以突破时空的限制、层级的限制，假如你有你独到的想法、深刻的见解、远见的预判，通过公文，确实有可能被更多的人所了解。

一不小心被领导采纳，成了决策，不但无形之中对社会发展做出了贡献，说不定还会被上级部门、各级领导所赏识，得到一个发展的机会。这说明，写公文，也是别人认识你、了解你的一个重要途径。

6. 接触大量的、第一手的信息资源

信息就是资源，就是财富，对这一点，石头相信大家不会有什么异议。信息社会的最大特点，便是信息与能源、原材料一样，成为一种资源，可以开发利用。

写材料的人，往往有接触大量信息的便利。除了旁听领导主持、参与的一些较高级别会议之外，在不少业务工作中，材料员也可以介入、参与有关会议，借此了解有关业务工作开展的情况。

材料员往往还有条件了解单位、系统全局情况，也可以接触很多文件、资料，特别是对于中央、上级最新精神，往往可以第一时间学习，甚至有时

候领导也会开点小灶，把一些小范围传阅的东西，让写材料的人看。

石头最近在做白日梦，要是房地产去库存的公文是我写的就好了，公文出台前先拼了老命买套房子，坐等被这波涨价浪潮推到天上去；石头还做过白日梦，要是北京市政府迁往通州的公文是我写的就好了，公布前即使不拼老命买房子，买几只在通州囤地多的房地产公司的股票也是极好的；要是我参与调研海南建自贸区的文件就好了，又可以赶一波时代大潮。

以上是玩笑话，是钻政策的空子。但很多时候，因为写公文，你要搜集大量的资料，也有条件接触到第一手甚至是机密的材料，有些事情你比别人知道得多，知道得早，这是客观存在的事实。

这种先知和多知，再加上对大量信息的接触和整合，也确实是一种优势，即使拿来交际，吹牛聊天，是不是也显得比别人高端大气上档次一些呢？

以上几点，都是石头在写公文过程中自己体会到的益处。实际上，写作是一门技艺，是一种本事，材料是给领导写的，可以拿走，写材料的本事那绝对是自己的，学会了没有人能拿得走。

科举制度还存在的时候，封建社会取仕都要通过科举考试，古代的一些官员，本身文章就写得很好，是文学大家，这样的名字可以举出一长串，欧阳修、苏轼、王安石、范仲淹、黄宗羲，等等。

写材料是苦差，加班加点是常事，想干好，心理这一关必须要过。**如果你的认知水平一直徘徊在写材料是"给人做嫁衣"的层面，就一定会在堆砌文字的低水平裹足不前。**如果能够扭转"给领导打工"的思想，树立"为自己而做"的意识，把写材料当成过程，而不是目的；当成训练方式，而不是工作手段，那么写作就是一项可以伴随终身的技能，迟早会有用武之地。

五、兄弟，你写的是文稿，不是文章

有位读者咨询石头，让石头帮忙解答他内心一个困惑已久的问题。

什么问题呢？这位同志是单位的笔杆子，他们单位前段时间刚换了领导。之前，前领导非常喜欢他写的稿子，几乎文不加点、一字不改地使用，现在新领导来了，却总是不满意他写的稿子，还经常把他写的稿子改得面目全非。

他给石头发过来一张照片，是一份汇报材料的第一段，被领导大段删改，几乎没有留下几个字。

这位笔杆子很不服气，对领导改过之后的稿子嗤之以鼻，觉得自己之前写的稿子很生动，用了很多比喻和类比。而领导改完之后，竟把生动的比喻都删掉了，稿子"泯然众人"，非常平庸。

他的困惑在于，领导这是什么文字水平？领导非要写得这么寡淡无味吗？

石头仔细看了发过来的稿子，其实，领导改过之后的汇报材料更加庄重，更加符合汇报的语境。

但是石头没有从这个角度说，而是告诉这位同志，我们先不谈谁写得好这一点。他之所以陷入这种委屈的心理，关键是另外一个更加核心的问题没有搞清楚：我们写的是文稿，而不是文章。

文稿和文章有什么区别？

文章是给大家看的，给读者看的，是要接受大众检验的；文稿、材料是给组织看的，给领导看的，给上级看的，是接受领导检验的。

这是一个本质的区别。所以，文稿的标准并不是写得好不好，而是领导满不满意，上级满不满意，符不符合工作的要求。

石头工作之初，也没有搞清楚这个区别、想清楚这个问题，也时不时为自己所谓的文稿水平沾沾自喜。

后来挫折多了，石头悟出一个道理：能写文稿，能写材料，千万不要把它当作一种真本事、真本领，它只是一种假本事。

真本事、真本领和假本事、假本领有什么区别？

真本事是放之四海皆准的，比如说医生能做手术，那他在北京能做，在上海能做，在美国也能做。心脏的位置不会变，血管的位置不会变，会做就是会做。

假本事则不然，比如写文稿，从宏观讲，它服从工作需要；从微观讲，它服从领导需要。

腾讯、阿里巴巴需要写"提高认识、强化意识"的人吗？当然不需要！

之前的领导需要生动，现在的领导需要平实，那么现在写生动还有用吗？当然没有！

确实，写文稿也需要技巧，也有水平高下之分。但千万不要因为能写点文稿就进入了恃才傲物的境界，这个技术不硬气，离开了单位和工作的土壤，离开了领导的认同，就毫无用处。

就像你写出来的汇报材料，纵然花团锦簇、排比连天，你想一下，不给领导看的话，放到网络上、市场上去检验，有人关心吗？有人会瞅一眼吗？

洋洋数万言，在领导之外、与工作无关的人眼里，他们或许并不关心。

石头想强调的是，绝对不要因为能写两篇文稿就骄傲起来，抛开文字精进永无止境不谈，文稿存在的价值，更多要靠领导和组织去评判。

它不是参天的树，不过是匍匐在树边的草，领导喜欢的就是好文稿，领导不待见的就是烂文稿。

这是评判公文质量的第一标准，也几乎是唯一标准。

六、对材料的执念，或许正在毁掉你

公文写作不像文学创作，可以通过生活实践反复体会，或蹲在一个地方日思夜想地"陈酿"。陈忠实写《白鹿原》写了7年，把自己关在老家的祖屋里就有3年。这对写材料的人来说是难以想象的。

公文是工作文体，通常需及时快速地完成，有时效性要求。尤其是在基层，各类公文要么不要，如果要往往就是要得快、催得急，材料人员常常是加班加点开夜车，挑灯披星熬通宵，结果大多是难以又好又快地完成任务，不仅累坏了身体，还得挨批评，常使工作陷入被动，更有甚者难在机关立足。

按理说，在这种情形下，提升公文写作效率、提高公文写作速度本应是一个值得认真研究的大问题。

石头动笔写本篇之前，本想搜集点材料，做做文献研究，看看大家到底都有什么提高公文写作效率的好办法。可惜，不找不知道，一找吓一跳，在知网几十万篇关于公文写作的文章中，竟然没有一篇的主题是"如何提高公文写作效率"。

先觉得震惊吊诡，转念一想，也对，提高公文写作效率，还真是个讳莫如深的话题。

一般看来，"出手快慢"是和公文写作质量呈正相关的，写一篇公文耗费的时间长，"出手慢"，往往被认为是工匠精神、精益求精，产品质量高；而写公文耗费时间短，"出手快"，则被认为可能是"急就章"，敷衍了事，东拼西凑，总之质量怕是不那么高。

曾有个老江湖向石头传授公文写作的交稿技巧，强调交稿时间应恰到好处，绝不要快快地交。他告诉石头，也许，有时你会接到话题熟悉、比较得心应手的讲话稿，不消几小时就完成了，随后马上交给领导，美滋滋地等着领导表扬。你错了！稿子写得再好也没用。这时，领导会想："这小子这么快就完成了，工作标准不高，敷衍了事吧？"所以，这位前辈反复叮嘱石头，即使稿子改得比较完美了，也别急着交差。

可见，说某人写材料是个"快枪手"，在公文写作的语境中不是什么好听的话，基本和说某男是个"快枪手"差别不大了。于是，大家再也不追求，至少不敢堂而皇之地追求提高公文写作效率，转而潜心文火慢炖，慢工出细活了。

石头有自知之明，当然不会蚍蜉撼树般地去挑战这种固有观念。但是，抛开普遍的成见不谈，我们自己绝不要被"慢工出细活"的理论误导，轻易放弃了对提高公文写作效率的追求。

从务实的角度看，效率还是很重要的。不要老觉得自己整天吃在办公室、干在办公室、睡在办公室，经常一搞好几天就是成绩，还以此为荣。想想在家里翘首以盼的妻儿吧，想想自己嘎吱作响的颈椎腰椎吧。提高效率，又好又快地写出合格公文，永远是驳不倒的硬道理。

1. 先完成，再完美

有些新手写稿，是一段一段打磨推进，非要把这段话弄光溜了、顺当了，才肯下笔写下面一段。假如一直文思不竭，或许也不算个太大的毛病，可惜，障碍随时潜伏，写材料总会碰到这样那样的问题，意思不连贯啦、说理不清啦、找不到支撑观点的素材啦、找不到合适的词句啦。遇到障碍，他们心里不服，非要越过去不可，于是一停就是半天。

其实，这个世界上，没有一遍过的稿子。就是有水平的领导自己写材料，他也会不断推翻自己、不断修改完善。**写任何材料，记住一个基本思路：先完成，再完美。**不要老想着一开始就要立意很高、言辞很美、说理很透，这是不可能的。

高效率的写稿方式，都是先拉起个靶子，再一点点砍削。只要有了初步思路，就先按已有思路继续写下去，不要为了段落层次的安排过多耗费时间，不要写上一点就回过头去修改，更不要为了个别词或语句的使用而纠结。

先一鼓作气把初稿堆出来，待全篇完成后，再回过头斟酌段落的逻辑关系，斟酌过渡是否顺畅，斟酌词句的使用，然后大刀阔斧地改，效率会大大提高。

石头请大家仔细想想，这个"先完成，再完美"的公文写作方法是不是竟有种与生俱来的熟悉感呢？那当然！其实，我们小时候都会用啊！

上学的时候做考卷，老师天天挂在嘴边的备考技巧不就是：做题时遇到不会的，先跳过；等到完成得差不多了，再来攻克难关；有时间再做检查。果然，道理都是相通的！

2. 占有材料的时间应该比动手写的时间长

石头从事材料写作的时间越长，每次开始动笔的时间就越晚。刚接触写材料的时候，花半小时找点资料，就敢打开 word 文档开始写。写材料时间久了，往往是找材料找了三四天才开始动笔。

公文写作常被比喻为"来料加工"，没有料，写出来的东西必然不行。根据石头的观察，很多人写不好材料的原因，不是能力不够，而是手里素材太少。

所以，想摆脱憋不出来材料，时间却不断流失的窘境，必须调整写作各个阶段的时间分配，找素材的时间要充分保证，甚至要大于真正动笔写的时间。

领导让你三天拿出一个××材料，但这个主题你还不太熟悉，时间上怎么分配？石头建议，找素材、分析研究素材要花两天，动笔写可以花一天。

拿到任务后，第一件事，就是把所有相关的内容，包括背景资料、以前讲话等有关段落，甚至是类似题目的写作思路等，都拷贝到一个文档里面。先不要管什么思路、结构之类的，用一天时间，资料找得越多越好。

而剩下来的一天，根据已有的素材进行分析、提炼、总结，提出自己的观点，如果有不清楚的地方，继续找新素材，深入研究。

心里有数之后，最后一天才动笔开写。

这样做，即使题目不熟悉也能很快做出一桌子像模像样的菜来。

比如，石头接到任务，要起草校长在毕业典礼上的讲话，石头的做法是先建好一个文件夹，名为"2018年校长毕业典礼致辞"，然后，上网搜近期中外大学校长各类毕业典礼讲话致辞、关于高等教育最新论述观点，本领域近期比较典型的人和事，下载并放到文件夹里；在计算机里搜，校长过去的毕业典礼讲话，校长近期有代表性的发言观点，近期校内各个场合典型致辞，拷贝到文件夹里。磨刀不误砍柴工，这些材料齐全了，想没有思路也难，后边写作才能提速提质。

3. 善用范例和已有材料

模仿范文和已有材料是公文写作者入门的有效捷径，也是提高公文写作速度的必然之路，正如古人所言："熟读唐诗三百首，不会作诗也会吟。"对于模仿，石头会在第三章费些口舌专门讲解，这里就不再多说了。

石头在这儿想说的是，善用已有材料，有些时候甚至都不需要模仿、改编，对自己原创的材料直接来个一稿多用或者截取堆叠，也都是可行的。

比如，领导要围绕党风廉政建设讲一次党课，石头下了很大功夫，拿出了一篇结构严谨、理论精深的好讲稿，领导很认可；后来，某党建杂志又来信向领导约稿，主题也是关于党风廉政建设的认识；到了年底，上面又下通知，要求领导交一篇党风廉政建设的体会文章。这种情况下，后两个稿子就完全没有必要另起炉灶，用党课讲稿即可，一稿三用。

同时，廉政党课讲稿中有一段关于抓好反四风建设的论述，很精彩，那这段论述也可以直接截取出来，用在某次"驰而不息反四风工作部署会"讲话稿中，没有任何问题。

人的创造力不是无穷的，对自己原创的、又经实践证明站得住脚的表达，大可以充分利用，以此提高效率、保证质量。

4.件件精品不可能也没必要

以前一个分管文字的领导，有句口头禅石头觉得特别传神，对一些不那么重要的稿子，他总是说，"你简单弄一个，能凑合过去就行。"

身处办公室，面对泰山压顶般的材料写作任务，一定要学会抓大放小、有所侧重，不可能拿出的所有材料都是精品，累死你也办不到。对于主要领导关注的、上级高度重视的材料要倾注精力、重点下力，其他的例行性材料按时完成即可。

有些稿子就是常规化、程式化的，时效性要求又很高，比如贺信、上级单位为了自己写稿子要的一些素材稿、礼节性致辞等，在之前的材料的基础上稍加改动交差即可。有些人却非要拿出起草党代会报告的劲头，字斟句酌、反复推敲，那工作哪里有做完的时候？你不加班谁加班？

我们腾出来的精力，应当集中到领导关心的、重视的，或者与个人发展特别相关的稿子上，这些稿子应当高标准地写，一般的程序性、礼节性的稿

子，确保不出错就行。

具体说来，哪些稿子我们要特别重视，使出洪荒之力呢？石头觉得两类稿子我们要下硬功夫。

第一类是重大场合的重大文稿。这个不用石头多说，工作报告、工作汇报、重要会议讲话是必须写好的，没有退路，否则还要你这个写材料的干吗？写好重大场合的重大文稿，这在领导心目中是材料员必须履行好的职责。

石头曾看到报道，说江苏省委定期搞县委书记工作讲坛，每次请十多个县委书记，就一个主题同台汇报，所有省委常委都坐在台下听汇报。如果你是给县委书记写这种汇报稿的县委办材料员，这个稿子你拼出老命也得写出花来，这可是给领导长脸的时候啊！

有些人就把握住了这样的机会。摘一段新闻吧：

江苏省委举办第六期县委书记工作讲坛，讲坛以"加强和创新社会治理"为主题，10个县委书记同场竞技。江苏省委李强书记对南通市崇川区委书记的发言高度肯定："刚才崇川的区委书记吴旭同志介绍了这方面情况，我觉得很值得大家学习借鉴，他这个材料写得也非常好。"

同志们，给吴书记写发言稿的材料员，回去肯定要被狠狠表扬的呀。这种稿子，必须夜以继日、无怨无悔，高标准、严要求地去完成！

第二类是领导个人色彩特别鲜明的文稿。有些场合的发言讲话，领导不光要作为一个官员存在，更要展现自己的风采和魅力，所有领导无一例外都会十分重视这样的文稿。

比如学校的毕业典礼讲话，同学们上了四年学，马上就要离校，校长作为长辈和老师，必须要给同学们送上一些人生感悟、谆谆叮嘱，必须要体现自己丰富的人生阅历和较高的认识水平，这类稿子领导就特别重视，也特别难写。

还有，领导个人参加各种学习班、研讨班、讲课、重大活动主题演讲、重大场合答记者问、重要理论文章等，也需要充分展现自己的风采，领导对这类文稿的重视程度，往往远超一般性的讲话稿。所以，这类文稿我们要下大气力。

5. 提前谋划，运筹帷幄，不能手忙脚乱

材料工作是有规律可循的，每个阶段有每个阶段的特点，像年初的民主生活会、半年和年终的工作总结等，很多材料都有固定的时间节点。

如果你在办公室工作一年以上了，就要学会把握这种时间节点，提前预测并收集准备材料，这样就不会忙乱。

比如，省里下文，要在全省开展一次主题教育活动。经验老到的材料员可能马上会意识到，材料的暴风骤雨即将来临，未来一段时间自己要写大量关于××主题教育活动的材料，于是便在日常工作中时时留意相关政策，收集兄弟单位做法。

果然，没过多久，主题教育活动正式开始，各种部署讲话、表态发言、总结报告、对照检查纷至沓来。还好，这位材料员已经在网上下了不少与之相关的评论、社论、文件，找兄弟单位要了不少材料，脑子里的思路大致成形，那他写起来肯定一骑绝尘。

七、写材料，套路是可耻的吗？

每隔一段时间，石头就会和"办公室的秘密"读者分享一些文稿标题和提纲套路，比如"最新标题300套""原创提纲200例"之类，有些人觉得精巧管用，感觉自己掌握的套路多了，写材料的底气硬了不少，也有人跟石头提出了不同意见。

主要的不同意见是两点。一是认为，写文稿用成套的标题、提纲套路太深，不够真诚，而且模版痕迹太重，不上档次；二是认为，用提纲会败坏文风，太虚太空，不够实在。总之，应该把精力放在提升文章的思想性上，文稿套路、提纲汇总、标题大全这种东西，应当早点丢进历史的垃圾堆，

大加鞭笞才好。

其实，对于这两点认识，从本质上来讲，石头都同意。提升思想性当然重要，提倡新且实的文风当然也重要，但是，石头觉得这些理由都不能成为我们排斥套路、不套用提纲的理由。为什么这么说呢？

1. 套路为什么存在？

首先，关于上档次的问题。的确，这种套路当然没有你真心诚意、冥思苦想出来的题目更好。确实，在重大的材料和文件中，在被奉为经典的材料中，往往不存在四六句、排比句、凑字数的现象。层次很高的讲话，就是第一个问题，第二个问题，第三个问题……没有套路，直接切入主题。

但套路的存在，从来都不是为了让你写出什么传世名作用的，而仅仅是为了帮助你快速、合格地完成手头的公文。套路的提纲，确实没有办法让你达到大笔杆、大智囊的水平。但是，话说回来，对新手来说，套路却可以让你在最短时间内在本单位本地区站稳脚跟。

打个不恰当的比方，材料写作中的这些套路和提纲，就好比是补习班教你的解题捷径。补习班很难把人教到清华去，因为上清华除了勤奋和努力，还需要天赋和热情。

让你上清华不是补习班的目的，也超出了补习班的能力范畴。补习班的作用是让你在很短的时间内，掌握解题的技巧，最后考上个重点高校，至少不让你名落孙山。

所以说石头的这些提纲，适用于那些还没摸着门路的，或者说没有那么高的追求，只是想轻轻松松在本单位显山露水，不是非要练成如椽巨笔的人。对这批人而言，这个提纲是适用的，并不"低级"。

其次，关于空虚、败坏文风的问题。石头个人觉得，其实用套路和文章写得实不实在是两码事，就好比是松花江和松花蛋的关系，它们其实没有任何关系。

你标题用套路，不代表文章就一定是虚的；你标题不用套路，也不一定文章就一定实在。

标题就是标题，标题就是一种形式，就是要抓领导的眼球，抓上级的眼球，抓完了之后，你当然可以继续在正文中用翔实的数据、扎实的论证、丰富的细节、对问题的揭露，去把文章写实在。

其实说到这儿，实事求是地讲，石头对标题的认识，也经历了一个螺旋上升、曲折前进的过程。

看过《秘书工作手记1》的人都知道，石头在其中对四六句、排比句、凑字数的标题是嗤之以鼻、不屑一顾的。

不承想，随着经手的材料越来越多，写作的任务越来越重，石头对这个问题的认识又有了变化。

都说大领导讲话讲得好，娓娓道来、鞭辟入里、平实亲切、不加修饰，但你想过没有，大领导他从来不用抓上级眼球啊，只用考虑怎么把话讲明白就行了，所以大领导讲话是大俗大雅，大开大合，挥洒自如。

普通的"材料狗"你行吗？你能遵循这种平实的思路吗？石头肯定地回答你：不行！

一方面，你的文稿是写给上级和领导看的，即使你想写得平实一点，几家单位的汇报材料往会议手册里一编，你的题目叫《扎实做好高校基层党建工作》，人家的题目叫《四个坚持打造又红又专的引路人》，你觉得领导注意力会放在哪个上面？你不做标题党，就肯定要吃这个亏。

另一方面，普通"材料狗"绝不能大开大合、大俗大雅，普通工作人员讲话吧，应该追求一种中性美。

什么叫中性美？就是不俗也不雅。你说它俗吧，它又整齐划一，讲究工整对仗甚至押韵，带着一种知识阶层的自信；你说它雅吧，它又刻意去迎合世俗，用一些比喻、俚语、俗语，比如故意往通俗、朴素的比喻上去靠。

所以说它是不俗不雅，中庸之道，执两用中。小小的标题套路，学问大了。**为什么标题需要套路？根本原因在于，套路化的写法才是最符合公文中正平和的性格的一种写法。**

2. 套路代表着公文的规律性

公文相对于其他所有类别的文章来说，是非常严谨的，基本要求就是一句话：不犯错、不出轨，以各种"出处"为根本遵循。也就是说，公文是一套程式，规律性是公文的根本属性。打个不太恰当的比喻，写公文就像戴着镣铐跳舞，容不得你自由发挥。正基于此，写文稿，套路是必须的，就是要"正"起来、"板"起来，不能离开套路。

某领导曾经告诉石头，说写公文一定要条子顺，开头、中间、结尾比例该是多少就是多少，别人看上去才舒服，就像美女一样，脸蛋、胸、腰、腿都得符合审美标准，否则无论是脸太胖还是腰太粗，都不好看。

石头认为，其实领导所说的这个审美标准，所谓"条子"，就是长期以来约定俗成的公文套路，一种实实在在存在的"官方话语体系"。你想得再好，写得再天花乱坠，假如脱离了套路，不符合官方的"审美标准"，那是无论如何也不会被认成"美女"的。

此外，套路还有个好处，就是可以举一反三，可以直接套用，可以扩展演绎，不用每次都非要搞原始创新，原始创新实在太累了。写文章当然要思考，但不要指望灵感，套路其实更可靠。

有位老笔杆对公文套路重要性的概括非常精辟，他说，掌握公文的规律，可以让人变得聪明、工作变得轻松、身心变得轻灵，工作效率成倍增长。这个公文规律，不就是套路嘛！

当然，遵循套路也不等于一成不变、死守套路，要根据会议背景、讲话目的、工作推进情况决定写法是否要有变化、怎么变，就像同样是蛇精脸，有的时候要浓妆艳抹，有的时候要素颜清淡，有的时候要穿得青春靓丽，有的时候又要穿得端庄可人。这就是另一回事了。

3. 高端公文有时也离不开套路

说完道理，我们再从实践的角度，看看公文套路到底"低级"不"低级"。先来看两组小标题：

一、打好防范化解重大风险攻坚战。重点是防控金融风险，要服务于供给侧结构性改革这条主线，促进形成金融和实体经济、金融和房地产、金融体系内部的良性循环，做好重点领域风险防范和处置，坚决打击违法违规金融活动，加强薄弱环节监管制度建设。

二、打好精准脱贫攻坚战。要保证现行标准下的脱贫质量，既不降低标准，也不吊高胃口，瞄准特定贫困群众精准帮扶，向深度贫困地区聚焦发力，激发贫困人口内生动力，加强考核监督。

三、打好污染防治攻坚战。要使主要污染物排放总量大幅减少，生态环境质量总体改善，重点是打赢蓝天保卫战，调整产业结构，淘汰落后产能，调整能源结构，加大节能力度和考核，调整运输结构。

一、大力破除无效供给。把处置"僵尸企业"作为重要抓手，推动化解过剩产能。

二、大力培育新动能。强化科技创新，推动传统产业优化升级，培育一批具有创新能力的排头兵企业，积极推进军民融合深度发展。

三、大力降低实体经济成本。降低制度性交易成本，继续清理涉企收费，加大对乱收费的查处和整治力度，深化电力、石油天然气、铁路等行业改革，降低用能、物流成本。

三个攻坚战，三个大力，不就是我们常见的俗到家的单字（词）重复标题吗？而且"攻坚战"这种比喻，似乎是很常见的套路呀？肯定不是什么高层次的材料吧？人家高层次材料都是风轻云淡的，不屑于搞套路的！

呵呵，这是石头从中央经济工作会议的文件中摘出的小标题，多么工整，多么对仗，但同时又多么具有思想性啊！

举这个例子是什么意思呢？石头就是想说，永远不要把形式和内容对立起来，有套路的公文也可以很有思想，很有高度，很有深度，不搞套路的公文，也可能从内容到形式都一塌糊涂。

4. 套路是一种高效的写作方法

话都说到这份儿上，石头觉得那些排斥套路的人，应该对套路有崭新的认识了。不光公文写作这种规律性很强的文体需要套路，所有文体其实都离不开套路。

现在不少人爱读微信上的鸡汤文，觉得这类文章洒脱、真实，事实上，即使像微信文这类非常接地气的文体，也往往是遵循套路生成的。石头曾在网上看到一个网红介绍自己的微信写作套路，他是这样说的：

以情感文为例架构包括：故事，心理，鸡汤，金句，其他。以标题《我不适合谈恋爱》为例，故事就是，某某谈了一场不开心的恋爱。心理就是，为什么我不适合谈恋爱，我心里想的是什么。鸡汤就是，不适合谈恋爱那我该怎么办呢，怎么鼓励自己呢？此外还有金句和其他。金句就是点睛的句子；其他，指的是电影啊、台词啊、歌词啊、名言名句啊，这些用来增加文章广度的东西，特别实用。

一般的文章架构都是：故事＋故事＋故事＋心理＋其他，其间再夹杂出现一些金句和鸡汤句。一般来说，完成以上四步骤，这篇文章就基本成形了，然后再反复修改几遍，就可以进入后台排版了。

看，套路并不是投机取巧，其实它本身就是一种写作的高效方法。赶快，套路起来吧！

八、我们不生产文字，我们只是文字的搬运工

有一次，石头和外单位几位办公室人一起聚会，聊到写稿子的事，有位兄弟酒后吐真言，说，每次写稿子都不是真真正正完全自己写出来的，而是上网搜搜，东拼西凑，心里虚得很，感觉像干了什么见不得人的事情，你们

写稿子是什么情况？每个字都是自己写的吗？

席间诸位会心一笑，"我们都不生产文字，我们只是文字的搬运工。"石头接过话头，表明了自己的观点。石头的父亲是县里小有名气的笔杆子。在我儿时的记忆里，他晚上下班回家后时常拿着一把剪刀，把报纸上的豆腐块工工整整地裁下来，服服帖帖地粘在牛皮本上，往往没两个月，一本厚厚的牛皮本就被贴得密密麻麻。我知道，这是他写作的宝典，因为一到要摇笔杆子的时候，他总是会拿出来翻一翻。学习、揣摩、借鉴写作的要义和精妙所在。试举一例说明——宋人石曼卿"天若有情天亦老，月如无恨月常圆"这句是抄创于唐人李贺的"衰兰送客咸阳道，天若有情天亦老"。

一句好诗，就可以被这样成功地经过两次转手，然而后二者可以别开生面，各抒己见，当然算不得抄袭，只能说是借鉴，或者说是微创新。鲁迅先生的《狂人日记》、曹禺先生的《雷雨》，细究之下也都有俄罗斯前辈作家作品的影子；莫言、阎连科等人的小说又深受马尔克斯等采用现代方式写作的作家的影响。这样的例子，可以说贯穿了大半个中国文学史。

1. 建立写作资料库比抓耳挠腮管用

伟人、作家尚且如此，办公室同志们想要写出好文章，怎么能不注意借鉴？！尤其是现在，各单位间社会交往频繁，活动林林总总花样频出。比如石头，昨天可能还在写"国学论坛"上的致辞，今天就在写"马克思主义学科发展大会"上的发言，明天又要写在开学典礼上的讲话。在诸多领域、专业之间腾挪切换，没有自己的资料库，没有比较深厚的材料储备，肯定会抓耳挠腮、疲于应付。

人的脑子容量有限，看过的东西不可能都装得下、记得住，要是漫不经心、看过就丢，肯定毫无增益。司马迁之所以能写出《史记》，石头觉得一个重要因素是司马迁的祖上好几辈都担任史官，司马迁的父亲也是史官，司马迁自己还是史官，这使他比别人有更多的机会、更好的条件阅读、积累史料。司马迁还当过汉武帝的侍从官，有机会跟随皇帝巡行各地，他还奉命到巴、蜀、昆明一带视察过，这又给他提供了实地考察收集史料的机会。于是，他把从传说中的黄帝时代开始，一直到汉武帝太始二年为止的这段历史，编写成五十二万字的伟大著作——《史记》。办公室同志也是一样，写东西的关键并不在妙笔生花，更在于要处处留心、注意积累。

那么，如何建立自己的资料库，让自己精准地"抄"，"抄"到好东西？石头在此为大家推荐几种方法。

（1）大杂烩法

这也是石头这种懒人最喜欢的办法，不用去管什么主题、类别、领域，也不用管是句子还是词语，甚至都不用多想能派上什么用场，建好一个文档，看到中意的文字，直接粘贴进去就行了。

在人民网上看到今天的"人民论坛"标题不错，复制进去；手一动又翻到"任仲平"有几个句子很美，复制进去；逛新华网的时候看到有一组今年高等教育的数据很全面，复制进去；还有各种名人名言、文言古语、精辟论述、形象比喻、新鲜提法，凡觉得值得留下来的，都粘贴进去，以备不时之需。大杂烩法看着乱，用起来并不复杂，需要用时循着印象一搜，或者写文章之前翻看一下找找灵感，都会给你很大的启发。

（2）分类法

其实说白了就是大杂烩的精细版。你的资料库可以按主题分：农业的、工业的、经济的、教育的、社会的、医疗的、就业的、科技的、环保的、民生的，等等；也可按类型分：习主席讲话、成语、排比句、名言、古语、比喻、俚语俗话、政策，等等；还可以按文章结构分：开头、结尾、过渡、标题、提纲，等等。每一类用一个文档，这样查找起来更容易。如果你是处女座，那么分类法很适合你。

（3）拍照法

对于杂志上看到的、报纸上读到的、文件上学到的，甚至大街上瞥到的好词好句好段落，怎么办？难道还一字一句地输入计算机里去？不必，拿起手机拍下照片就行了，隔段时间往库里集中上传一次，需要的时候再随时翻阅即可。现在还有一些图像识别软件，拍照完自动转成文字，不要太方便。

（4）怀旧法

石头不赞成再去拿剪子剪，糨糊粘，这样太麻烦。对于纸媒上的小文章、短句子，拍照就行了。但是对于一些篇幅长的经典文章，可以直接撕下来，或者复印下来，统一放到一个文件夹里，待到日后需要时再学习。如果条件优越，办公室或者家里配了扫描仪，也可以把文章扫下来，作为电子文档添加到素材库里。

2. 公文写作资料库里应当积累哪些内容？

写作资料库建起来了，哪些东西值得往里面放呢？复制粘贴固然简单，但各种信息不可胜计，什么材料才是真正有价值的呢？依石头的经验，资料库里的资料应当集中在三个方面。

首先是思想、观点

石头觉得思想、观点主要包括两种。一种是你所在领域最为宏观、最为提纲挈领的一些标准提法，一些放之四海而皆准且又不能不说的话。

比如在高等教育领域，党的十八大报告明确把"创新人才培养水平明显提高"作为全面建成小康社会的重要目标，把"立德树人"作为教育的根本任务；党的十八届三中全会通过的《中共中央关于全面深化改革若干重大问题的决定》，对在新的历史起点上全面深化教育改革作出了战略部署；等等。这些就是重要的提法。

还有，习近平总书记多次强调立德树人的重要性，他将青少年时期的价值观养成比喻成"扣好人生的扣子"，他指出："如果第一粒扣子扣错了，剩余的扣子都会扣错；人生的扣子从一开始就要扣好。"

这种宏观话语，是常常要用的，早晚要用的，肯定要用的，一定早点摘下来放到库里，以供随时引用。

另一种是对各种问题的精辟认识或精妙观点。比如《人民日报》刊发了一篇关于大学生创业的评论文章，文中提到："一流大学创业教育的目标，绝非缓解就业压力这么简单、直接、短期，也不是简单地帮助学生开办公司，而是为学生创造未来发展的平台和机会，着力于培养具有开创能力的人，培养首创精神、冒险精神、独立意识、创业能力以及挑战现状并创造性地解决问题、满足需求的本领。"

这一观点与时下流行的对大学生创业的狂热鼓吹相比就冷静了许多，深刻了许多，也被石头收进资料库，以后假如给领导写关于大学生创业的讲话，是不是很可能用得上呢？

其次是各种素材、实例

素材主要是指对可以用来写入文章的各种各样的社会生活现象的积累，包括可以用于公文写作的典型人物和典型事例。石头帮领导起草了一篇在学校入党积极分子培训班上的讲话，其中有一段是关于端正入党动机的论述，说到正确的入党动机应当是"具有远大理想，具有坚定的共产主义信仰，有为共产主义事业奋斗的远大志向和决心"，写完这段之后石头心里并不踏实，总觉得写得太理论，也太单薄，就又到资料库里翻了翻，想看看有没有可供援引的素材。

结果找到，2013年的时候，石头曾在自己的资料库里记下了学校一个优秀学生的事迹：××大学校友，曾经荣获北京市优秀共产党员称号的王××，在校期间他通过捐献造血干细胞成功救助了一名白血病患者，先后被中华骨髓库、北京市红十字会授予"捐献造血干细胞荣誉证书""红十字会博爱奖"，研究生毕业之际，他又做出了一个令周围人都惊讶的决定：放弃在北京的工作机会和优厚的薪资待遇，投身新疆，扎根西部建设。

这段素材让石头大喜过望，王同学不就是典型的具有坚定理想信念的共产党员的代表嘛。于是石头把这位王同学的事迹加到了讲话稿里，后来听领导说，在场同学都竖着耳朵听，反响很好。

最后是语句

所谓语句，主要指对写作语言的积累。写作毕竟是用语言表现思想情感的过程，语言表达水平的高低直接影响到文章的成败，尤其对于公文，很多时候还是要讲究言辞优美、语句工整。如何提高自己语言的表现力呢？做语言的积累就是行之有效的好方法。

将自己平时读到的名人名言、格言警句、诗词歌赋、流行语句，甚至可以是一个词一个字，都记录留存起来，久而久之，你的语言一定会丰富生动起来。所谓笔下生花，字字珠玑，不过是长期学习积累的结果罢了。

比如，讲要接地气的：下了基层浮光掠影、走马观花也不行，只有到了"深水区"，才能抓到"大活鱼"；讲要关注民意的：碑不自立，绩由人传；讲要有长远眼光的：若是急功近利、寅吃卯粮、杀鸡取卵、竭泽而渔，"明天"怎样就要打个问号了；讲要依靠集体的：一滴水只有放进大海里才永远不会干涸，一个人只有当他把自己和集体事业融合在一起的时候才能最有力量；讲要长期考察的：试玉要烧三日满，辨材须待七年期；讲注重倾听民声的：知屋漏者在宇下，知政失者在草野；讲不能骄奢淫逸的：忧劳兴国、逸豫亡身。

以上这些句子，如果让你自己写，你有把握写出来吗？怕是很难。实际上，这些句子都是石头从自己的资料库里随便摘出来的，都是之前在不同媒体上看到感觉比较精彩，从而摘录留存的句子。这些句子的主题都很常用，假如文章涉及这些主题，用上一两句肯定为整篇增色不少。

3. 动笔前一定要做专题研究

央视有个评论员叫杨禹，经常在电视屏幕上出现。有时他在4套点评国际局势，有时他在2套分析财经政策，有时他在1套讲解大政方针，甚至有时他又在5套解说体育比赛。杨评论员的角色和文字工作者很像，万事通、万金油，就是什么都能讲，什么都得讲，什么都敢讲。

石头前面讲文字工作者必须有自己的资料库时提到过，文字任务的分配从来都不是按照你的专业和特长来进行的。学法律的，可能要写大力发展养猪事业的文章；学兽医的，可能要写完善执法体系建设的文章。一方面，我们可以依靠资料库提前在单位业务相关的领域做一些收集和准备；另一方面，万一遇上特别偏冷、艰深的，仅有资料库是远远不能满足文稿写作需要的。

如果在动笔之前不做专门研究，不懂得借助外脑、智库，肯定会是力所不逮，硬着头皮写出来的东西泛泛而谈、隔靴搔痒也就罢了，要是错用数据，概念跑偏，那就更是贻笑大方，说不定还要犯下政治错误了。

石头不久前就曾出过这样的大错：领导要石头帮忙起草一个在扶贫座谈会上的发言，石头本科学工，研究生学法，也算是个复合型人才，但对扶贫，那真是"臣妾做不到啊！"，于是在网上查了不少材料，研究了不少文章，跌跌撞撞才拼凑出一份发言稿来。领导拿到后看了第一段，就发现了问题。石头在稿子里提到，"我国尚有8 000多万贫困人口"，领导说，这个数字不对，你去查查最新数据。

石头上网一搜，冷汗下来了，习近平总书记2015年下半年在联合国讲过，"未来5年，我们将使中国现有标准下7 000多万贫困人口全部脱贫"，好家伙，我这一下子就给国家贫困人口增加了1 000万，这些年扶贫成果都哪去了？！

这充分说明，写公文必须要善于研究、认真研究，只有充分借鉴、整合别人的智慧，才能补齐自己的短板。所以石头强调，平时注意积累是一方面，临阵磨枪不亮也光同样重要。写作前具体怎么做研究？石头推荐几种办法。

（1）文献研究

名字听起来似乎高深莫测，其实说白了就是动笔前先用百度也好、百科也好、知网也好，做一个深入的资料检索，收集大量与写作主题相关的文章、材料，把不清楚的东西搞明白，把不懂的东西了解个大概，研究的逻辑无非还是围绕着结构、观点、语言几个方面来进行。

先说研究结构。例如，石头接到任务，要给领导起草一个在述职述廉会议上的报告，述职述廉是《中国共产党党内监督条例》规定的组织行为，是一项规定动作。长期以来，这一文体基本形成了固定的体例和结构，一般都是先讲履职尽责的情况，接着谈廉洁自律的情况。

石头没有写过这类报告，所以就要先找到以前领导用过，或是互联网上公开发表的述职述廉报告学习一番，了解这类报告的体例结构。否则，假如述职述廉报告通篇只写如何呕心沥血、鞠躬尽瘁，会不符合要求，通篇只写如何拒腐防变、高风亮节那明显也不符合要求，首先从结构上就谬失了。

观点正确同样重要，尤其要避免常识性错误。比如，领导要出席徐悲鸿先生诞辰120周年座谈会，石头一个学法律的，对徐悲鸿先生的认识也只能说是知道徐先生爱画马。要写出内行的文章，一定需要先找点介绍徐先生的资料、书籍，了解一下徐先生到底艺术成就在哪儿，现实意义在哪儿。

详细研究了徐悲鸿先生的生平资料、权威评价，你才会知道，徐悲鸿先生是20世纪中国美术的先驱，是功垂后世、影响深远的艺术巨匠和一代宗师；他满怀诚挚的报国志向和坚定的艺术理想，把中国美术传统精华和西方美术优长融会贯通，创作了大批思想性艺术性俱佳的美术作品，形成了"中西融合"的艺术风格。这种美术艺术圈的内行话，靠你自己闭门造车能写出来吗？肯定不能，只能依靠研究和学习去获取。

还有语言。平常的书面语我们对付起来当然没问题，但在一些特定的场合，人家语言自成体系，有自己的讲究，你还是"同志们来同志们去"的就给领导丢人了。

最有代表性的就是佛教界的活动。最近单位搞了一个佛教哲学论坛，领导需要去讲两句，让你给准备准备。你得提前研究佛教界的语言特点，大师们不食人间烟火，哪能像凡夫俗子一样直来直去？致辞讲到最后了，你不能按官方话语说，"祝大家工作愉快，身体健康"，而要说，"祈愿三宝加被、佛光普照，祝愿各位领导、各位代表、各位朋友六时吉祥，身心安乐！"格调是不是马上高了？这种功夫绝对不在平时，你难道还提前去寺院体验生活不成？只能在研究之中得来。

（2）背景摸底

在特定场合、特定活动上使用的文稿，要特别注意对活动的背景资料、历史材料研究摸底，文章才能写得实在、扎实。某位曾经在石头单位工作过的老领导出书了，石头单位准备搞一个出版座谈会，石头的领导作为单位代表需要致辞，不用说，这个致辞主要目的是对老领导的书和人给予高度评价。要写好这个发言，第一步是什么？当然不是慌慌张张地动笔，而应该是做好背景的摸底。

首先，你要先把老领导要出的书找到，至少粗略翻阅一遍，看看大致的内容，有无闪光的语言和观点，然后在发言稿里引用一些，不然你的马屁怎么拍得到点子上！其次，还得梳理一下老领导以前在单位的作为和功绩，查一查单位的年鉴、报纸，盖楼也好，改革也好，涨工资也好，总会有那么一两件，找出来、写出来，这稿子不就成了！

（3）热线求助

最近一段时间"智库"这个词很火，中央还召开了国家高端智库建设试点工作会。办公室人摇笔杆子，也要注意借力打力，借助外脑、智库的智慧。现在社会分工精细化，隔行如隔山，有时候光搞文献研究，看来看去也把不准脉；还有些时候，时间紧迫，没有时间去做深入研究，这时就要跟专业人士热线求助，别人在相关领域深耕多年，有时一两句话就能点醒你。

我们经常看到记者撰写新闻报道，总会引用几句专家的话，××专家表示、××教授认为、××学者分析，办公室人也需借鉴这种方法。石头前面提到的扶贫座谈会发言，就找到一位公共政策专家帮忙提修改意见，果然又发现了几处不当表述。

（4）调查调研

小讲话往往还比较好对付，遇上总结、汇报、规划这类所谓的大稿子、综合性材料，是最让写手们挠头的。大稿子写多了，石头发现，如果你觉得综合性材料难写，绝对只有一个原因，你占有的材料还不够多。

各下属单位的做法、数据你是否掌握？上级最新的指示、要求你是否清楚？单位工作中的思路、亮点你是否明晰？干部群众的想法、看法你是否了解？如果没有前期这些材料的积累，写出的东西肯定是飘在空中的，也是让人昏昏欲睡的。所以，找相关方"要"材料也好，实地考察观察也好，召开座谈会、听取大家的意见建议也好,都比一碗泡面一杯茶地爬格子要重要。

总起来说,写公文,第一步永远不能是写,关键的也不是写,而是查、看、问、学、想,是对主题做研究,时间充裕就深入一点,时间紧张就笼统一点。

石头曾经看过一篇讲述路遥如何为创作《平凡的世界》做准备的文章,其中说道:

"路遥首先静下心来阅读,他列了一个近百部长篇小说的阅读书目。这些书,有的是重读,有的是新读。有的要细读,有的仅粗读。

"之后,路遥按计划转入'基础工程'——准备作品的背景材料。于是,新一轮的阅读又开始了。为了更清晰、准确地把握1975年到1985年这十年间的时代背景,路遥找来十年的《人民日报》《光明日报》以及一种省报、一种地区报和《参考消息》的全部合订本。

"提着一个装满书籍资料的大箱子,路遥开始在陕北各地奔波。方方面面的生活都能令他感兴趣。乡村城镇、工矿企业、学校机关、集贸市场;国营、集体、个体;上至省委书记,下至普通老百姓;只要能触及的,就竭力去触及。

"路遥赶赴陕西铜川,先在铜川矿务局鸭口煤矿体验生活,作为挂职的铜川矿务局宣传部副部长,路遥没有在吃住方面提任何要求,而是一来到矿上,就要求下矿井。他要和矿工们一起劳动,与矿工交朋友。"

哦,原来,好文章是这样来的。

第二章

先上网搜一搜：关于互联网

chapter 2

一、我为写材料时"先偷偷上网搜一搜"找到了坚实的理论依据

在前面的"心理篇"中,石头已经十分详尽地阐述了自己清新脱俗的写作观:我们不写公文,我们只是公文的搬运工。

就是说,好的公文基本不是自己硬生生写出来的,而是靠搜集、研究、借鉴、综合、发散得来的。

这个观点是石头通过实践得出的结论。石头在大量的公文写作中发现,写材料的人不可能什么都擅长、什么都了解,所以一定要查资料,一定要研究借鉴。

可惜的是,这个观点一直没有找到理论基础,因此说起来总是有点心慌气短、底气不足。

有时自己心里也打鼓,每次写稿子之前都"偷偷"上网搜一搜,这样到底对不对啊?

直到石头看到一本关于逻辑思考和学习方式的书,突然发现,书中一个观点可以给我们写公文时的搜索借鉴行为找到一个坚实的理论依据。

作者提出了一个人类在大脑外包中进化的理论,他认为,人类历史上大脑曾经发生过三次外包。

第一次是产生语言,语言成为大脑思维的第一个外部载体,语言的产生使得人与人之间能够互相交流思想,形成共同的对事物的理解。

第二次是书写和印刷术的出现,书本极大地提高了人的记忆力,有了文字,我们才不用什么都记在自己的脑袋里,这使记忆的容量空前扩大。

第三次外包就是互联网出现，这次，我们把记忆能力外包给了互联网和搜索引擎，人类要记住的东西更少，只记住一些关键词，就能依靠搜索引擎和数据库掌握大量知识。

作者认为，人脑既然不断外包，就必然会带来一些原本功能的衰弱，比如记忆能力下降，但这其实不是什么坏事。

与记忆力下降相伴是一些技能成百上千倍增强，大脑腾出原本用来记忆的精力和空间，改变为用来观察、思考和创造，比如，现在只要记住一些关键词，再借助互联网，个体就能接触、掌握、运用以前难以想象的海量知识。这就是随着大脑外包，人的思考方式发生的变化。

石头觉得这种说法是很有道理的，如果用在我们写文稿的这个领域，这种现象其实同样存在。

在互联网时代来临之前，材料写得好的人是什么样的呢？往往是特别喜欢做剪报，特别喜欢读书，特别喜欢背书，特别喜欢藏书的人。

但随着大脑第三次外包的发生，不一定要做剪报了，不一定要背书了，不一定需要藏书了。

写稿子写得好的人，变成了搜索引擎用得好，能够利用互联网精准定位素材，进行积累，同时思考、综合、借鉴和发散能力特别强的人。

比如，知道借鉴利用《人民日报》重要言论库的人，论述可能就写得更精彩，而不知道这个方式的人，材料说理部分写得可能就比较平淡。

再如，知道到一些专业数据库上去搜最新的专家观点和研究成果的人，写关于某个行业发展的讲话，就能写得高屋建瓴，非常深刻。

又如，在互联网上、微信上，或者各种资料库中，下载收集了很多别人帮你整理的提纲、标题、金句、名言、警句的人，就是比那些没有互联网意识，只是通过读书、做摘录收集资料的人积累的速度要快得多、体量大得多。

当然，要强调的是，不是说互联网时代大脑就不重要了，对信息材料的甄别、整合和发散完全依靠大脑来完成，语感也要依靠大脑。

石头想表达的是，写材料，用搜索引擎查，或者喜欢在网上找各种资料下载，作为自己的写作基础，不但不是什么可耻的事儿，而且还代表着你已经赶上了第三次大脑外包的浪潮。

而那些仍旧执着于采用第二次大脑外包的办法，比如，在小本上摘抄报纸上的句子，或者花极大精力学习收集经典的古书之类，当然通过久久为功也能达到很好的效果，但在效率上确实落后了。

结论就是，写公文动笔之前，以及在写作过程中，都要利用互联网尽可能全面地占有与写作主题相关的语言、观点、体例、逻辑等，这才是我们这个时代的写作方式。

面对趋势，抵抗是悲壮的、无用的，躺下来享受才是正途。

以上是关于利用互联网写材料的一点想法，供大家参考。

二、请笔杆子收藏这些网站

上网搜一搜这么重要，这么正当，那么，作为文字的搬运工，一般而言应该到哪里去收集材料，然后再砸碎揉开，为我所用呢？石头觉得，以下这些网站是每位新时代材料员必须知道的。

1. 人民日报重要言论库（见图 2-1）、人民网领导人活动报道专页

图 2-1　人民日报重要言论库首页截图

这两个数据库必须单独拿出来提醒大家，绝对是公文写作神器，为你提

供从语言到观点到素材的全方位辅助。

人民日报重要言论库，把人民日报系发表过的所有评论性文章全部收纳其中，社论、任仲平、评论员、人民时评、人民观点、人民论坛、宣言、仲祖文、钟新文、今日谈、来论、望海楼、七日谈、国际论坛、经济时评一个不少。

具体怎么用？还用石头我教吗？涉及大政方针的，翻翻人民日报社论；谈论具体问题的，找找人民时评；聚焦党建和干部问题的，看看人民观点和仲祖文；需要宏大叙事和精美语言的，任仲平必不可少。

人民网领导人活动报道专页是什么？就是领导人言行库，上面搜罗了所有政治局委员的讲话全文和活动报道。

写公文怎么才能体现高瞻远瞩？怎么才能体现时效性和新鲜感？怎么才能表现和中央高度一致？就得靠引用领导的最新讲话，××同志曾经说，××同志反复强调啥问题的极端重要性，××同志语重心长地告诫大家，××同志明确指出，××同志最近强调，等等。

而这个"人民网领导人活动报道专页"，就是石头目前发现的收集领导人讲话最全面的数据库，每每在单位写稿子的时候，总要时不时上去看看××领导同志又有啥关于教育的最新讲话，最新指示，最新提法。不知道的同志，抓紧上去看看吧。

除了这两个专业数据库，"人民日报电子版"本身也是一个综合数据库，人民日报所有的文章在上面都能看到，而且其库内检索功能也很好用，大家可以一并试试。

2. 习近平系列重要讲话数据库（见图2-2）

图2-2 习近平系列重要讲话数据库首页截图

人民网去年还为全国的材料员们办了件大好事，那就是上线了习近平系列重要讲话数据库。过去咱们写材料要引用习主席讲话，主要是靠一条一条攒，或是上百度用关键词搜，不系统、不权威，甄别起来要花大气力。当然，也有人用心编辑了习主席重要讲话汇编的文档，很全，但实在是浩如烟海，找个一鳞半爪的句子颇为费劲。

人民网的这个"习近平系列重要讲话数据库"就厉害了，重点收录了党的十八大以来习近平总书记发表的系列重要讲话原文300余篇，相关重要论述、活动、会议、批示、书信、致辞、音视频等共计6 000多条，涵盖经济、政治、文化、社会、生态、党建、国防、外交等各个领域，可谓最系统、最全面。

更重要的是，这是个数据库啊！兼具资料性、可检索性等功能，既可以按主题查看原文，也可以根据讲话发表的时间、内容，或直接输入关键词来实现精准搜索阅读。

比如，石头在写一个关于高等教育的讲话，想学习一下习主席相关论述，那就在数据库中搜"高等教育"，习近平总书记系列重要讲话正文中涉及"高等教育"字眼的内容就都出来了！

再如，要写个廉政方面的报告，关键词搜"廉政"，可以用的素材真多啊！

此外，该数据库手机版也同步上线，用户可以通过手机端查询讲话内容，随时随地学习习近平系列重要讲话精神。

有了这个数据库，领导再也不用担心我写的材料接不上"天线"了！

3. 求是网、党建网

除了人民网、新华网这类综合新闻门户网站，还有一类官方网站需要材料员们重点关注，那就是以求是网和党建网为代表的理论类网站。有人可能要问，你不说人民日报重要言论库已经很神了吗？难道还不够用？

人民网、新华网当然是宝库，但必须承认，它们也有缺点。人民网、新华网上的评论文章，精彩主要体现在观点和语言上，但都是些短小精悍的议论文、小品文，篇幅往往较短，想找体系规整、煌煌万言的"大文章"不容易。而且人民网文风普遍活泼，与公文需要的文风存有差距。

求是网、党建网则填补了这一空白。求是网上刊登的文章多是省部级官员撰写的理论文章、政论文，主题宏大庄重、体系全面规整、逻辑分明、篇幅较长，行文风格上也与公文更为接近。

党建网就更赞了，上面刊载的多为各级官员、各地机构撰写的关于党建、宣传等日常工作的经验，说白了，就是他们写的工作总结，简直就是为写公文量身定做的资料网站啊！

写材料的时候，如果是想学习观点和语言，当然多上人民网、新华网，但如果想借鉴框架、结构和标题，或者想写出理论纵深，求是网、党建网上刊载的"大部头"文章一定会为我们提供很多启发。

石头写这一节的时候是 2018 年 5 月 17 日，打开当天的党建网，随便点开当天发表的一篇文章，大标题叫"河南理工大学全员育人体系促学生成长成才"，接着看正文，该文章写了四个方面：全员参与提升育人"广度"；创新试点提升育人"宽度"；强化保障提升育人"温度"；百花齐放提升育人"效度"。

用四个"度"来概括学校育人工作，精彩啊！你就说吧，石头随便点开的这篇文章，是不是一篇非常值得参考的、标题拟得非常考究的"工作总结"呢？

4. 句子迷

运用金句，是提升文章质量，让文章变得生动的一大法宝。写不出来高度凝练、极为生动的金句，不是你的错，毕竟不可能每个人都是金句小王子，脑子里不停地往外蹦金句。但是错过句子迷（见图 2-3）这个网站，你的损失就太大了。

句子迷这个网站，可以说是一个很牛的"金句"数据库，专注于佳句美句的收集，收集的范围不光有名人名言、经典语录，还有从各类媒体文章、文学作品中收集的佳句，也包括部分原创的好句子。

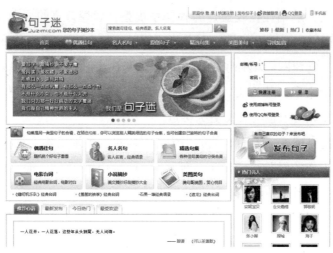

图 2-3　句子迷首页截图

有人不屑，看上去好像没什么特色啊，也就是个大路货色的文字数据库，这类网站挺多的，石头你别吹牛了。

其实不然，你用后就会发现，句子迷样貌看着平平无奇，但实际上收录的美句极具时代性，很新、很潮。石头没发现句子迷这个网站之前，用过很多找名言警句类的网站，发现它们共同的问题在于，收录的句子经典有余，创新开放不足。

搜出来的句子，净是些卢梭、培根、牛顿之类名人的格言，经典是经典了，但放在文章里，总感觉像是 20 世纪 80 年代初某诗社文学青年写的文章，老、土、酸，没有充分反映出我们这个时代风起云涌的青春气息。

句子迷不一样，收录的句子不拘一格，非常新颖，绝不止来自那些 19 世纪的哲学家、文学家。比如，某次石头给领导起草与青年干部座谈的讲稿，其中要谈谈读书的问题。石头想引引典故、用用金句，于是到各个格言网站找与读书相关的好句子。在好几个格言网站搜出来的结果都是：

敏而好学，不耻下问。——孔子

书籍是人类思想的宝库。——乌申斯基

读书百遍，其义自见。——《三国志》

吾生也有涯，而知也无涯。——庄子

书籍是前人的经验。——拉布雷

读书破万卷，下笔如有神。——杜甫

道理说得都对，但是，这些句子也太老了！这怎么能体现出我作为杰出材料员的水平呢？

于是石头对数十个格言类网站进行了地毯式比较，直到发现了句子迷，毅然弃暗投明，在句子迷搜索框中键入"读书"二字，检索结果包括：

读书可以经历一千种人生，不读书的人只能活一次。——乔治·马丁《权力的游戏》

读书与上学无关，那是另一码事：读——在校园以外，书——在课本以外，读书来自生命中某种神秘的动力，与现实利益无关。而阅读经验如一路灯光，照亮人生黑暗，黑暗尽头是一豆烛火，即读书的起点。——北岛《城门开》

在功利主义的世界里，阅读维系着超脱，而超脱有利于我们的思考。读书毫无用处。正因为这个，读书才是一件大事。我们在阅读一本书，因为它毫无用处。——夏尔·丹齐格《为什么读书》

我们读书，因为我们孤单，我们读书，然后就不孤单，我们并不孤单。——加布瑞埃拉·泽文《岛上书店》

读书到底是为了什么，如果我们排除做学问很实际的目的，读书就是我在吸取营养，把自己丰富起来。我自己感觉，读书最愉快的是什么时候，是你突然发现"我也有这个思想"。最快乐的时候是把你本来已经有的，你却不知道的东西唤醒了。——周国平

我的心得是读书不在多，而在反复读。喜欢的书总要读它几遍，才算读过，才能读进去。——陈丹青《谈话的泥沼》

高下由此立见！句子迷的检索结果中，连大热的电视剧《权力的游戏》的原著作者乔老爷子关于读书的话都收录了，我还有什么话说？这些句子的格调，不知要比俗套的格言网站高到哪里去了！

看到这些句子，石头欣喜若狂，最后，毅然舍弃了杜甫杜大人的"读书破万卷，下笔如有神"，选用了《岛上书店》作者加布瑞埃拉·泽文的"我们读书，因为我们孤单，我们读书，然后就不孤单，我们并不孤单"来印证读书对青年人形成健全人格的重要性。

后来听说，领导讲到此处，全场皆惊，肃然起敬。毕竟，这个句子的格调太高了。这样，我的效果就达到了。

5. 诗词名句网

如果写材料时涉及用典，想引点诗词古籍，诗词名句网是石头目前为止发现的比较好用的一个网站。其收录范围不仅包括诗词，也包括四书五经、四大名著等书籍，古籍的收录量让人满意。

网站的搜索功能虽然不算强大，也还勉强能用。例如，我们仍以"读书"为主题进行搜索，检索结果如下：

胜欲读书已懒，只因多病长闲。听风听雨小窗眠。过了春光太半。往事如寻去鸟，清愁难解连环。[宋]辛弃疾

古人学问无遗力，少壮工夫老始成。纸上得来终觉浅，绝知此事要躬行。[宋]陆游

吾生本寒儒，老尚把书卷。眼力虽已疲，心意殊未倦。正经首唐虞，伪说起秦汉。篇章异句读，解诂及笺传。[宋]欧阳修

晨趋紫禁中，夕待金门诏。观书散遗帙，探古穷至妙。片言苟会心，掩卷忽而笑。青蝇易相点，白雪难同调。[唐]李白

读书不厌勤，勤甚倦且昏。不如卷书坐，人书两忘言。兴来忽开卷，径到百圣源。说悟本无悟，谈玄初未玄。[宋]杨万里

结果还是比较丰富的。至于网站的具体操作方法，石头就不多说了，都是常规操作。

6. 一些公文 QQ 群、收费公文资料库

2018 年，石头在网上看到一位愤世嫉俗的材料员写的批评文章，题目叫《我被一个"公文写作交流群"踢了，因为这事儿……》。作者表示，他从一个"公文写作交流群"中被踢了出来，原因是没按要求"每月提供一篇公文共享给群友使用"。作者愤愤不平，于是写文章大加鞭笞，表示这类公文资料群是助长形式主义和不良文风的大本营，要坚决批判。

石头看了这篇文章，心中冷笑，这不就是典型的端起碗吃肉、放下筷子骂娘吗？话说，您当时加群的时候不也是想下点资料素材吗？吃完肉就不认人了？反而给别人扣"形式主义和不良文风"的帽子，忒不地道了。

照搬照抄我们当然批判，但公文资料群本身是无罪的。实际工作中，不少单位、地区工作节奏相似，开年的时候都要部署，年底的时候都要总结，主题活动大家都要开展，把一些公文拿出来放到一起，相互学习、借鉴、寻找思路，石头觉得无可厚非。

大家可以适当地加入一些这样的公文共享群，从群里获得可供模仿的素材，尤其是一些时令性、规律性的公文，通过学习、参考大家的思路，对开拓视野帮助极大。

此外，群还是一个交流思想的空间，写材料时思路卡住了怎么办？到群里发个红包请教请教。提纲不满意了怎么办？到群里发个红包请大家帮忙提提意见。这都是极好的。

公文资料共享群不过是个工具，是作恶还是行善，是应付过关还是学习提高，完全取决于个人的动机和修为，资料群本身无罪过可言。

除了大家自发组织的公文资料群外，网上也有一些专人运营维护的公文资料库，按年收取费用，定期根据工作热点和重心上传公文资料，这些资料大多经过甄别处理，质量较高。另外，这些公文资料库还会定期汇总整理"某某方面金句 100 条""精彩标题 300 套""写材料常用故事 100 则"等普适性的素材，免去了我们自行整理之烦琐，非常实用，有需要的材料员也可以了解了解。

7. 搜索引擎

这个基本已经普及，不用多说，写文章连这个都不用，说明你完全还处在刀耕火种的原始社会，没时间谈恋爱、陪孩子、累到吐血、头发稀疏那都是活该。相信大多数办公室人都有忐忑地在百度的搜索框里敲下"总结""讲话""对照检查"等字眼的时刻。

虽然大家对百度颇多恶评，但目前国内的搜索引擎最靠谱的还是百度。搜索引擎查东西，最大的弊端在于信息过于海量，搜索结果鱼龙混杂、良莠不齐。如何甄别结果？石头觉得有一条很关键，那些来自专业的文秘网、公文写作网站的结果完全没有必要点开看，基本毫无参考价值，无非是些陈词滥调，明明都已经在写"三严三实"了，上面都还是些"三个代表"的内容，很不走心。

凭石头的经验，一般而言，搜索结果中来自政府网站、新闻网站、正规单位网站的价值比较高，都是新近发生的、实实在在的报告、讲话，可以花时间品读研学。

当然，我们精力有限，说实话，一般人看个五六页就懒得往后翻了，只好凑合着看一篇算了。所以，如何在搜索引擎浩如烟海的结果中找到自己想要的结果，是个难题，需要高超的技术。这方面，石头将在下一节做详细说明。看完下一节你就会明白，你其实只用了百度功能的十分之一！

8. 本单位新闻网

本单位的新闻网其实是一座公文素材的富矿，但往往被人忽视。新闻网如果更新及时、信息全面，可以说就是单位的一部详尽的编年史、年鉴和档案库。

如何把文章写实？很重要的一个方法就是从实际出发，而最基础和直接的实际就是本单位的工作动态。无论是讲话、汇报还是总结，都要有一定篇幅的实例、数据，这样才能有说服力，才能活泼生动。

石头所在单位智库工作开展得不错，被上级单位看成是一个典型，受到邀请去座谈会上介绍经验,石头负责起草汇报稿件。这是单位长脸的好机会,怎么才能在一众兄弟单位面前露脸,凸显出自己单位智库工作一骑绝尘、遥遥领先呢,石头奋笔疾书,加强领导讲了,制度创新讲了,资源倾斜讲了,写到最后,总觉得少了点什么,不够味儿似的。仔细一琢磨,还是例证少了,有点虚。

石头忽然想起不久前似乎有篇新闻稿在单位新闻网上闪现过,说的好像是单位某个智库在一个什么评比中成绩不错。上新闻网一搜,在不久前公布的国新办的智库排名中,本单位排到了前十,这真是再合适不过的素材,放在文章里就像涮羊肉配麻酱一样完美。

石头闲得没事顺着历史文章往前翻了几页,结果发现更早前还有一篇消息,说的是在上海社科院的智库排名中,本单位跻身前三。这就能很雄辩地证明,我们作为先进典型发言是理所应当的。

9. 专业论文数据库（见图2-4）

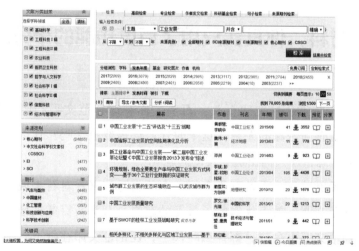

图2-4 某专业论文数据库截图

中国知网、万方这类学术论文数据库,也是公文写作的宝库。你可能要疑惑,写公文又不是搞学术研究,犯得上杀鸡用牛刀,还拿出数据库吗?

石头前面也说了,写公文本就该树立研究的心态,专业的数据库较搜索引擎而言，有四大好处。

一是主题集中。比如我们想找几篇讲调研方式和技巧的文章，就可以把搜索的来源限定在《秘书工作》《秘书之友》等办公室工作期刊上，比用百度大海捞针集中多了。

二是门槛高。能发表在杂志上的文章，一般而言都花了大心思，整体质量水平较高，多少还是有可取的地方，不容易出现胡编乱诌的情况。

三是更完整。网上很多文章几经转手，早就变得七零八碎，有的第一段没了，有的总结段少了，有的把科学发展观和四个全面拼凑到一起去了，得下气力甄别，相比之下，专业数据库上的文章来源封闭，要完整得多。

四是论述深入。互联网上的文章往往浅尝辄止，没有什么深度，你要是写一些专业性比较强的文章，一定得用数据库，比如让你起草某市农业发展的"十三五"规划，假如你能花一些时间找一些分析追踪农业前沿趋势的论文看一看，站位和视野一定会有跃升。

三、写材料，你其实只用了百度功能的十分之一

每当有人在公众号上问石头：石头，你有这个范文吗？你有那个范文吗？石头都会感到深深的无奈，这个时代，还需要范文吗？什么样的范文网上找不到呢？怎么还会问出这么傻的问题呢？

有些读者更过分，听说石头在写一本公文写作书，对石头说，你书里一定要多放些范文啊，放点优秀的、最新的范文。石头斩钉截铁地对他讲，这本书我一篇范文都不会放，都什么时代了，还把范文印在纸上，不完全是在骗钱吗？

石头为什么敢回应得这么直接？那是因为我相信，哦不，坚信，**现在关于公文最新、最好的东西，范文啦、素材啦、整理啦、搜集啦，全部都存在于互联网上，而绝不在谁编写的《范文大全》里，骑兵怎么可能战胜坦克呢？**

石头前面说了，写材料时上网搜一搜绝对不是偷懒图省事，以后材料写得好的人，就是对各种互联网工具运用特别深入、特别娴熟的人。

有些人虽然接受"搜一搜"这种办法，但对网上公文材料的质量不屑一顾，他们的观点是："网上的公文材料，大多粗鄙不堪，不值得花费过多功夫研究，也没有下载收藏的必要。"

真的是这样吗？石头告诉你，大错特错，你觉得网上搜出来的公文质量不高，是因为你根本不懂得运用互联网工具写材料的正确姿势，拿最老少咸宜、最喜闻乐见的百度来说，过去写材料，你其实只用了百度功能的十分之一！

大多数人的误区在于，他们对工具的认识还停留在初级阶段。以为只要自己能用用，就算是掌握了一种工具，不愿意再花时间去探究工具高级的用法，觉得耽误时间。其实不然，真正深入理解并掌握一个工具，虽然开始会花一点时间，但之后会极大地节省你的时间，甚至为你打开另一扇门。

办公软件 Excel 就特别能说明问题，用它做张表，打印出来，并不难，但这不代表你就掌握了 Excel，假如你不懂函数，你做一张表反映当年的收支情况，还要在下面拿着计算器捣鼓半天。但哪怕你能花点时间掌握 Excel 中最基本的求和函数，当你输入数据的时候，总和就自己算出来了，时间大大节省。

李笑来曾举过一个例子用以说明工具的重要性。他在没有学习五笔和盲打之前，觉得练习打字完全是在浪费时间，拼音之类的输入法已经足够快，而且根本不需要花太多时间学，还有必要再花精力学什么盲打？但是，因为某次机缘巧合学会盲打之后，他发现会盲打带来的好处是他之前根本想象不到的。打字速度提升后，他不再惧怕做读书笔记，因为打字比写字要快多了，他开始大段记录自己的感想，甚至做整篇整段的文字摘录，就这样，他积累了巨量的文字，又因此出了好几本书。

百度的高级用法也是一样，掌握互联网工具的高阶实用方法本不是一件难事，只需要花很少的时间精力，就能取得几何倍数的效果。

但很多人却毫不知情，或觉得太耗时间精力，只满足于往搜索框里输入就能出结果，只知道在搜索框里随便一输，找到些陈词滥调、质量不高的文章，于是就果断宣布网上找不到什么好东西，用搜索引擎写材料就是扯淡，这未免可惜又可怜。

这一节，石头就来教教大家怎么用互联网工具找到最优秀、最新颖的素材，为我们写材料助力。这里介绍的几种百度高级用法，建议全部掌握，学会后你能发现，哇，又打开了一扇材料之窗啊！

1. 用 site 命令，对指定来源进行搜索

作为一家公司，百度盈利的途径主要是竞价排名。人家靠本事和技术赚点钱无可厚非，但给我们带来的困扰是，搜索结果中，有用、优质的东西不一定能排在前面，反而是一些商业化的东西排在前面，因为人家交了钱嘛。

比如，你在对话框输入"民主生活会对照检查材料"，前面好几页搜索结果往往都来自"无忧公文网""无忧材料网"之类商业网站，想看全文得付费不说，质量还不敢恭维。

怎么办？site 命令这时就要大显身手了！site 命令可以将搜索范围限定在指定的某一个或某一类网站中，大幅提高检索效率，是材料人必须掌握的最重要的搜索命令。

具体使用方法为：在查询内容的后面加上"site：站点域名"，如 site：gov.cn。注意"site："后面跟的站点域名，不要带"http：//"；"site："和站点域名之间不要带空格。

网络信息虽然繁多，但对公文写作来说，只有完整的、真实的、新鲜的、一手的材料才是稀缺的。你要写公文，真正靠谱的信息来源其实没几个：各级政府网站、人民网、新华网、地方龙头媒体网站等，掰着手指头都能数过来。

同样是对照检查材料，某政府网站上公布的县长的真实对照检查材料和"无忧公文网"上拼凑的野鸡材料，哪个参考价值大，不用石头多说。我们知道，政府官网网址的后缀都是 gov.cn，再搜索"对照检查材料"时就可以在百度搜索框中输入"对照检查材料 site：gov.cn"，回车，一堆堆完整的、真实的、新鲜的、一手的单位或个人对照检查材料就全出来了。

以此类推，你想搜关于反对"四风"的精彩论述，就可以把来源范围限定在人民网、新华网，从而高效获取质量最高的关于反对"四风"的评论文

章，而不用再费尽心力去甄别选择。见图 2-5。

图 2-5 人民网反对"四风"主题评论搜索截图

site 命令除了可以保证搜索结果的质量，还有个好处，就是可以缩小搜索的行业领域。这是什么意思？不是搜的范围越大越好吗？

并非时时如此。比如，石头要起草单位 2018 年工作计划要点，想找点材料垫一垫，学习学习。如果不用 site 命令限定领域和行业，可想而知，公安、农业、质检、兽医等各个行业政府机关、工矿企业、学校医院的工作计划要点都将喷薄而出。

但石头在高校工作，职能和功能主要是育人，兽医站育猪的工作计划要点参考意义想必不会太大。这时就可以用 site 命令来筛选甄别行业领域，edu.cn 是高等教育的专属域名，把搜索领域限定为"site：edu.cn"，之后再搜，结果全都是国内高校官方网站上公开的工作计划要点，与石头自己所在行业领域主题类似，工作内容大同小异，极具参考价值。

很多第一次掌握 site 命令的"材料狗"，甚至会沉浸在震惊和喜悦中久久不能回神：竟然有这么多单位把这么多真实公文材料全文挂在自己的网页上？连对照检查材料都纳入信息公开的范围了？他们到底怎么想的？我以前竟然从来都搜不到这么新鲜真实的材料？

是的，互联网就是这样浩瀚无边。

石头写材料常用的 site 命令主要有：

site：gov.cn，政府网站

不多说了，自己去试试，讲话、总结、报告各种体裁无所不包，部署、开工、看望、上任各种场合无所不含，而且都是全文！全文！质量好得让你流泪。范文大全？拿去垫桌脚吧！

site：people.com.cn；site：xinhuanet.com，人民网、新华网

当你不知道一个道理或者观点怎么论述清楚时，就要在人民网、新华网找点评论看看。这两个网站是官方优质评论的大本营。

site：qstheory.cn；site：dangjian.cn，求是网、党建网

要找具有深度和高度的理论文章，到这里来。学一鳞半爪回去，就能让你的材料站位陡增。

site：edu.cn，高校网站

在高校工作的笔杆子们离不开这个命令，毕业典礼、教学部署、学科建设，特别具有教育行业特点的一些材料，都可以通过这个命令找到。

写材料之前，先用上述 site 命令搜索一遍，搞上十几二十篇真实优质的范文、评论和理论文章，有了这些高质量素材打底，还怕写不好材料吗？

2. 给关键词加上引号，避免百度拆分

不少人觉得百度傻瓜好用，就是因为它模糊搜索的功能强大。为了匹配尽可能多的结果，百度会自动对关键词进行拆分。

比如搜"民主生活会对照检查材料"，它会自动拆成"民主生活会""对照检查材料"进行搜索，显示相关的所有结果，比如，民主生活会的新闻啦，入党的对照检查材料啦。这是一种模糊匹配。

有些时候拆分是件好事，我们对主题限定没有那么严格，可以看到更多相关结果，扩大了搜索范围；但也有些时候，我们只想看民主生活会对照检查材料，至于什么入党对照检查、党员对照检查，我们不感兴趣，出现这种结果反而成了一种干扰，让我们真正需要的东西无法显露。这时可以尝试让百度不拆分查询词，方法就是给你认为最核心的关键词加上引号。

我们给"民主生活会对照检查材料"加上引号之后，搜索结果就不会再显示关于"民主生活会"或"对照检查材料"的结果，而只会显示"民主生活会对照检查材料"的结果，排除了干扰，纯粹多了。

3. 确定更多、更精准的关键词

首先提一个问题：搜关键词，是先从最吻合的关键词开始搜索，还是先搜相对宽泛的关键词？

大多数人会觉得，当然应该先搜相对宽泛的关键词，关键词太多、太精确，命中的结果可能很少，岂不是白费功夫了？还是先搜出一大堆东西再慢慢挑吧。

是不是这样呢？哈佛校长 Drew Gilpin Faust 有一段很著名的理论，即"车位理论"，那是她在哈佛大学 2008 届本科毕业生的毕业典礼上做的题为《人生的意义》演讲中的一段话：

"不要因为觉得肯定没车位了，就把车停在距离目的地 20 个街区远的地方。直接去你想去的地方，如果车位已满，再绕回来。"

石头觉得，我们确定关键词同样应当遵循"车位理论"，不要因为担心

搜索结果太少，就从最宽泛的关键词开始搜索。尽管去搜最吻合、最精确、最相关的关键词，如果确实结果不足以参考，再尝试更宽泛的关键词。

比如，石头给大学校长写毕业典礼讲话，想先看看别的校长都讲了点什么，绝不应该从"校长讲话"搜起，找出来一大堆中小学校长不让孩子们打架斗殴的讲话，费时费力，大海捞针，看得人老眼昏花，毫无参考价值，而是应该精准确定四类关键词。

一是单位关键词：大学、高校；

二是身份关键词：校长、领导；

三是活动关键词：毕业典礼；

四是题材关键词：讲话、发言、致辞。

然后不断尝试这四类关键词的组合，看看哪组更能得到我们想要的结果。先确定更多更精准的关键词，再从窄到宽、从精准到模糊，才是我们写材料搜索时的正确方法。

4. 多关注百度文库

与互联网上浩如烟海的信息相比，百度文库之中的资料完整、精当得多，可以看成是一种搜索服务的 VIP 版本。

所谓重赏之下必有勇夫，用户在百度文库中上传文档可以得到一定的积分甚至盈利，下载有标价的文档则需要消耗积分或者付款，因为有利益诱惑，不少写材料的人把自己手头的原创范文或者模板、提纲、诗词锦句上传上去，补贴家用。时间长了，百度文库也积累了不少很具参考价值的材料。

大家在搜索公文参考资料的时候，可以多关注百度文库。

5. 搜索特定文档格式，使用"filetype："轻松搞定

辛辛苦苦帮领导起草了一篇党课讲稿，领导看后颇为满意，一边拍着肩膀对你表示赞许，一边奖励你再帮他做个 PPT，这时就要用到"filetype："这个命令来对搜索对象做限制，寻找特定格式的内容，冒号后是文档格式，

如 PDF、DOC、XLS 等。

比如，想找党课的 PPT 模版，就可以搜"党课 filetype：PPT"，肯定可以找到不少红旗招展、热情洋溢的"党政风"PPT 模板。

6. 懒人朋友的福音——一站式高级检索

写到这里，石头已经介绍了不少百度高级用法，虽然我已经尽我所能描绘了掌握这些命令的光明前景，但毫无疑问，还会有不少人早就耐不住性子了：你这语法太难记，一会儿一个空格，一会一个引号的，容易搞混弄错，对我们文科生来说太不人性化了，太不注重用户体验了！

没关系，石头再给懒人朋友们一个方法，如果你不想记那些恼人的命令符，那至少要在自己的收藏夹里收藏百度高级搜索的网址，通过访问 http：//www.baidu.com/gaoji/advanced.html，直接使用百度的高级检索，也可以实现一些主要命令符的功能。

百度高级搜索把上面介绍的部分高级语法集成到一个页面上，用户不需要记忆语法，只需要填写查询词和选择相关选项就能完成复杂的语法搜索，得到更精细、更准确的结果。

大家可以把搜索结果显示的条数设置成每页显示 50 条，提高阅读效率，减少翻页，还可以设置时间，搜索最新的讲话和资源等。对广大"懒癌晚期"的搜索爱好者来说，百度高级搜索确实是个福音，快去试试吧。

第三章

模仿无罪：关于基础

chapter 3
<<<

一、模仿无罪

经常会有人问石头一类问题，石头统称为"怎么写"问题，比如，"领导把××材料交给我，我一点思路也没有，怎么办呢？""这个评估的总结怎么写，想不出来啊？""那个动员的讲话怎么写，完全一点头绪都没有啊？"

这类问题石头常常觉得无法回答。因为它涉及一个公文写作的基础性，同时也是根本性问题，当你不知道一个材料怎么写的时候，是应该继续冥思苦想，思考怎么写吗？

1. 不要再问"这种材料怎么写"这么深奥的问题了

不！请先停下你的思考。怎么写，既不是一两句话能说得清楚的，更不是你拍脑袋能想得出来的。**事实上，你不会写，不是因为你蠢，而是因为你见识短。**

石头觉得，第一步要做的其实是，改变思考问题的路径。你要考虑的问题不是宏大而深奥的"怎么写"，而应是更加具体、更具可操作性的"怎么在别人稿子的基础上去改写"。对刚起步的人来说，第一步永远不是思考，而是长见识，开眼界。

如何去做？石头没有什么"六艺""八式""十招"教给你，核心其实就是两个字：模仿。

提高公文写作水平，必须从模仿起步，短平快的方法就是炒剩饭，走老路，拾牙慧。

2. 破除模仿不道德的执念

借助模仿进行公文写作，是初学者提高写作能力的一条捷径。

不少人忌讳模仿，瞧不上，认为那是一件不光彩的事，甚至把模仿和拼凑、抄袭画上等号，其实这是一种彻彻底底的误解，今天石头要为"模仿"正名。

《辞海》中说："模仿是依照一定榜样做出类似动作和行为的过程。人在掌握语言和各种技能的过程中，以及艺术习作的最初阶段，都要借助于模仿。自觉地仿效先进的榜样，可以吸取别人经验，扩大自己经验，作为进一步发挥创造性的基础。"（引自《辞海》1979年版第1319页）

看看，石头说什么来着，至少我们从这个定义里可以确认，模仿对于人类是一种积极的东西，你大可以把顾虑放下。

任何人在进入新的领域时，都会很迷茫。如果只靠自己倒腾、琢磨，不仅效率低，作用也有限。跟人请教、看书固然是一种办法，但由于你跟别人的段位不同，很多时候也是鸡同鸭讲。此时最好的策略是：找一个优秀的、信息披露充分的、和自己位置匹配的对象进行模仿。

哲学上讲，任何事物都有普遍性和特殊性。那么，我们可以下一个结论，对公文来讲，规律性、一般性的东西其实是基础和主体，个性化、发挥性的东西只是枝干，这是由公文的庄重性、正式性、统一性决定的，否则，一篇公文怎么能通行全国？

不同于其他的写作，公文写作有相应的体例格式，虽非千篇一律，但直白性、排他性的特点又使其具有比较固定的基本框架和表现形式。

各类公文都有它独特的组合要素，先说什么后说什么，哪些东西可以少说或不说，哪些东西不说不行，等等，都是很讲究、很有学问的。

拿工作汇报来说，肯定都是先讲成绩和做法，再讲问题和不足，最后讲措施和打算，跳出这个框架的写法，基本不存在，即使存在，那也得领导有胆识用。如果我们能够紧紧抓住这些去模仿，就有可能尽快进入角色，很容易地写出我们要写的东西。

很多公文经验文章在教新手的时候，老有一种把公文高端化、神秘化的倾向，什么"文章乃经国之大业，不朽之盛事"，什么要"行云流水、一气呵成"，什么写文章要讲究"气"、把握"势"之类的，吓得小白们还没动笔就尿湿了裤子，甚至从此都站不起来，始终摸不着门道。

不能说这些老手是在故弄玄虚，确实到了某个阶段，写公文确实需要情怀和热爱，需要站到"文章乃经国之大业，不朽之盛事"的高度去讲究"气"、把握"势"。

但，这些老汉们讲的其实多是怎样写出优秀的文稿，而不是怎么写合格的文稿。对日常工作来说，尤其是对初涉公文写作的小白们来说，更多的是应付程式化的材料，争取在最短时间内拿出一篇能过关的、基本达标的文稿来。火都没打着，谈什么加速？！

事物发展总有客观规律，不可能跳过"合格"直接到"卓越"。况且，对每一篇文章都提出高要求是不现实的，对只写过校园爱情小说的小白提出高要求也是不现实的，大多数情况下，新手还是应该先从基础做起，按照程式拿出合格文稿即可。

3. 公文模仿的目标

模仿是正当的，也是必由之路，这一点我们已然明确。但关于模仿的目标和心理预期，石头还是要把丑话说在前头。

模仿的目的是让你快速达到行业中上水准。光靠模仿是很难达到行业顶尖水准的，但是帮助水平较低的人快速达到行业中上水平，还是可以满足的。

某人临摹王羲之的字，一直临一直临，最后写出来很像的字，你可以说他的字写得很漂亮，但只靠模仿是无论如何也成不了书法家的。

可见，模仿策略是有局限性的，它只能帮你从较低水准上升到中上水准，想要成为顶尖高手，模仿就不够了。

总而言之，接到一项写作任务，之前没整过，"这种材料怎么写"这样的话就不要再问了，找模板、要模板、看模板，看着看着，学着学着，你就会了。找素材、提炼、模仿、落笔、修改、再修改，这方法可靠有效。

二、模仿的路径

上一节石头一直在帮大家解决关于模仿的思想前提：模仿很光彩，模仿需释怀。相信大部分人看了石头的分析，能放下模仿不道德的执念，从心底认同模仿，轻装上阵。

这一节我们就来解决方法问题：具体怎么在公文中模仿？模仿的步骤和路径是怎样的？从哪些方面解剖模仿对象并效仿？石头带着大家一步步来探讨。

1. 重点关注自己不知道的

字、词、句、段、篇、章，语言、结构、主题、立意、观点，一篇公文中可以模仿的环节太多太多。我们写材料时如何厘清模仿的头绪？大家首先要把握的一个模仿原则：先研究别人有而我没有的东西，先模仿自己不会的东西。

石头自觉对公文语言的运用还算娴熟，碰到没写过的题材，困难主要在结构和套路上。比如起草一个祝酒词，主要模仿的就是它的结构和套路，找一篇看看，哦，开头"首先我代表××，代表我的夫人，也以我个人的名义对各位贵宾的到来表示热烈的欢迎！"必须要有；结尾"现在我提议，大家共同举杯，为××，为××，为××，为各位嘉宾和家人的健康干杯！干杯！"必须要有，学的主要是这些程式和套路。

假如你之前是个文学少年，写的净是抒情诗歌，什么"穿过你的黑发我的手"，那就应该多模仿公文的语言体系，即字、词、句，学着写"重要性、紧迫性、自觉性、主动性、坚定性""责任感、紧迫感、危机感、认同感、荣誉感、成就感"这种话。

2. 先效仿结构

前面石头提到，规律性而非个性才是公文的本质属性，公文的规律性首先来自结构。

某一主题的公文，结构一般类似，想要打破结构的惯例另开新篇，搞点所谓的创新，是需要极大勇气的，是需要拿出啃硬骨头的胆识和魄力的，这不是我们写材料的小兵能决定的事。所以，照着之前和别家的结构放心摹写吧，没问题的。

石头曾接到任务，起草本单位领导班子对照检查材料。之前从没写过此类题材，动笔前，石头认真翻看了之前历年的材料，无一例外由三个部分组成：

一、六个方面的对照检查情况；二、问题原因剖析；三、下一步整改措施。

看后，石头感到很不满意，这实在千篇一律，第一部分对照检查情况里面，其实不但谈了问题，也谈了问题产生的原因，第一部分跟第二部分重复了啊！再说，上面要求实事求是地谈问题，有什么问题就谈什么问题，有必要非要把问题归到老生常谈的六个方面里去吗？

于是乎，石头大笔一挥，把对照检查体例进行了改革，只谈两个大方面，一是对照检查情况，二是下一步整改举措，其中对照检查情况跳出六个方面的框框，连搞了十大问题，自以为是锦绣文章，得意洋洋地交上去。

不承想，十分钟不到文章就被甩了回来，领导只有一句话："照着之前的样子写。"石头不服气："一定要写原因分析吗？查找问题一定要写六个方面吗？为什么不能写十个方面？"

领导的回答言简意赅："不分析原因显得不深刻；问题写这么多就是说问题很严重喽？"

石头吓得汗湿了后背："不敢不敢，改改改，马上改。"

你看，对公文来说，"照着讲"往往不会出问题，你想"接着讲"，这难度就大了!

对新手来说,切实可行的搭建文稿结构的办法就是:直接复制、粘贴模仿对象,不改变文章框架和结构,只是把里面的内容更新一下。

比如,每年都要写年度工作总结,开头从来都是紧紧围绕上级精神之类的指导思想,中间写工作成绩,结尾写未来如何做。按这个套路弄,稳得很呢。

3. 替换内容

结构敲定,下来就是内容。以已有的材料为基础,替换已经不合时宜的内容,保留尚可保留的内容,其实就是在公文内容模仿环节,最直接,也是最基础的一种模仿方式。

比如起草年度工作总结,前面总有个帽子,2017年的那个冬天,小王起草的某高校工作总结开头是这样写的:

一年来,学校全面贯彻党的十八大和十八届三中、四中、五中、六中全会精神,以习近平总书记系列重要讲话,特别是在哲学社会科学工作座谈会和全国高校思想政治工作会议上的讲话精神为指导,以贯彻落实全校第十四次党代会精神为动力,以落实学校"十三五"规划为抓手,坚持改革、创新、发展的总基调,深入推进综合改革,推动学校各项事业发展,力争成为国家"双一流"建设的排头兵。

到了2018年年底,换成小李起草某高校工作总结,这段话其实大面积是可以保留的,只不过党的十九大已经召开,党的十八大就不合时宜了,党的十九大提出了习近平新时代中国特色社会主义思想,不再提习近平总书记系列重要讲话,所以,对这些过时内容加以替换,即可得出新的工作总结了:

一年来,学校深入学习贯彻习近平新时代中国特色社会主义思想、党的十九大精神和习近平总书记致××大学建校××周年贺信精神,围绕学校第十四次党代会确定的总体目标,坚持改革、创新、发展的总基调,深入推进综合改革,推动学校各项事业发展,力争成为国家"双一流"建设的排头兵。

所以,替换内容是材料员必须掌握的模仿基本动作,我们所要做的就是:

开头用新的上级政策和精神替换过时的内容,比如说用"两学一做"活动替换"党的群众路线教育实践"活动,用十九大精神替换十八大和十八届历次全会精神;

中间用今年开展的各项工作替换去年的工作,比如说用"全面推进双一流建设"替换"认真落实全国高校思政工作会议精神",用"扶贫工作'回头看'"成绩替换"精准脱贫"工作;

结尾用新的口号替换旧的口号,比如说用"撸起袖子加油干""幸福都是奋斗出来的"替换"踏石留印、抓铁有痕"。

这样下来,一篇文章的"快手稿"就能很快出炉。

4. 交叉综合是高阶手法

替换是模仿最基本,也是最简单的形式,其本质是一对一的模仿,也就是说,从一篇文章模仿转化成另一篇文章。

但显然,面对变化多端的主题,越来越高的要求,一对一的模仿很多时候无法解决问题。有些人听了石头前面讲的替换法,如获珍宝,直接把领导交代的文章标题输入搜索框,想一下子找到一篇标杆狠命学,一搜啥都没有,急哭,又不知道材料如何下手了。

大多数情况下,你都很难找到一个一模一样的黄金模板可供参考,毕竟公文的使用场景千变万化,每个领导的要求千差万别。怎么办呢?没关系,石头告诉你,其实,模仿的精髓在于交叉模仿。

聪明的同志们可能已经领悟到了,既然有一对一的模仿,那它的升级版当然就是一对多的模仿,这种一对多的模仿,就是交叉模仿。

这样说可能还是有点不好理解,所谓交叉模仿,说得直白一点就是:

我们借鉴模仿的时候,只盯着一篇或者少数几篇文章肯定难以满足需要,应该尽可能多地搜集与公文主题，或者公文某部分内容相关的文章，然后从多篇相关文章中，分别找到合适的一小段，甚至一小句，并加以借鉴、改写，之后拿过来运用到自己的文章中。

借用鲁迅先生的话说，就是文体可采用张三的形式，结构可融汇李四的骨架，内容可涉及王五的涵盖，语言可借鉴赵六的精彩，然后进行优化组合，进行创新创造，总之：参考要广泛，引用不单一，模仿看不见。

举个简单的例子，还说上面那个某高校2018年工作总结的第一段，小李采用替换法之后，虽然也能过关，但还是觉得跟去年的像了点，心里不安，于是又想到了交叉法。他翻阅了近期本单位的其他几篇材料，发现年初领导在一篇工作部署讲话中最后一段提出号召：

不忘初心，牢记使命，凝心聚力，真抓实干，落实立德树人根本任务，持续深化高等教育改革，以永远在路上的执着推动学校各项事业发展，力争成为国家"双一流"建设排头兵。

呀，这句话比原来的话精彩多了，虽然是工作部署会讲话里的词，但不是正好可以用在工作总结的开头吗？于是，2018年工作总结的第一段就被小李改造成：

一年来，学校深入学习贯彻习近平新时代中国特色社会主义思想、党的十九大精神和习近平总书记致××大学建校××周年贺信精神，围绕学校第十四次党代会确定的总体目标，落实立德树人根本任务，持续深化高等教育改革，不忘初心，牢记使命，凝心聚力，真抓实干，以永远在路上的执着推动学校各项事业发展，力争成为国家"双一流"建设排头兵。

这么一段话，不光模仿了去年的工作总结，还模仿了今年的部署讲话，把两篇材料的相关内容糅到一篇新文稿中。这就是交叉模仿。

石头举的只是交叉模仿最简单的例子，事实上，你想交叉得有多复杂，都可以。下面石头举一个稍复杂的例子——对照检查材料。

一般对照检查材料整改措施都要有一条，关于改进作风、廉洁自律的，好了，今年的对照检查也整这么一条吧，怎么写呢？

先搜一搜廉洁自律、四风、从严从实之类的关键词。

看到新华社有一篇报道，里面有句话很关键，"习近平总书记近期在批示中指出，纠正'四风'不能止步，作风建设永远在路上"。不错，可资借鉴。

再往下看，《人民日报》有一篇反"四风"的社论，写得相当精彩，"四风的问题具有相当的顽固性，稍不警觉，就难免深陷其中"。不错，很深刻，可资借鉴。

再翻翻自己平时整理的金句库，里面有句话讲洁身自好的，"权力就是责任、领导就是服务、干部就是干事"，很工整，不错，可以用得上。

对了，自己去年还写过一篇关于师德师风的评论，里面有一句表态，"作为一名教师，为人师表，行为世范，更要严于律己，为学生做出示范"。很合适嘛。

好像还差点意思，哦，对了，去年的对照检查里写过一句"自觉接受师生员工的监督，把组织和师生员工的监督看成是关爱和警醒，率先垂范、以身作则"。好像还可以利用一下嘛。

于是，杂糅、模仿了新华社报道、人民日报评论、自己积累的资料、近期相关主题的材料、过去同主题材料，再根据自己的理解加以改写的一段材料就出来了。

树立从严从实作风，时刻绷紧廉洁自律的弦。习近平总书记近期在批示中指出，纠正"四风"不能止步，作风建设永远在路上。这充分说明"不严不实""四风"的问题具有相当的顽固性，稍不警觉，就难免再次陷入其中又不自知。我认为，要保证始终"压紧弹簧"，根本途径还是在于不断强化"权力就是责任、领导就是服务、干部就是干事"的责任意识，做到以上率下，要求别人做到的自己先做到，要求别人不做的自己坚决不做；自觉接受师生员工的监督，把组织和师生员工的监督看成是帮助、爱护和警励自己。同时，作为一名教师，为人师表，更要严于律己，为学生做出示范。

看，这就是比较复杂的交叉模仿。

开头段可以这样交叉模仿，同理，材料里的每段话、每个部分也可以这样交叉模仿。有时，一篇材料可能模仿了二十篇乃至上百篇文章，这才是兼容并蓄的高级模仿。

5. 对单一主题进行发散

有人还是疑惑：石头，你说起来挺热闹，但我的问题是，每次写东西，我根本不知道该找哪些主题的文章去模仿，不知从何"搜"起，巧妇难为无米之炊啊！这就需要我们具有对单一主题的分解和发散能力。

举个例子：你给自己写青年干部座谈会发言，想找点素材，如果单搜"青年干部发言提纲"，一出来都是大空套话表决心，你想与众不同，那么你可以搜什么？

我们可以发散一下，青年干部有什么特点呢？有理想，有朝气，行动力强，能吃苦。那我们就搜"青年干部理想""青年干部实干"等关键词，绝对可以得到不同凡响的结果。

还可以发散，如果我们换个角度想，领导要求的就是青年干部要做到的，领导对青年干部有哪些要求呢？我们可以以"领导 青年干部要求""书记 青年干部座谈"为关键词搜索，可以得到不少领导对青年干部提要求的精彩文章，用到自己的座谈会讲话中，站位和视野立马不一样。

石头请大家牢记，想学会"借鉴"别人，想进行交叉模仿，就要先学会对已有的题目进行发散和拓展，而不要死盯着给定题目不知变通，这样才能避免出现"搜不出来东西啊！""找不到有价值的参考素材啊！"这种尴尬。

6. 结合实际

除了替换和交叉，手头拿着模仿对象，要想恰当地用到自己的材料里，还有一件非常要紧的事，那就是结合本单位、本次活动、本时间段的实际，对其进行改造。

上级文件写得再棒，外单位的稿子写得再精彩，直接拿过来用总不会特别合身，只有加进去结合实际的内容，别人篓子里的菜才算进了自己篮子里。起草工作报告，就要结合上级部署任务如何在本单位本领域落实来谈；起草实施方案，就要结合上级的原则性要求如何细化为本单位的刚性措施来谈；起草经验材料，就要结合上级的主要精神如何转化为单位的特色做法来谈。

参考借鉴上级精神可以，但要对着单位实际、对着现实问题去学习模仿，转化为带着本单位标签和特色的内容，这样才会既有指导性又有针对性。

举个比较常见的例子，我们时常会写一种材料——××单位贯彻落实上级××精神的若干意见。既然主题是贯彻上级精神，那模仿甚至直接引用上级精神是免不了的。但如果照抄照搬，肯定过不了关，毕竟人家的文件是管全国的，你的文件只管到本单位。

一次，石头单位某部门下发了一个贯彻落实中央文件精神的文件，里面有句话说"要加强报纸、网站、电台、电视台等媒体管理"，领导看到这个文件后，大发雷霆，把某部门负责人叫过来狠批一顿，质问他为什么下发文件完全照搬照抄上级文件，一字不改。

负责人马上认怂，承认文件确实大段参考了原文件。检讨之余，他很纳闷地问领导："领导，您怎么一下子就看出来我们用了文件里的原话呢？"领导瞥了他一眼，答道："废话，我们单位什么时候有电台和电视台了？你们抄的时候都舍不得动脑筋。"原来如此！

所以，模仿一定要加干货，这个干货就是我们自己的东西，实际的东西。

7. 扩充和压缩

模仿时还可以对模仿对象的语言进行扩充、压缩。啥意思？扩充就是模仿对象的句子，到你这儿可以扩展成结构；压缩就是模仿对象的结构，到你这儿可以缩成句子。

举个例子，有一次石头读报纸，看到一篇对时任国家主席胡锦涛同志访问奥地利的报道，中间有这么一句精彩的排比句描述胡主席的访问，"音乐之都奏响友谊主旋律，家庭农庄飞扬友谊咏叹调，大师故里回荡友谊协奏曲"，当时只是觉得这话格式工整、韵律优美、比喻新颖，就随手记在了自己的素材库里,并没有细想这句话能派上什么用场。

后来石头应邀撰写一篇阐释高校与北京精神关系的文章,要求从"爱国、创新、包容、厚德"四个方面来论述高校如何弘扬北京精神。我灵机一动,爱国不就是一种主旋律吗,厚德不就是一种咏叹调吗,包容不就像协奏曲吗,简直一一对应,这句话完全可以扩展为文章的结构和提纲!

于是我就以《首都高校践行"北京精神"要唱好"四重奏"》为题,把"高校要唱好爱国向党的主旋律""高校要唱好大胆创新的进行曲""高校要唱好包容平等的交响乐""高校要唱好厚德尚礼的咏叹调"作为四个分标题,分别论述高校应如何践行北京精神的四个方面,形成了一篇文章,编辑看后觉得角度新颖贴切,安排在年度第一期刊发。

模仿对象的结构,到你这儿可以缩成句子,也是同样的道理,这里就不再举例了。

8. 改写语言

汉语博大精深,同一个意思,可以用不同的语言表达,改写你受到启发的结构、观点,用自己的话叙述出来,换一个表达方式,也是模仿的一种手法。

比如,原话是:

年初以来,我们始终坚持以××战略为指导,在××、××的正确领导下,不畏困难,鼓劲加压,开拓创新,理清发展思路,提升区位优势,全面推进经济社会发展,呈现出经济日趋繁荣,社会事业日益发展,人民群众安居乐业的大好局面。

咱理解之后,用自己的话再说一遍,就能把它改写成:

近年来,全市上下全面落实××发展战略,认真贯彻××、××的各项部署,在困难中拼搏,在压力中奋起,在创新中前进,发展思路和发展战略进一步明晰,区域中心城市地位得以提升,城市面貌发生了可喜的变化,呈现出经济繁荣发展、社会和谐稳定、群众幸福安康的新局面。

意思和主题其实没啥变化，但语言完全另起炉灶。语言改写的手法主要包括：主动被动倒装、同义词替换、句式变化，等等，石头就不细说了。

三、手把手教你找到模仿对象

关于写公文的模仿对象，时常会存在一种误解，以为模仿的对象越高级越好，明明是给副镇长写稿子，却照着新华网上党和国家领导人的讲话猛写，写出来自以为高瞻远瞩、气象万千，结果把领导吓一跳，赶紧拿红笔画了一个大叉。这就是选错了模仿对象。

合适的模仿对象，水平不但要比你高，更重要的要和你所处的位置相匹配。你让国足学德国队的踢法，学得了吗？学不了！人家身体素质岂是咱能比的，还是学学踢法相近的日本、韩国、伊朗把握大一点。

所以，模仿对象的选取，最合适的有两类。

一类是本单位之前相似主题的文章。毕业典礼讲话年年都有，让你起草今年的，没干过？不要紧，先把校长前几年毕业典礼的讲话收集齐，模仿的对象就有了。

另一类是外单位类似主题的文章。北大的、清华的、复旦的，甚至目光远眺，耶鲁的、哈佛的、牛津的，每年都有毕业典礼讲话啊，都收集起来，模仿的对象就多了。

从操作层面讲，要找到合适的模仿对象，可以从以下几方面着手。

1. 收集、检索上级相关讲话、文件和会议精神

上级的话是模仿的一个重要来源，科层制要求上行下效、令行禁止，不把上级要求挂在嘴边，材料是写不好的。材料中比较宏观的内容，比如大方向、大原则、大目标、大举措、大政策、指导思想是一定要模仿上级的话的。

上级的话涵盖也很广，一类是领导同志最新的讲话精神。可以通过中央电视台的新闻联播和地方晚间新闻、人民日报和地方党报、各级政府网站，密切关注领导，特别是主要领导和分管领导的行踪及相关讲话，重点关注他们的新思想、新观点、新要求。

另一类是相关会议的文件材料、上级下发的文件等。在不违反保密纪律的前提下，与自己研究工作相对应、相联系的上级会议、文件材料都要尽可能拿到手，认真学习，深入分析，了解上级关注的工作重点，把握其原则、举措和要求。

比如，如果你是某市委组织部的材料员，受命起草新年组织工作计划要点，全国组织部长会议相关的会议材料，不摘几句是肯定不行的；如果你给某高校起草校长在新学期部署会上的讲话，教育部下发 2018 年工作重点，也是很好的模仿素材。图 3-1 就是石头某次起草材料收集的上级讲话精神。

```
20170909陈宝生部长在中国共产党创办中国高等教育论坛上的讲话
20170909陈宝生部长在中国共产党创办中国高等教育论坛上的信
Doc_OFFICE_ZW (1)
Doc_OFFICE_ZW
把握关键要素++开出高质量的民主生活会·br——教育部党组书记、部长陈宝生在南开大学领导班子民主生活会上的讲话
办好人民满意的教育要做到"四个多一些"——教育部党组书记、部长陈宝生在江苏省教育厅中层以上领导干部座谈会上
陈宝生部长讲话
陈宝生同志在全省科技工作会议上的讲话
党的阳光照耀中国民办高等教育成长发展_纪念中国共产党成立90周年_胡大白
教育部通报第8期——教育部党组书记、部长陈宝生在直属机关基层党组织书记"两学一做"学习研讨班上的讲话
教育部通报第11期——陈宝生同志在深化高等教育领域"放管服"改革电视电话会上的讲话
三十年中国高等教育改革与发展的成_省略_高等教育改革与发展30年_前言_别敦荣
中国高等教育60年发展历程与成就_巩在暖
中国高等教育改革发展六十年的历程与经验_赵俊芳
中国高等教育自信_现实基础_文化基因与制度优势_教育部机关党校第九期处级干部理论
中国共产党创立和发展高等教育的理论与实践研究_迟明
中国共产党领导高等教育的民生贡献_韩喜平
```

图 3-1 某次起草材料收集的上级讲话精神截图

平时要养成习惯，上面下发的文件，尤其是与近期重点工作或自己工作板块比较相关的，只要不涉密，尽量复印留存；出去开会，会上发的文件汇编、发言汇编都塞到包里带回来，说不定就能用上。

有些纲领性的文件、讲话，更是要打印出来放在手边案头，你材料的主题、观点乃至语言提法，都要从里边来。比如石头在高校工作，手边总是常备《十九大报告》《习近平总书记在全国教育大会上的讲话》《习近平总书记

在全国高校思政工作会议上的讲话》等。几乎一刻也离不开啊！

2. 搜一搜自己的硬盘，找本单位老笔头要本单位材料

本单位相关主题文章是模仿的主要材料，这类模仿来源针对性、相关性强，极具模仿价值。有些程式化的材料，其实只要稍加改动就能出手。

碰到要写材料了，先搜一搜自己的硬盘，看看之前有没有写过类似的文章；再笑容满面地找到本单位的老笔头，递上几支好烟，请他发几篇之前的相关文章给你。这样做，看上去麻烦，其实不知比你自己吭哧吭哧憋材料要快多少倍。

要想急用的时候总能从自己的计算机上搜到干货，功夫得下在平时。每次写的稿子都要在硬盘分门别类保存好，更重要的是文档都要详尽命名，别偷懒写个"讲话"了事，找的时候有你哭的，应当按照"时间、主体、场合、文体"的方式给文档命名，比如"20180820 张书记在全县农业工作会议上的主题报告"。

此外，本单位发的文件，开会的会议纪要，新闻报道，也都属于要搜集的素材范畴，里面常常有不少干货。

3. 找兄弟单位要材料

老话说，不看不比，沾沾自喜，一看一比，相差万里。写材料，要有比较意识，要习惯"观外头"，看看别人是如何写的，从中寻找有用的句子和段落。

怎么个观法？重点看系统内兄弟单位的材料。兄弟单位往往工作节奏比较一致，写材料的"痛点"也一致。你们刚开始准备学校思政工作会议的讲话，正抓耳挠腮呢，没准人家刚好开完，现成的东西一大堆。你们刚开始试点某项工作，要做部署，没准人家年年搞，早就形成品牌，现成的东西一大堆。

一个电话过去，称兄道弟、许诺吃饭，厚着脸皮求人家把材料发来学习学习，肯定能省不少事。

自己性格很孤僻，外单位没什么朋友怎么办？废话，上百度啊！

4. 学习理论文章、业务文章

上面说的这些模仿来源虽然是主要材料，但眼光也绝不能局限于此，石头之前说了，对主题的发散才能带来思路的开阔和观点的碰撞。

所以，不光是成形的材料能模仿，与我们写作主题有粘连的理论文章、业务文章都可以成为我们模仿的对象。

材料中涉及说理的部分，就可以多关注《人民日报》的人民时评、声音、思想纵横、人民论坛，《北京日报》的理论周刊、《环球时报》的国际论坛，《人民论坛》《党建杂志》《中国改革》《求是》等杂志中，也有很多议论性的短文，既有哲理，又有文采，把一些我们习以为常的现象提高到理性认识的高度，引用过来，文章会增色不少。

比如，石头接到任务，要起草一个深化高等教育改革的总结材料，中间某段要论述一下"敢于担当"的重要性，过去的说法都是老生常谈了，有没有什么新观点呢？

上网翻阅，人民时评有一篇题为"为担当者担当，让干事者无忧"的评论文章相当精彩，文中这样论述担当的重要性：

全面深化改革，不是一眼见底的小池塘，随便挽起裤腿就可以蹚过；也不是笔直平坦的林荫大道，可以踱着方步走过，要的是敢闯、敢试，敢破、敢立。每一次改革、每一步探索，都既需要非凡的勇气、不寻常的智慧，也需要突破某些条条框框的魄力，从小岗村的包干到户，到今天的让市场在资源配置中起决定性作用，无不如此。

这段话虽然在主旨上与我们写的高等教育改革毫无关系，但观点和语言都颇有可借鉴之处，我们结合高等教育的主题改写一下：

深化高等教育改革，不是小水坑小池塘，随便挽起裤腿就可以蹚过；也不是笔直平坦的水泥路，可以轻轻松松地走过，而是爬高山、越深谷，要的是敢闯、敢试、敢破、敢立。在教学科研、学科建设、人才培养、招生录取、后勤保障上的每一步探索和改革，既需要非凡的勇气、不寻常的智慧，也需要突破某些条条框框的魄力。

是不是就是关于高校继续深化高等教育改革的精彩论述呢？

另外，材料中如果涉及业务知识，就要多参考模仿业务知识相关的材料、行业发展情况，防止写稿子脱离实际，出现空话、外行话，贻笑大方。

比如，给领导起草在全市工业发展大会上的讲话。工业发展管理是一项业务性很强的工作，归发改委这类业务部门管，办公室这种综合单位的人还真不太懂这项业务。

不懂就得学，闭门造车肯定不行，这时候就得大量收集、参考工业发展类的业务文章——中央、省、市关于产业发展的重要决策部署，本市工业发展历程的介绍材料，本市工业强市的战略规划，本市工业发展的结构性矛盾分析，本市工业项目投资概况等。

有了这些模仿对象，一个根本不懂工业的材料员才能写出"切实增添转型升级动力。提升传统产业活力。着力重塑产业链、供应链、价值链，优化要素配置，加速改造提升传统动能。切实抓好煤炭行业、铝产业、食品饮料、天然气产业的转型升级，通过兼并重组、参股控股、战略合作、资产联营等形式，推动企业与上下游产业、新技术新业态融合发展"这样的内行话。

5. 只要是文字，皆可以模仿

写材料的时候，千万别被"类似文章""完整文章""大文章"这类的标准束缚了手脚，只要对我们的表达有启发的文字，例如新闻报道、讲话摘要、会议纪要、公报等，只要有启发，一句话咱也不嫌它少，都可以模仿。

比如，在所有文章中最不起眼、最简单的通知，有时可能也会有值得汲取的养分。一次，石头奉命起草单位的近期重点工作部署讲话，领导指示：学校前不久刚迎接了上级教学评估，你在稿子里要提一提接下来的教学评估整改工作。

教学评估整改，石头完全不懂，肯定要找材料来参考模仿，于是一个电话打到教务管理部门，让他们说说怎么个整改法。可教务部门还在忙着处理评估后续工作，顾不上整改的事，说没有材料给我。好吧，只能我自己找了。一找，找到隔壁学校这么一则同样是关于教学评估整改的通知：

一、各部门、各教学单位要集体学习审核评估报告，深入了解掌握审核评估专家组反馈的意见；

二、针对存在的问题，教学单位及有关部门要逐项查摆核对，高标准、严要求，结合学校"十三五"规划、人才培养模式综合改革、2016年重点工作，重新审定原有方案，细化方案，拿出时间表，建立台账办法，抓好落实，按时完成整改方案，于10月24日前报教务处；

三、教务处汇总各部门、各教学单位提交的整改方案，形成学校经过细化的新的整改方案，报学校研究通过后上报教育厅；

四、落实新的整改方案。根据新整改方案制定的时间表、路线图、任务分工，重点抓落实。各部门、各教学单位在日常工作中，切实贯彻"以评促建、以评促改、以评促管，评建结合、重在建设"的方针，做好持续改进工作。

五、以审核评估整改工作为契机，开好2016年教学工作会议，通过整改，进一步深化我校教育教学改革，提高应用型人才培养质量，将我校建设成为综合实力强的高水平大学。

虽然不过是一则小通知，但通知无疑已经点明了教学评估整改工作的原则、步骤、要点和目标。看了这个通知，石头明白了，整改工作应该从这么几个方面展开：第一，要学习领会评估报告；第二，要制订整改方案；第三，要抓好整改方案落实；第四，要以评促教。

可以说，整改工作的框架在这则通知中得到了体现，而这些，都超出了我已有的知识范畴。在后来的写作中，这则通知就成为我学习、模仿的来源和对象之一，并在其基础上形成了材料中关于教学评估整改的内容：

上学期，学校接受了本科教学审核评估，本学期，我们要对教学评估反馈结果进行专题研究，对评估中发现的不足、问题认真加以整改，用好本科教学审核评估这份"会诊单"。一是要深入分析专家组的反馈意见。把整改提升作为学校找问题、补短板、强特色、助发展的重要契机，解决长期以来制约学校教学发展的关键问题。二是要细化制订整改工作方案。就专家提出的学校在顶层设计、内涵发展、办学理念、师资队伍建设、专业布局、实践教学质量等方面存在的问题，制定切实可行的措施，落实到怎么做，谁来做的问题上。三是要注重整改实效。要重点解决专家指出的问题、提出的建议和学校自评中发现的不足，力争做到观念有改变、制度有改进、条件有改善、质量有提高，切实推动我们的本科人才培养再上一个台阶。

总之，关于模仿对象，石头希望大家牢记一个定律：模仿的来源越广泛、越庞杂，最后成文的质量就越高，眼界一定要放得宽些！

四、不要走上抄袭的邪路

模仿是正当的，但模仿不是肆无忌惮的，更不能走向抄袭的邪路。

记性好的同志或许还记得几年前那波县委书记文章抄袭新华时评的舆情。细心的网友在阅读 2017 年 6 月 23 日《延安日报》第二版倒头条一篇题为《欲明人者先自明，欲正人者先正己》的文章时发现，该文章与 2015 年 5 月 14 日新华社记者在新华网刊登的时评文章雷同。

再看《延安日报》刊登的这篇文章，最后作者竟为"中共延安市富县县委书记李志峰"，故网友认为该文章涉嫌剽窃，遂在网上举报。

石头仔细对比了两篇文章，简直一模一样，确属抄袭无疑。办公室诸君相信也心知肚明，文章署名虽是县委书记，但这种发表其实就是职务行为，文章肯定不是书记动笔写的，顶多审过一遍。

这一事件，相信最终板子挨得最重的必然是县委办写稿的某位同志，发展前途必然断送，搞不好饭碗不保。

县委办写手原封不动抄袭确实愚蠢、可恨，但相信不少办公室的同志也会心有戚戚焉，整天那么多话要写，脑子里哪有如此多好话可说呢？

借鉴学习难以避免，但下面几个雷区写手们要时刻记取，否则，掉下去就是粉身碎骨。

第一，结构不能抄

结构和逻辑一定是要从需求和实际出发，自己思考得来的。李书记的文章一眼被认定为抄袭，关键在于结构完全跟新华时评一样，每一段第一句都照搬过来，这样一下就被钉在了耻辱柱上。

第二，原话不能抄

除了引用的诗词名句，其他论述绝对不能照搬原话。可以学习叙述方式、论证逻辑、个别词句、关键观点，可以拆开、打散、重组，用自己的话说出来，但绝对不能直接把原话复制粘贴过来。

第三，不能只盯着一篇文章

县委办的同志也真是懒得可以，上网搞调研没啥，只看了一篇文章就觉得抓住了救命稻草，这绝对行不通。上网搜集文章，一篇是不够的，至少要有个几十篇，看完以后才能有点感觉，将他人精华的部分吸收，为己所用。

总之，写文章之前上网收集资料、模仿借鉴没有任何问题，不但不应贬斥，而且应当提倡和发扬，因为只有善于学习借鉴，才能写出内行文章。**不能照搬，而要吸收、消化、创新，在前人的基础上融入自己的特色、写出自己的东西。**

五、如饥似渴地霸占素材

在这本书里，石头已经多次提及模仿、建资料库、专题研究这类话题，想竭力说明占有素材对写材料的重要性，按说花的篇幅不少。但石头还是不放心，觉得没有把素材的重要性谈透，还是有点模模糊糊欲言又止的，索性再系统地谈谈，以引起大家的重视。

1. 材料写不好，素材一定不够

素材收集到底有多重要，石头可以拿自己当例子。石头到办公室这些年，写材料的时间越长，动笔的时间就越晚。刚接触写材料的时候，接到任务了，让你一周之内完成某某稿件，石头一般是花个把小时找点资料，就打开 word 文档开始写；现在呢？写材料时间久了，接到任务了，让你一周内完成某某稿件，石头往往是找素材找了三四天才开始动笔。

假如出一个选择题，问，对写材料来说，哪个环节最重要，给你四个选项：A 占有素材；B 文字功底；C 观点思路；D 把握意图。有些人可能会犹豫不决，觉得这四个环节都很重要，但是作为写了七八年材料的我，必然一秒钟都不会迟疑地选择 A，占有素材。

想当年，石头刚到写作班子，还不得要领，写的材料总是出现这样那样的问题：有时候是站位不够高，有时候是与实际结合不够紧，有时候是语言不够生动，有时候是文字不太严谨。这让石头很丧气，跟领导抱怨，写材料要求也太多了，我老是顾了这头忘了那头，是不是能力不行，根本就不适合这类工作啊？

领导笑了笑，安慰石头："写不好材料的原因，一般不会是能力不够，写公文对语言能力的要求并不高。更隐蔽，也更深层次的原因是占有素材太少。你一定要如饥似渴、厚颜无耻地去占有各类素材，占有的素材多了，你就知道妙处了。"

石头接着问领导："经常听您和一些老笔头说素材，那到底啥叫素材呢？就是我们平常说的写作资料库里的那些东西吗？比如各种名人名言、文言古语、精辟论述、形象比喻、新鲜提法之类。"

领导继续点拨："你说的这些当然都是素材，但我理解的素材范围还要广得多，可以说，只要是你搜集到的、未经整理加工的、感性的、分散的原始材料，能够经过集中、提炼、加工和改造写进材料中的，都算作素材。"

我瞪大眼睛："那就是说，只要能为我们写材料提供参考的一切文字都算是素材了？"

"你的理解是对的"，领导点头认可，补充道："你占有的素材多了，就会体会到，写材料时就像有人不断地给你砌台阶，轻轻松松就走上去了。"

材料写得多了，石头越发坚信领导的话，尽可能多地收集掌握素材真的是写好材料的基础环节，为什么呢？

李笑来有个钥匙与锁的理论：解决问题就好像是开一把锁，锁代表着问题，钥匙代表着解决方案。只要锁头确实是锁上的，那么钥匙就一定不在锁孔里。所以，想要找到钥匙，就不能只盯着那把锁，一定是要到别的地方去找，只盯着锁头一点用没有。由此得出，我们应该在问题以外的地方寻找问题的解决方案，而不是只盯着问题不放。

写公文的过程极好地印证了这条定律。当你写材料卡壳，遇到问题的时候，盯着屏幕冥思苦想一点用没有。正确的做法应当是，跳出你正在写的这个文档，到别的素材中去寻找答案，你拿来学习、参考的素材，就是那把在别处的钥匙。

比如，你在文字表达上遇到了问题，有个观点不知道怎么表达才精准得体，最好的办法是，去找找看别人是怎么表达的；你在对观点的支撑上遇到了问题，最好的办法是，去找找看有没有相关的例子、故事、数据；你在文字的生动性上遇到了问题，最好的办法是，去找找看有没有金句、诗词、排比。

可见，素材有时是公文大厦的图纸，启发我们的思路，成为模仿、改造的对象；有时是材料大厦的砖瓦，可以直接充实进去。一篇材料几乎所有的内容和环节，从思路到观点、到结构、到标题，到论证、到例证、到金句，都与你占有的素材有关联。

解决公文问题的过程，就是一个不断寻找"别处的素材"这把钥匙的过程，而绝不止是死盯着文档无谓牺牲脑细胞的过程。

牛顿有句名言："如果我看得比别人更远些，那是因为我站在巨人的肩膀上。"石头觉得这句话放到写材料的语境里也毫不违和，站在素材的肩膀上，才看得更远，视野更宽阔，见识更卓越。

对于素材，我们为什么要有执念？这是因为石头相信：所有你想表达的观点、进行的论述，前人都有可能已经做过，而且做得要比你精彩，这些精彩的文字散落在网络中、书籍中、各种各样的素材中，所以只要我们找到这些素材，就能少走很多弯路，省下不少气力。

2. 素材的分类

再强调一遍：只要能为我们写材料提供参考的一切文字都算素材！为了便于理解，我们可以做如下分类。

从语言的角度来看，素材可分为字、词、短语、句、段、篇。

从公文结构角度来看，素材可分为精彩的标题类素材、段首导入语类素材、新颖的框架类素材、启发深思的结尾类素材。

从公文文体的角度来看，素材可分为领导讲话类素材、工作汇报类素材、工作报告类素材、调研报告类素材、信息简报类素材、评论类素材，以及请示纪要等各种应用文类素材。

从来源角度来看，素材可分为上情、中情、下情、内情、外情类素材。

从内容角度来看，素材可分为大政方针类素材、理论知识类素材、数据做法类素材、故事案例类素材、问题不足类素材。

3. 素材收集应贯穿写作全程

素材如此广博，所以，就写材料上的时间分配来说，占有素材应该花最多时间。而且，收集素材不是一锤子买卖，砸完就跑，而是要坚持一个基本逻辑：对素材的收集应该贯穿整个材料写作的全过程，持续不断地进行。

如果一篇材料任务交过来，时限三天，怎么去做呢？记住"四轮收集法"。

第一轮素材收集

石头接到任务后，第一件事一般是先建一个空文件夹，比如，这次接到的任务是写单位2017年党风廉政建设责任制总结报告,那就先建一个名为"党风廉政建设责任制总结报告"的文件夹。

先不要管什么思路、结构之类的,先把手头找到的所有相关的内容,包括通知、背景资料、前几年的总结,还有百度搜索党风廉政建设的结果、自己资料库与党风廉政建设相关的素材,都拷贝到这个文件夹里面。这个过程可能会花费几个小时或者半天,这也是素材收集的第一波高峰。

这时,文件夹可能已经有了十几篇素材,根据已有的素材一一进行分析、提炼、总结,脑中对于今年党风廉政建设总结的框架、结构、主要观点、论述需要的支撑性素材会越来越清晰。

看完第一轮收集的素材,石头脑中已经基本明确,今年的"党风廉政建设责任制总结报告"大致可以分为四个部分。

第一,关于夯实从严治党主体责任。
第二,关于严肃党内政治生活。
第三,关于强化监督检查。
第四,关于完善体制机制建设。

可见,第一轮素材收集其实是个由散乱到聚焦、由别人到自己,在素材当中理路子的过程,即先广泛搜集、阅读与公文主题相关的素材(散),从中理出一些"核心点"(聚),掌握其大致规律、要点所在,继而形成自己的框架、思路和观点。

当然,也不排除有时你写一些特别熟悉的问题,或是特别简单的问题,根本无须收集素材,就可以直接出思路、出提纲的,那第一轮素材收集就可以笼统一点,精力主要放在找支撑素材上,即"关起门来想路子,走出门去找例子"。

第二轮素材收集

接下来,不要动笔,进行第二轮素材收集。

框架和思路明确后,根据已有框架和思路,对照手头掌握的素材,查漏补缺，继续收集材料。

第一部分，关于夯实从严治党主体责任，我意识到，这一部分必然需要用到班子研究部署党风廉政建设的情况，班子成员自身党风廉政建设的情况。

第二部分，关于严肃党内政治生活，这一部分必然用到理论学习的情况，开展组织生活的情况，抓意识形态工作的情况，抓干部工作的情况。

第三部分，关于强化监督检查，查处违法违纪案件的情况是少不了的。

第四部分，完善体制机制建设，出台了哪些规定办法，内控体系建设有什么推进，都需要涉及。

这样大致一看，缺的素材还不少。

第一部分，班子研究部署党风廉政建设的情况，班子成员自身党风廉政建设的情况，可以翻查常委会纪要，看有没有可以运用的素材。

第二部分，开展理论学习的情况，开展组织生活的情况，抓意识形态工作的情况，抓干部工作的情况，都涉及部门工作，马上联系组织部、宣传部，请他们有针对性地提供相关工作素材，如有必要，还可以现场调研座谈。

第三部分，查处违法违纪案件的情况，马上联系纪委，请他们提供相关工作素材。

第四部分，出台了哪些规定办法，内控体系建设有什么推进，联系法规室、财务部门，请他们提供相关素材。

第二轮素材收集，其实是个由聚再到散的过程，也就是回过头来收集查找与"核心点"相关的素材（散）。这一轮素材收集齐全之后，基本上每一部分的支撑素材都很充裕了，内容大致上撑得起来了，可以按照既定的思路和框架开始写作，填充框架，充实段落。

第三轮素材收集

接下来，一边动笔，一边同时进行第三轮素材收集，也就是边写边查边找。

经过前面的收集，每一部分的主体素材虽然心里有数了，但难免会碰到这样那样的问题，需要一边写，一边继续补充素材。如果感觉哪个问题不好把握了，哪个提法不大明确了，哪个观点不知道怎么去表达了，哪些问题论述得还不够全面了,就是需要进一步查找、调用素材的时候了。

比如,正写到第二部分关于开展理论学习的情况,忽然发现宣传部给我提供的素材比较旧,年底好几次重要理论学习都没纳入进来,班子开展的中纪委十九届二次全会专题学习、召开的干部警示教育大会等工作都是亮点,应当写进去。

这时就不能满足于前面收集的素材,打电话问也好,新闻网上搜也好,马上补充相关工作素材,把内容写得全面充实一些。

这样三轮撸下来,一般来说,文章就大致成形了,初稿基本堆出来了。

第四轮素材收集

素材的收集对石头来说还没结束,我还习惯接着来第四轮素材收集。

第四轮素材收集的主要任务,是从总体上把握、分析一下文章各个部分内容上、语言上、说理上是否还有不充实、不完善的地方,继而针对需完善的某个点,继续收集、增加素材,提质增亮。

党风廉政建设总结初稿形成了,一遍读下来,感觉文采上还有欠缺,反腐倡廉领域的行话不多,语言表达也不够生动。

马上上网搜,或从自己的资料库里找到"反腐倡廉金句100条""从严治党金句50条",从里面挑一句格言,如"源洁流清不难成素节,形端影直最易见丹忱",加到文章里来论证党风廉政建设的重要性,文章增色不少。

另外,数据好像还有点单薄,让人感觉细节不够丰富,马上打电话给纪委,请他们提供一些正风肃纪、查处案件的相关数据、案例,增加到文章里,材料一下子饱满多了。

可见,第四轮素材收集,就是特别针对文章的薄弱环节进行的。

有人曾用四个比喻来形容素材的重要性,石头觉得虽然略显冗长,但也在理:一是素材如粮草。所谓"兵马未到,粮草先行""手中有粮,心中不慌",粮草充足,是打胜仗、奏凯歌的前提和关键。二是素材如米。所谓"巧妇难为无米之炊",没有米,再巧的妇人也做不出好饭。三是素材如建筑材料。写公文好比建房子,素材就是水泥、砖瓦等建筑材料。缺乏充足的建筑材料,再好的设计师也建不好房子。四是素材如公文之母。没有母亲怀胎十月的辛苦孕育，是不可能生下孩子的。总之，做好了素材积累的功夫，公文写作就事半功倍。

在石头心目中，好的材料员不像是在房间里掉书袋的哲人，而更像是一个在外奔波的记者，眼勤嘴勤手勤脚勤，不断寻访各种素材，揣在自己兜里，最后为己所用。

大家务必对收集素材这件事重视起来，坚持平时积累和专题研究两条腿走路：一方面，平时坚持党报日读，不断丰富完善自己的资料库；另一方面，动笔的时候持续做专题研究，持续收集素材。**怀着一颗永不满足的心，尽己所能、如饥似渴地去寻找、霸占素材。**

第四章

领导所想，即我所写：
关于思路

chapter 4

一、意图才是硬杠杠

不少人排斥写材料,听说领导要调他去政研室写材料,头摇得比拨浪鼓还欢。问他们原因,苦、熬夜、掉头发是一个方面,更多人提及:"你们是为人作嫁衣,忙忙叨叨半天,没人知道是你干的,你图个啥呢?"。写材料"为人作嫁衣"的工作性质,也是很多人对写材料敬而远之的重要原因。

石头听一名办公室同僚哭笑不得地讲过一个故事:一次,领导痛批了他数次推倒重来拿出的第七版稿件,最后,走投无路的他拿着第一版过去,意想不到的是,领导非常满意,当即表扬说,这个写得好。

故事虽然心酸了点,但其中折射的道理是深刻的。作为一个基层材料员,所有从你手中出去的公文,都不是你意志的体现,你永远是在被领导的意志驱动着写材料。要么你的材料根本就是为领导而写,不但不能署名,甚至都不能对外人言说;要么你的材料是领导布置给你,最终还要回到领导那里去接受检验。

意图才是硬杠杠。所以,领导自己的讲话稿自不消说,即使是总结、调研、汇报,文件这类材料,想要轻松过关,省点气力,写得好不好只是个侧面,领导满意不满意、高兴不高兴、答应不答应才是硬标准,说得玄乎点,领导的"感觉"决定了稿子的生死。这一点,石头在《兄弟,你写的是文稿,不是文章》一节中说得已经很充分了。

如果第一章的《兄弟,你写的是文稿,不是文章》是一种世界观,那么,这篇文章就想从方法论的层面解决让领导满意的问题。如何才能充分把握,完美呈现领导的意图呢?如何才能让领导看了稿子有"把我想讲的都写出来了"这样的美好感觉呢？我们还是由易到难一条条说。

1. 一字不漏记录

材料员往往最喜欢给一种领导写稿子，他们心思缜密、深思熟虑，给你布置任务，总会和声和气地把你找过来面授机宜：小石啊，这篇稿子我初步考虑可以分为三个部分，第一个部分主要说××，讲××这么几个意思，第二个部分主要说××，讲××这么几个意思，第三个部分主要说××，讲××这么几个意思。

也就是说，他事先经过思考，其实已经基本打好了腹稿，思路已经相当系统完整，甚至有时候要个2 000字的稿子，领导已经口述了1 800字。

这类材料，写起来很轻松，大局已定，稍加整理、扩充就是一篇完整文章。我们要做的，不过是完整、忠实地把领导交代的话记下来，记得越全，写得就越轻松，记得不全，领导难免就对你不满意：我都说得很清楚了，怎么××这项工作还是没有体现？一个小稿子你都记不全？

当然，领导并非总有时间和你推心置腹地面授机宜，有时候他找你过去，心里也还没有想清楚，只是一些零散的观点，或是初步的轮廓，想跟你"碰一碰"。

这时，虽然我们下来之后要做的思考和扩充工作变多了，但第一要务没有变，还是应当全盘详细记录，即使是领导自言自语、只言片语，都先写下来，这些不明确的观点，同样也是意图的流露啊！

依石头的经验，在这种情况下你可以放松一些，脑子飞速运转，时不时插话、提问，提出自己对材料主题和结构的看法和理解，不要怕不成熟，不要怕不精致，权当是帮着领导开拓一下思路，就算是提供了一个靶子供他去否定也没什么大不了，还缩小了写作范围呢。

况且，石头发现，有不少领导喜欢这个"碰"的过程，你想想，一边是领导口若悬河，不断发问，一边是你呆若木鸡，战战兢兢，也是挺没劲的。

2. 不断接近

作为材料员，石头内心当然万分盼望每次写稿，领导都能语重心长地跟我谈上半小时，甚至直接塞过来一张列好提纲的纸：小石啊，提纲写好了，你敲出来扩充一下吧。这种写法，返工的风险几乎不存在。

但这是不现实的，领导工作忙、事情多，很多时候并没有时间周密思考，只给你交代个只言片语，有时甚至直接把提交材料的通知发过来，就一句话：小石，看看通知，弄个材料吧，后天给我。这时候怎么办呢？

没办法，你不动，领导意图不会自己从天上掉下来，想把握领导的意图，只有充分发挥我们的主观能动性，尝试做一件事：不断接近。

接近他本人

有机会，多跟着领导跑，跑会议，跑调研，多参加决策性的会议、部门的专业性会议和有关的研讨会、论证会等，听领导讲话，听典型发言，都是领会领导意图的极好机会。

一位政研室的老前辈曾说过，跟领导跑还不能"甩手甩脚跑"，不管领导安排没安排，要求没要求，相机、录音笔、笔记本都是应该带的，只要没有特殊交代，领导"开讲"就"开录"，回来后整理成文，特别是对领导脱稿发挥的内容，要进行"再消化"，日积月累，长期坚持，对把握领导意图很有帮助。

如果时间不允许，至少最近领导出席的与文稿起草相关的活动一定是要跟的。比如，马上要开党建主题教育活动部署会，让你起草讲话，那领导近期与党建工作相关的调研肯定不能不去。

除了跟现场，查询阅读领导认可的材料、发表的文章、接受的采访、新闻报道等文字也是一种迂回接近的方法。这些都属于接近他本人，对领导原话进行收集和应用，因为实在太过重要，石头后边还会单讲。

接近他身边的人

除了跟领导，领导身边的人也是我们一大信息源。听上去偷偷摸摸，好像要搞什么鬼,其实这是掌握领导意图的一条捷径。

没思路的时候,去找找离领导比较近的秘书、办公室负责人、老部下聊聊,请教他们:领导喜欢什么样的风格?最近有没有什么特别关心的问题?有没有只言片语的观点和指示?等等。

一次,石头帮领导起草毕业典礼讲话,参加人基本都是本校学生,石头拿不准,这种场合到底是板起面孔谆谆教导好呢,还是放下身段交心谈心好。要知道,曾经有段时间高校毕业典礼领导讲话非常流行穿插网络用语,以示亲和。于是找到领导的秘书:"老曾,领导最近有没有提过跟毕业典礼相关的事啊?"

老曾歪着头想了半天,一拍大腿:"还真有,他不经意说过一次,说这次典礼很重要,一定要办得大气庄重。"

石头一听,喜出望外,这条信息简直太关键了,如果大气庄重是领导对典礼的期盼,那某些高校毕业典礼讲话爱用的"伤不起""打酱油""高富帅""白富美"等网络用语就明显不合适了,领导肯定还是想站在师者和长者的角度对同学们提提要求,整篇稿子的语言风格就此敲定。

3. 换位思考

在办公室工作的诸位同志,入职培训时大都听过一句话,叫"身在兵位,胸为帅谋"。这句话听上去很宏观,甚至有点冠冕堂皇:我与领导,完全是两个物种啊,一个在金字塔尖上,一个在金字塔基座,那能一样吗?

石头最初也这么想,自己能落实好领导指示,做到指哪打哪就不错了,让我"关起门来当领导""当好参谋助手",不现实,也不可能。

但稿子写得多了,每次审视自己的作品,发现一个现象,那些自己觉得写得比较精彩,领导也比较满意的稿子,都是在"投入"的状态下写出的。

所谓投入,不仅是指全神贯注、集中精力,更是说写稿当时似乎和领导来了次"角色互换",写讲话稿,就想象是自己在台上对着听众进行部署;写汇报稿,就想象是自己面对着上级战战兢兢地汇报。在这种状态下写出的稿子,不仅语气上特别符合领导的口吻,就连内容上,也容易接连迸发出一些意想不到的灵感，十分神奇。总之，一旦投入，就感觉脑子活起来了。

比如，石头前不久起草一篇领导在学科评估结果总结研判会上的讲话，要分析学校面临的竞争形势。开始怎么也没有思路，键盘上流出的文字都是些空泛的套话，自己看了都很不满意。于是某个周末，找个安静的咖啡厅，尝试进入一种投入的状态——我如果是校长，怎么看学校目前面临的竞争态势呢？

渐渐地，开始进入角色，一进入角色，灵感就开始迸发：领导可能会关注高等教育近期哪些形势呢？肯定会关注清华北大最近的动作，对了，清华前一段时间评了14个文科资深教授，力图构建文科发展新格局；还有什么呢？对了，这次评估浙大也超过了我们，压力确实不小！

平时接触过，又遗忘在大脑深处的相关信息，开始不停地往外蹦。虽然，领导从来没说过自己关心过这些消息，但石头在那种"投入"的状态下就会坚信，如果我是单位领导，我就会关注！这就足够了！事实证明，这些内容领导基本都采用了。

所以，换位思考，就是不要怕自己站位低，勇敢地"跳起来摘桃子"。写材料必须把自己摆在领导位置上，千万不能把自己当秘书。给谁写就是谁，如同演戏，演达康书记，那就得真把自己当成是汉东省省委常委、京州市市委书记！你要敢想你坐在主席台上的样子，敢想会场庄严肃穆的场景，这样一来，你的文笔就不稚嫩了，心态就不是为了应付而凑字数了。

湖北省政府政研室覃道明主任有段话我觉得很精彩，很直接，能够把那些不敢跟领导换位思考、不敢"表演领导"的人拍醒，他说：

从高度而言，首先要将自己置于省长、副省长的位置思事、谋事。哪怕你是刚出校门就进机关门的年轻同志，只要你一动笔，你就是省长、常务省长。省长、常务省长的观点、思路要与省委保持一致、与中央保持一致。说白了，在思想上、政治上要直接达到至高的顶点。

是不是说得足够清楚了？

4. 搞清楚周边信息

需要说明的是，我们写材料以领导意图为指引，并非说只考虑领导个人的想法，领导也要综合，也要适应，也要到什么山头唱什么歌，所以，活动场合和周边信息也会对领导意图产生影响，这些因素需要我们提前考虑进去。

开个会议，写个讲话，准备材料，首先要弄明白这个会是干什么的，要解决什么问题，是讲给谁听的，写给谁看的，要达到怎样的目的，取得什么样的效果。

这些东西弄不明白，心里就没有底。你这个会议，是动员会还是总结会，是座谈会还是汇报会，是宣传教育会还是总结表彰会？你这个材料，是调查研究还是请示汇报？场合不同，领导应对自然不同。

正儿八经的工作部署，要求一板一眼、语言精准；下去督导检查了，还得把獠牙露出来，要求严肃紧迫、措施有力；讲党课、作培训，要求内容翔实、干货丰富；欢迎庆祝的致辞，要求轻松活泼、鼓舞人心。

正式场合，一般是开大型会议，地点基本都是在礼堂或者大会堂，有主席台，必须正襟危坐、面无表情、喜怒不形于色。这种场合讲话稿要严谨细致、结构分明、逻辑清晰，起承转合天衣无缝，大点套小点，小点套小数点，动不动就要来一句"同志们！"。

非正式场合，一般是开小型会议，地点基本都是内部会议室，以圆桌会议居多，没有主席台，这种场合讲话就比较随意了，领导能侃就侃，这种就要给领导多提供点案例、故事、素材，供他去发挥，语言也是以说大白话为主，多用第一人称，整个基调就是聊聊天、谈家常。

有人曾总结了起草讲话要弄清的 10 个问题，石头觉得很好。这 10 个问题包括：谁来讲？以什么身份讲？什么时候讲？对谁讲？为什么讲？领导自己想咋讲？机关想让领导怎么讲？会议要求该咋讲？与会同志想听啥？讲话之后讲稿怎么用？这些问题，非常全面地概括了我们写材料需要搞清的周边信息，请大家牢记。

5. 切中职务身份

公文为公,领导的职务身份当然放在前面考虑。领导职务的性质,是党务还是政务?分管工作的范围,是组织、宣传还是纪检?在班子中的地位,是班长还是成员?这些因素都会对文稿起草的文风到内容产生深刻影响。

比如,同样是在全校人才工作会议上讲话,书记和校长讲的侧重点当然就不一样,书记讲的必然偏宏观,讲思路、讲政策,而校长就会讲得更具体,讲局面、讲举措;同样是在全县经济工作会议上讲话,县委书记和县长的风格肯定也不尽相同。

再如,管组织的领导讲话,往往要求全面辩证、周密严谨,一个字都不能少、一个词都不能颠倒!管宣传的领导讲话,对鼓动性的要求就高,有时还特别强调生动。这些不同,都是领导的职务身份带来的,咱们起草文稿,必须要考虑职务身份。

6. 结合个性领悟

俗话说,千人千面,由于领导的成长经历、气质、性格、能力和领导方法不同,对材料的喜好和要求完全不同。通过上面的步骤,我们或许已经知道领导想表达点什么,但通过怎样的形式表达,就要从领导的个性出发了。

现在领导的水平都很高,长期在单位摸爬滚打,基本都有自己的讲话风格、语言表达习惯。比如,同样是形容天上的月亮很圆,有些领导喜欢"湖光秋月两相和,潭面无风镜未磨",有些领导喜欢"天上月亮贼拉圆"。

有的要求你观点要有冲击力,有的要求你言辞优美;有的喜欢引经据典,有的喜欢俗语俚语;有的喜欢对仗排比,有的喜欢豪言壮语;有的喜欢辞藻华美,有的喜欢平实严谨;有的喜欢长篇大论,有的喜欢短小精悍;有的风风火火、不拘小节,有的思维缜密、滴水不漏。这些领导的性格也需要我们带到文风中。

就拿细致、事无巨细的领导和粗放、抓大放小的领导举例来说。对于比较粗放的领导,你给他准备的材料可能也就算个"素材""谈参",他也就当个提示,那就多花点精力把观点提炼清楚,多放一些故事、数据和案例,给他输送"弹药",空话套话少写,不用花太多精力在雕琢形式上,给他留一些发挥的余地。

如果领导是那种事无巨细,或者有些吹毛求疵的性格,他的精力会更多地放在材料的形式上,特别在意你的用词是否准确、句子是否通畅,对观点、事例反而不那么在意,那么你在充实内容上或许可以放松一点,多把时间花在打磨语言甚至标点上。

甚至在个别字和词方面,不同领导都有不同的执着。拿最简单的致辞第一段来说,一般都是表示欢迎的套话,按说"我谨代表××向活动召开表示热烈祝贺!向嘉宾到来表示衷心感谢!"比较简洁有力,但有些领导就是觉得不加助词"地"念起来韵味不够,缺少些抑扬顿挫,非要改成"我谨代表××向活动的召开表示热烈地祝贺!向嘉宾的到来表示衷心地感谢!"

而同样就这个问题,石头又见过一个领导,恰恰相反,对助词极为排斥,认为一切助词都在耍流氓,稿子到他手里,几乎删得见不到一个"的""了",有些地方甚至删到句子都不通顺了,他还是坚持除之而后快。

领导有自己的思维特点和思维方法,这是长期形成的,甚至是与生俱来的个性,没法去苛责。以目前大多数单位的文稿起草机制来看,材料员肯定要为多个领导服务,不可能搞成一对一,必须适应不同领导的不同需求,了解服务对象的讲话风格、语言表达习惯,有针对性地写作。

结合个性领悟的领会方式其实是最重要,但也是最难言述的,靠的是长时间的朝夕相处、摸爬滚打、细心揣摩。石头教给大家一个具体的办法:建一批文件夹,一个文件夹对应一个领导,把每个领导相应的资料都放进去,之前的文稿啦,发表的文章啦,讲话录音整理啦,接受采访的报道啦,全都放进去,时不时体会其语言表达风格,长此以往,必有所得。

二、领导所想，即我所写

有人在公号后台给石头留言说："我已经很努力地领会领导的想法，但每次拿出初稿，领导老说我写的稿子路子不对，甚至反复推倒重写，有时更无语，一个材料给这个写了不满意就给另一个写，兜兜转转几个人又回到第一个人写，要命。我该怎么办？"

前面说的，基本都是掌握领会领导意图这个层面的事。意图掌握之后，还涉及另一个层面的问题，即如何在材料中体现、呈现、落实领导意图。事实上，经常出现这样一种情况，有些人将与领导相关的材料收集了不少，也算是对领导的意图有所领悟，但写出来却让人感觉不到领导的味道，还是自说自话那一套。石头觉得，你可以尝试通过以下几个方式，把领导的意图落实在纸面上。

1. 先拿提纲

推倒重来带来的挫败感，简直让人万念俱灰。在领导交代得不够清晰的情况下，石头不主张一下就使出洪荒之力，非要一次性拿出一篇无懈可击的精彩文章去征服领导。

石头的经验是，不想被推倒重来，可以按照自己对主题的理解，先搭个框架，快速地拿出一个比较细致的提纲，然后跑去跟领导请示："领导，我按您的指示先列了个提纲，您是大笔杆，您给把把关，您看这样行吗？"

或者，先拿出一个不太精致的初稿，内容粗糙点也不要紧，投石问路，验证一下自己的写作思路与领导要求的吻合度："领导，我这几天研究了一下，先拿了个初稿，结构是……，主题是……，您瞅一眼看路子对不对？"

以提纲或初稿为基础，通过一两次征询意见、拉拉扯扯，进一步深化对领导意图的理解，有的放矢地进行修正并打磨精致，这也不失为一种提高效率、准确把握领导意图、避免完全推倒重来的办法。

至于提纲的写法，因为是着眼于向领导汇报，尽量要细致些，写到二级标题是必须的，写到三级标题当然工作就显得更到位。石头见过一个前辈，每次列提纲不但到小标题，有时还会在标题下面放上内容要点，甚至成形的观点和段落，以及拟引用的素材、案例，可以拓展的思路，等等。

总之，想请领导了解的起草准备都可以放上，把思路扒出来给领导看，一目了然，便于和领导交流。每次他写稿子效率就很高，总是一次通过，对石头启发很大。

而且，提纲的好处不光在于可以给领导一个靶子，便于跟领导沟通，即使从我们自身写作来讲，也能极大地提高效率。石头刚开始写材料的时候，不愿意列大纲，嫌麻烦，大多是冒出某个灵感或者点子，有写的冲动，就开始写，写作的过程基本上是脚踩西瓜皮，滑到哪里算哪里。

但材料写得多了，就发现靠灵感是一种极其低效的写作方式，自由发挥很多时候会写出与主题无关的东西来。而公文不是写小说，你不需要像作家一样天马行空写出很多出人意料的东西，你只需要写出符合你要表达的意思和主题的文章就可以了，这时候提纲就能很好发挥写作中的引导、启发和约束作用，确保写作过程始终围绕主题高效推进。

2. 原汁原味呈现

要在文章中呈现领导的意图，石头觉得，做到原汁原味很关键。

石头刚开始写材料的时候，在这方面很幼稚。领导交代了一二三四五，石头一一记下，拿回来写的时候一琢磨，哎，不对啊，这个第三点好像跟主题有点不太搭唉，咦，这个第五点怎么感觉也太老生常谈了呢，于是擅自删掉三和五，换成了别的内容。兴冲冲地拿给领导审阅，自以为算是创新了、思考了，没有机械照搬，肯定能得到表扬。

没想到，领导看了稿子，脸色由晴转阴，一番训斥：小石啊，你怎么回事？上次跟你谈的已经很清楚了，怎么这都记不下来！我说的另外两条怎么一点也没有体现呢？

石头有点慌，唯唯诺诺道：领导，第三点好像跟主题有点不太搭唉，这个第五点怎么感觉也太老生常谈了呢，因此我认真思考，撰写了别的内容。

领导哭笑不得，又是好一番解释，跟石头深入谈了自己提出五点意见的考虑，竟然很有道理。

自此，石头才明白，呈现领导意图，首先要确保的就是原汁原味、完整全面。可能你对要写的问题会有自己的理解、会有不同见解，觉得领导提的观点有这样那样的问题，不宜放在材料里。注意，这时你千万要把自作主张的冲动按捺下来，先把领导说的要点分毫不差地体现出来，而不是根据自己的理解删除或变更。

当然，原汁原味地呈现，也不一定意味着绝对的"奉命行事""一字不改"，如果经过自己的思考觉得确有必要变更，第一步是跟领导沟通，提出自己的想法，如果领导认可，觉得你讲得很有道理，予以采纳，当然是皆大欢喜，如果领导坚持己见，那你就照领导说的办即可。

毕竟，石头已经说过多次，写公文不是搞文学创作，你怎么想没那么重要，重要的是领导怎么想。

3. 大张旗鼓突出

在材料中呈现领导意图，还有个很关键的操作手法，就是要大张旗鼓地突出。

如果你经过一系列深入工作，已经充分领会和把握了领导的思路和想法，那在材料中就要不吝笔墨，大张旗鼓地把领导的观点强调和凸显出来，而不要拘泥于条条框框，把领导意图埋没在边边角角里，只在某段不起眼的地方提一小句。

首先是在结构上要突出。某项工作，按惯例原本是大板块中的小环节，但最近领导多次提到，反复强调，那么就不要再墨守成规，像以前一样放在第二部分第三小点里，而是大可以单做一部分。

比如，领导最近在多个场合表示单位信息化建设长期"缺位"，指示今年要狠抓信息化、智能化建设，正好石头在起草新年工作部署会讲话，捕捉到这条信息，石头就开始琢磨：以往吧，信息化建设都是放在最后"加强服务保障"这一部分提上一句。种种迹象表明，今年领导特别关心单位的信息化工作，只提几句怕是跟不上形势了。于是大刀阔斧地破除陈规旧伤，直接把信息化工作独立出来，作为第二部分，这就叫从结构上突出。

还要从篇幅上突出。领导关心的问题，别小气，多给点篇幅和空间，多些论述和阐释，帮着领导把问题扩张、延伸、讲透。

还是继续上面的例子。领导虽然关心信息化建设，但也不过是说过几句"信息化建设缺位，与单位发展不匹配，今年要迎头赶上"之类的话。你写的时候，孤零零的这几句话是远远不够的，还要进一步追问：领导想表达什么？后面还有没有话没说出来？怎么说大家才能接受理解？怎么说大家才知道具体怎么办？

于是，落到纸面上，就可以写成：先谈信息化建设的重要意义，再讲单位信息化工作目前的形势和状态，接着谈信息化建设的着力点，最后强调一下信息化建设的关键环节。单这一部分，就占据了材料的一整节。

领导的意图，经过我们大张旗鼓的突出，由不完整变得完整，由不清晰变得清晰，我们的材料成为领导头脑的扩张，成为领导思维的延伸。这样的稿子，他想不满意都难啊！

领导意图对材料通过至关重要，但就像一个硬币的两面，领会领导意图也不能走到另一个极端——完全不信任自己的思考。我们起草稿子，总希望领导给些提示，这样能搞出精准对路的东西，少走弯路。但问题是，很多时候领导确实太忙，没有时间、没有精力专门坐下来谈。

另外，领导也不是万能的，不可能对所有领导领域的事都有深入思考、深入研究，更不可能对所有领导事务涉及的方方面面都已经有成熟的意见和观点。你用两三周磨一篇稿子，他用几分钟想一件事情，很有可能你的思考、研究比他要深入，这种情况是客观存在的。

因此，在充分体现领导意图的基础上，你仍然需要大胆设想、小心求证，只要是觉得考虑成熟的东西，都可以写上去；甚至考虑不那么成熟，但确有一定参考价值的东西，也可以写上去。我们帮助领导，但不迷信领导，我们工作的价值就是要为领导出主意、当参谋。

三、这像是我的话！这本来就是您的话！

写材料切中领导想法的最高境界有且只有一种，那就是内容上写出了领导想说的，语言上听上去像领导所说的，总之就是领导觉得看着你的稿子，"像自己的东西"。

石头最近写了几个稿子，突然有一点灵感，想接近此种境界，没有之前想的那么复杂，有一个重要且简单，同时还特省心的方法：用原话。

试想，假如你在一篇讲话中关键位置、重要观点上恰如其分地或使用、或模拟，或发散了领导的原话，这篇稿子一定会让领导倍感亲切：小石，稿子不错嘛，像是我说的话！石头暗自一笑：这本来就是您说的话啊！

多用领导原话为什么让领导舒适？从实用的层面讲，原话能更精准地表达和还原领导的意图；从心理层面看就更厉害了，人都会自恋，人对自己总是无限欣赏的，没有人会轻易推翻自己。

父母们骗小朋友干活时总会说，你帮妈妈摘菜吧，自己的劳动成果吃起来更香！神奇的是，小朋友们吃自己摘的菜确实感到比以往香甜。这就是自恋的作用。我们用领导的原话，恰恰就是借助了自恋的力量。

那么，用原话，怎么才能用到点子上呢？石头把主要步骤归纳如下。

1. 找原话

要有原话可用，首先得收集大量的领导原话，否则就成了无本之木、无源之水。按重要程度划分，石头觉得原话的来源大致有这么几类。

（1）脱稿讲的话

石头觉得，最有价值、最珍贵的原话，是领导自己脱稿想出的话、讲出的话。在座谈会上的即兴发言，在专题会上的随性插话，在调研考察时的精彩点评，会见、聊天时的随口议论，等等。

这些脱稿而出的话，其实才最能反映领导的真实思想，也最符合领导自己的语言习惯，饱含着真知灼见和闪光思想。同时，它还代表着领导一段时期关心、关注的问题。

当然，这样的原话也最难收集，因为收集此类原话别无他途，只能多跟会，常听会。假如精力不济，也要争取跟一些重大的，领导有可能做自发的、系统发言的会。

有一次，石头接到任务，起草领导在单位新年工作布置会上的讲话。正式部署会之前，单位领导班子连续开了几次务虚会、班子会，商量讨论单位年度重点工作。为了解领导关注的问题、对工作的想法，石头跟着听了几次会。会上，领导们大多脱稿，时而开脑洞、做头脑风暴，时而对自己长时间思考的问题做系统阐述。

这些话都是宝贝。石头一边听一边在笔记本电脑上记录，有些虽然当时还不太理解、不太明白，但还是力所能及地做了详细的笔记。

动笔时石头发现，这些笔记真是太管用了。具体怎么用的，后面石头讲原话用法时再具体讲。

所以，要想有原话用，不管领导安排没安排，要求没要求，相机、录音笔、笔记本都是应该带的，只要没有特殊交代，领导"开讲"就"开录"，回来后整理成文，特别是对领导脱稿发挥的内容，反复提及的高频词、高频案例，要竖起耳朵认真听、认真记，这里面，或许就有领导特别得意的观点和话语。

（2）认可过的材料

领导念过的讲话，点过头的材料，虽然赶不上脱稿讲话的含金量，但也要远远好过你自己拍脑袋的杜撰，是一种很重要的原话来源。

要知道，尽管这类材料并非完全是领导原创，但材料的背后仍凝结了很多领导的观点和认识，有些是他亲自披挂上阵几番增删，有些是他指挥搞材料的小王通宵达旦弄出来的，有些是他枪毙了小李十几次修改稿得到的终稿，十分宝贵，可以说也是一座富矿，必须要善加利用。

举个最简单的例子。石头单位经常和各个地方政府、企事业单位签订合作协议，凡签协议，必要发表热情洋溢的讲话。

这种致辞稿，有一块儿内容是跑不掉的，那就是对本单位情况的介绍。问题是，对本单位情况的介绍也有很多个版本，有的强调光荣历史，有的陈述现实状况，有的展望美好未来，都不太一样，每次涉及本单位情况介绍，变动总是很大。

一次，领导终于心血来潮，对一篇我们起草的在合作协议签字仪式上的讲话进行了认真修改，尤其是单位基本情况这段更是改得面目一新，突出了单位与国家同呼吸、共命运的光荣传统。我们拿到之后，如获珍宝，立即通令所有材料员，以后但凡稿子中涉及本单位情况的内容，全数以此为模板。

果然，虽然我们并没有主动汇报此事，一段时间后，领导还是敏锐地感觉到了，好几次表扬传到我们耳朵里：办公室不错，最近几个稿子里单位介绍统一了，看着才像个样子！

所以，领导念过的稿子、认可过的稿子、同意过的稿子，也有等同于原话的效力。

比如，遇到新领导上任，要写稿子，但还没听过他本人讲话怎么办？那就主动寻找领导原来任职时的讲话材料学习研究，进而熟悉人，熟悉文，这也是一种对原话的运用。

（3）发表的文章

领导在报纸杂志上发表的文章，那一般都是下了功夫的，毕竟要在外展示，不能不慎重。最不济，也是领导首肯的，像陕西某地被控告抄袭新华社文章的书记所说，报纸上的署名文章是县委办弄的，自己压根不知道，也没有看过，这种话石头是不太相信的。

领导在报纸上发表的文章一般比较系统，论证严密，语言风格也跟正式公文近似，是写材料很好的原话来源。假如有些领导重视理论工作，时常在报纸期刊上发表观点，阐述自己对相关工作的认识和看法，那简直就太好了。

去年，石头单位举办体育文化节，石头给领导起草致辞，主题是体育育人。石头之前对这个问题还真没什么思考，正发愁间，霍地想起两三年前领导曾接受体育媒体采访，就高等体育教育发表观点性文章，赶紧到网上找来认真研读，之后草拟的讲话稿里吸收了很多当年领导访谈中的观点，效果很好。

即使领导不爱在报纸上发文章，那新闻报道、新闻采访总是有的吧，尤其是地方领导，出行活动总有电视新闻、报纸新闻、网络新闻，中间总有几句，某某指出，某某强调，这其实也是原话的一种啊！

（4）会议记录、会议纪要、批示

会议记录是非常直接的领导原话来源；会议纪要呢，虽然一般会做加工，但也可以看成是非常系统规整，并且达成共识的领导原话。这两类材料也都要收集参考。

领导在文件、报告上作的批示，也是他观点看法的真实流露，而且往往特别集中，凝练，同样可以看成是重要的原话来源。

2. 运用原话的方式

来源问题解决了，菜买回来了，我们就可以开锅了。使用领导原话，并非像你想象的那样，给引用上去就完了，那只是最原始最基础的运用，如果只知道这样弄，就把好白菜给糟蹋了。石头总结，对原话的运用主要有这么几种方式：

一是把原话作为主题。

把领导的原话作为一篇公文的主题，是运用原话的最高阶段，也是威力最猛的一种方式。所谓把原话作为主题，就是以领导的一句话，或一个意思为基点和主旨，扩展成整篇文章。

有个例子石头印象颇深。2017年1月21日，甫一上任，湖北新任省长王晓东在省政府第六次全体（扩大）会议上，一口气提出"五个干"，作为自己的任职施政讲话：

第一个"干"，上下同欲对标干；
第二个"干"，突出重点精准干；

第三个"干",撸起袖子加油干;
第四个"干",遵循规律科学干;
第五个"干",扑下身子务实干。

整篇文章都围绕如何干实事这一主题深化摆布,表明蓝图已定、目标已明,关键是抓落实。必须把心思集中在"想干事"上,把胆识展现在"敢干事"上,把能力体现在"会干事"上,把目标落实在"干成事"上。

这个"干"的主题是怎么来的呢?理论素养丰富,比较关心"上情"的同志可能已经意识到了,2017年元旦,习近平总书记刚刚在新年贺词中发出铿锵有力的号召:"上下同欲者胜。只要我们13亿多人民和衷共济,只要我们党永远同人民站在一起,大家撸起袖子加油干,我们就一定能够走好我们这一代人的长征路。"

这句话,形象生动、温暖人心、催人奋进,立刻成为人们热议的话题,可以说为2017年全年确立了"苦干""实干"的主旋律。而王晓东省长的"五个干"讲话,明显是在主动对标"撸起袖子加油干",是对"撸起袖子加油干"的落实和细化,对如何"撸起袖子加油干"提出了本省的方案。这就是以领导原话为主题组织整篇文章的一种范例。

二是把原话作为结构。

原话除了可以作为公文的主题和中心思想,有时还能为整篇文章提供结构参考。拿着原话的只言片语大做文章,把原话中的几个观点对应到文章的某几个部分上,也是把原话用得淋漓尽致的一种方法。

说起来太抽象,不一定好理解,还是看个例子。

一次,石头起草单位新学期工作部署会讲话,这玩意六个月一次,早已驾轻就熟了,本觉得没什么难的。一般而言,部署会讲话的结构总是分为:抓好教学工作,抓好科研工作,抓好师资队伍建设,抓好校园建设,抓好管理保障工作,抓好党建和思政工作这么六个部分,想创新,不容易。

在传统思路的惯性下,石头拿出来的初稿还是这个结构,不曾想,这次领导不太满意,斥责道:老生常谈,结构要创新。

石头领命回来，很是为难，高校工作有高校的规律，说来说去确实无非是教学、科研、师资这些内容，想写出花来，难啊！但是创新又是硬任务，必须要完成。于是只能苦闷地在各种近期会议纪要里翻翻看看，希望能找点灵感。

翻到某次科研工作会议上领导的讲话，石头注意到里面领导说了一句话：科研工作要注意加强智库和思想库建设，要把思想库建设放到和推进人才培养体系改革、国际影响力提升、大学形象建设和美丽校园建设同样重要的位置来考虑，统筹推进这"五大战略"。

天啊！这不就是领导最近最想对大家讲的话吗？而且，连"说法""提法"都给你概括好了——五大战略！部署会讲话结构迅速确定，之前教学、科研、师资的老套套全部推倒，改为：

全面推进人才培养体系改革战略；

全面推进国际影响力提升战略；

全面推进思想库建设战略；

全面推进大学形象建设战略；

全面推进美丽校园建设战略。

看上去结构变化很大，其实内容并非另起炉灶。人才培养体系改革，说的还是教学的事；思想库建设，主要讲的科研；美丽校园建设，主体内容是管理和保障。其实是新瓶装旧酒。

这一稿拿出之后，正如我们所料，领导很满意，认为这篇部署会讲话充分体现了他的思路，讲出了他想说的话。

区区会议纪要中的一句话，让我们拓展为整篇文章的结构，领导为什么就满意了呢？石头翻来覆去地想，终于想明白一个道理：把领导的一句话作为结构，本质就是帮领导扩展、充实思想。

领导有指示或者批示，其思想可能来自一个点、一件事、一个方面或者一个阶段，这种思想起初只是初步的、零碎的，而材料员以此为结构，就是在帮领导完善思想，把模糊的弄得更清晰，把片面的弄得更全面，把零碎的弄得更系统。所以，领导的满意几乎是必然的。

三是直接体现原话。

直接把领导原话体现到材料中，是最直接的一种原话用法。简约，不简单，如果用得好，同样能为文章增色不少。

石头感觉，适合直接拿到材料中用的领导原话大概有两类，一类是表述特别生动的，另一类是观点特别鲜明的。

比如，单位召开薪酬体制改革专题会，对薪酬体制改革进行研究，领导在薪酬会上有两句话讲得让石头印象深刻。为了强调这次改革不再是吃大锅饭，而是要激励先进、惩罚后进，他打了个比方，说：这次薪酬改革，不能再搞"大水漫灌"，平均用力，而是要像以色列人种树一样，搞"精准滴灌"。石头觉得，这句话就非常生动。

还有，针对工资改革方向表态时，领导明确指出，改革的底线应当是托住底、保基本，也就是从效果上看，大家都有所增长。这句话观点就非常鲜明，明确体现了领导对于薪酬体系改革的思路和观点。

后来，我把这两句话都直接体现到薪酬体系改革动员会讲话中，最后成稿一次过关，领导基本照念，尤其是念到"大水漫灌""精准滴灌"的时候，甚至面带微笑。

原话的用法，写到这里基本就说完了。有时候，与其抱怨搞不清领导在想什么，领导想要什么，不如多在收集、掌握领导原话上下下功夫。

手头的原话多了，不但知道该写什么了，有时候，连怎么写的问题都一并解决了。如果平时帮某一位领导写稿比较多，还可以建一个资料库，把收集到的这位领导的资料都放进去，这样就随时有原话可用了。

四、代拟文稿也能体现领导个性

现在，不少要求比较高的领导们都希望办公室准备的稿子能有点自己的个性，不要搞成面目模糊的模板。

类似述职、对照检查材料、学习体会等个人文稿需要体现领导个性自不必说，即使是一些仪式性、场合性的发言，如果能带着领导的个性，领导念着来劲，听众也更容易接受。

如何把材料起草得像是领导亲自撰写的？前些天，陆军司令员韩卫国的《致陆军全体新兵战友的一封信》刷爆网络，好评如潮。

致陆军全体新战友的一封信

全体新兵战友们：

你们好！

马上就到国庆节和中秋节了，你们将在军营度过第一个与在家完全不一样的节日。给大家写封信，交流一下思想。

你们吃得饱吗？1970年，我和你们一样，在懵懂和憧憬中来到军营，一个月只有6元津贴，每天0.46元伙食费，饭能吃饱但菜不好，每个节日不是炒几个菜加餐，而是做一锅肉很少的面条，或者分点面菜各班包一次素馅饺子。记得有一次太想吃肉了，花了3毛多钱买了一罐午餐肉罐头，还没完，就被副连长发现了。他非常生气地说：只有资本家才吃罐头，你是忘本。为此我在全连做了检讨，并推迟了入团时间。现在部队生活好了，但不要浪费，过节了，想吃什么告诉连长指导员。

你们训练苦吗？我们当兵时训练内容不太多，毛主席要求，步兵一个月要能打仗。只练射击、投弹、刺杀、爆破、土工作业五大技术。现在入伍训练九个科目，也不太多。但你们刚开始训练，可能不太适应。你们有文化，要先弄清动作要领，问问班长，训练还存在什么问题。你们要吃苦，有的训练内容需要反复训练，包括队列、射击、投弹、自救互救等训练。但一定要遵循科学规律，严格遵守安全规定。不要过度超强训练，不要带病坚持训练，不要带着情绪训练，不要在没有连队组织的情况下自行训练。绝不能训练受不了而私自离队。每周开个民主会，评教评学。过去，我们当新兵时，敢于给班长甚至连长提出意见建议。

班长带兵粗暴吗？我当新兵时，班长在训练急时也有踢过我的屁股。我会生气。但我的班长是个面冷心热的好班长，每当吃饭时，他总把仅有的几块肉拨到我的碗里，野营睡觉时，他总是睡在漏风的门口边，晚上还替我站一岗。徒步拉练时，他总是抢着帮我背武器装备。一次我生病，平时非常抠门的班长（他已经结婚，每月只花2角钱），给我买了一个鸡蛋，让炊事班给我煮了一碗面条，这顿饭让我流下了眼泪，永远不会忘记。班长退伍时，我买了一只鸡，煮熟请他吃。现在班长已经70多岁了，仍还记着我，我视他为亲哥哥。

军人是一个非常光荣的职业。光荣就光荣在能为国家和人民吃苦做奉献。任何一个国家都非常尊重军人这个职业。我国第一位女航天员刘洋同志讲过：我唯一的遗憾就是只能为祖国牺牲一次。这就是军人对祖国的忠诚表白。你们在今后的军营生活中，特别是在战备训练中，会越来越热爱这支军队，会与部队战友们结下深厚友谊。大家期盼你们，一定能成为习主席的好战士，一定能成为"四有"新一代革命军人。

要把第一个节过好。我提醒大家认真洗个澡，特别是地处新疆、西藏和寒区的新兵，要晒晒被子，洗洗军装，特别是洗洗你们的臭鞋。记着中秋节给家里的亲人去个电话，代我向他们问好。每天还要坚持出早操、参加晚点名。每天看看书、打打球、打打牌，和干部班长一块比赛，赢他们。如果有可能，提倡到炊事班帮帮厨。外出一定要请假，返回一定要按时销假。总之，希望大家过一个愉快、平安的节日。祝你们节日快乐、身体健康。

陆军司令员　韩卫国
2017年9月29日

因为这封信完全出自领导自己的手笔，因此文风活泼，个性十分突出，材料员难以追赶模仿，但它或许可以从如何写出文稿个性的角度，为我们提供很直接的启示。石头分析了信的全文，总结出体现代拟文稿个性的几个要点。

1. 采用第一人称

司令员的信是自己写的，所以当然全篇只能采用第一人称。但也启发我们，要体现领导个性，文稿中就要适当采用一些第一人称，即"我""我们"如何如何。

比如，给领导写述职报告，有些人拟的稿子通篇说的其实都是分管部门和单位客观工作成绩，看不到个人的存在，这样是不行的，一定要多提"我"在推动工作上做了哪些事，投入了多少精力。

领导是管治安的，你不能光写发案率降低啊、破案率升高啊、形势一片大好啊，而要写"我多次到一线派出所检查工作""我亲自挂帅督办××案件"，这样述职报告才会显得个性十足。

同理，写领导讲话类材料时，在文中穿插一些"我体会""我认为""在我看来""我讲述"的小短句，能使文章生动亲切不少。

2. 加入与听众互动

司令员的信每一段开头都是问句，"你们吃得饱吗？""你们训练苦吗？""班长带兵粗暴吗？"这些关切的询问，其实就是在与读者互动。

司令员在好几个地方还唠起了家常，"现在部队生活好了，但不要浪费，过节想吃什么告诉连长指导员""每天看看书、打打球、打打牌，和干部班长一块比赛，赢他们""如果有可能，提倡到炊事班帮帮厨"，等等。一旦加入互动，讲话者的形象马上立体起来。

具体到我们的文稿写作中，也可以在开头或结尾加入一些互动。

比如，过完年的动员部署会，不要一上来就生硬地谈工作，可以先说"春节刚过，在这里先给同志们拜个晚年""不少同志假期没休息，还在加班加点地干，你们辛苦了，在这里向大家致敬！"这下就给干巴巴的稿子加入了领导个人的温情。

3. 陈述领导个人在工作、生活、思想上的故事、经历、细节

司令员的信之所以亲切,最大的原因还在于讲述了大量个人经历、工作生活细节:

"我当新兵时,班长在训练急时,也有踢过我的屁股。""班长退伍时,我买了一只鸡,煮熟请他吃。""一个月只有6元津贴,每天0.46元伙食费,饭能吃饱但菜不好,每个节日不是炒几个菜加餐,而是做一锅肉很少的面条。"

这是在文稿中凸显领导个性一种很重要的方法,值得我们学习借鉴。习近平总书记的讲话也经常通过此种方式体现浓厚的个性色彩。

比如,前不久在金砖国家工商论坛开幕式上的讲话,习近平总书记就提到,"1985年我来到福建工作,厦门是第一站"。

又如,在国际刑警组织第八十六届全体大会开幕式上的主旨演讲,其中也有"今年1月18日,我在联合国日内瓦总部发表了演讲,表明中国对促进世界和平与发展的看法"的表述。

这些都是在仪式性场合的庄严发声,加入领导个人在工作、生活、思想上的内容,不但丝毫不影响讲话的庄重性,反而更让人觉得真实可信。

具体到我们的日常写作中,拿反腐倡廉的讲话举个例子。除了说"抓铁有痕、踏石留印""拉紧高压线、筑牢防火墙"这类高大上的话,未尝不可加入一些"我们年轻的时候经济落后,条件差,结婚后一直住筒子楼。其实现在生活条件已经好很多,大家应当感恩知足,严格要求自己"样式的话,更有感召力、说服力。

4. 语言生动形象些,适当采用一些俚语俗语

司令员的信大量采用俗语、俚语,如"要晒晒被子,洗洗军装,特别是洗洗你们的臭鞋""踢过我屁股""车辆事故猛如虎"等。

我们怎么学?比如,想表达干劲不足,可以说"有了船到码头车到站的思想";说随大流,可以说"脚踩西瓜皮,滑到哪里是哪里";以及我们耳熟

能详的"干部们也是蛮拼的""撸起袖子加油干"均属此列。

讲话适当弄几句这类群言群语,也能为板正的文风染上一丝个性色彩。

需要提醒大家的是,司令员的文风虽然清新脱俗,但仍然只是领导个性风格的一种。在讲话等文稿中体现领导个性,不能一味理解成接地气、拉家常,如果你服务的领导,比较喜欢引经据典,"知我罪我,其惟春秋",你整出来的稿子却像司令员的信一样,"晒晒被子,洗洗军装",这就很不合适了。

五、写出高度是最容易的事

"高度不够""站位不高""提升不够"以上这些稿子被打回的理由,刚写材料的小同志们怕是经常听到。甚至有人兴冲冲地交稿之后,被领导挖苦道:"你这是给村主任准备的稿子吧,叫我怎么念?!"

领导的批评让他们颇感苦闷,有时会嫌写得空,但写具体了吧,又嫌站位不够,再整些套话上去吧,又嫌不接地气。

石头听到这些抱怨,呵呵一笑,赶紧给他们打气:别着急别着急,高度不够这个问题吧,如果掌握了方法,其实很容易解决,甚至可以说是公文写作中最简单的一件事。如果公文连高度都写不上去,那真是烂泥巴扶不上墙了。

先分析一下,对一篇公文来说,什么叫高度?

从字面上看,公文的高度,就是站得高、看得远。公文的法定作者,要么是领导,要么是领导机关,公文的作用是反映领导机关的立场、观点和方法,体现领导机关的水平,因此公文的高度就是能从上往下居高临下地审视问题,善于从全局和长远思考和观察问题,从本质上分析和解决问题。

具体来讲,就是要在思想上、理论上、内容上、位置上、政策上体现领导和领导机关的水平高于听众的水平。用大白话说:把看材料的、听材料的人整得一愣一愣的,填补受众思想上、认识上的空白,就有了"高度"。

既然写出高度看上去这么难,为什么石头还敢下"写出高度是最容易的事"这样的论断呢?因为,在石头看来,文章是否有高度,其实跟你本人是否有高度不存在必然联系，并不一定像一些人说的那样，需要"悟性"，需要"理论水平"，需要"思维深度"，更不需要你把政治课本背下来。

营造高度，这玩意能看得见摸得着，有办法学习掌握，是一项可以快速掌握的技术。即使你本人最讨厌看新闻、读报纸，只喜欢刷抖音、看快手，沉迷于"老铁们，现在直播铁锅炖自己啊"，那也没关系，只要掌握以下几个"模拟"高度的办法，马上高度值哗哗涨。

1. 引述领导相关论断

既然公文的主体是领导机关，当然要有"四个意识"，要关心、对标、看齐党和国家大政方针，而能够表明自己熟悉党和国家政策的最基础、最直接的方式，那就是你至少要知道领导人的相关论断。

所以，在篇首、篇尾，或是段首、段尾，直接引述领导人论断、观点，就能够体现高度。这么简单且有效的体现高度的手法，一定要熟练掌握、大胆运用。

不要怕侵犯知识产权，在一定的范围内，上级领导的讲话稿就是要广泛传播、指导工作，从某种意义上讲没有"知识产权"，你可以"大胆"地引用。在不少场合，讲究话的"出处"，不引用还过不了关。

领导讲话，只要是比你层级高的都可以，不一定拘泥于党和国家领导人。市里的引省领导的观点，乡镇的引市委书记的指示，都是我们引述的对象。至于去哪找领导人论述，这个也很简单，请翻到第二章第二部分《请笔杆子收藏这些网站》，那里有详细的讲解。

举例，老王在税务局工作，要给局长写在全系统党风廉政建设工作会议上的讲话。怎么体现局长的高度？可以上来第一句话通过引用领导人论断体现高度：

党的十八大以来，习总书记针对党风廉政建设和反腐败工作发表了一系列重要论述，为新形势下深入推进党风廉政建设和反腐败工作提供了思想武器和行动指南。

2. 引述上级会议、文件精神和部署

这条道理和引述领导人讲话一样，上级站位肯定比你高，甭管是会议精神还是下发文件，你一引用，一对标，自然站位也就上去了。

还是上面的例子，税务局的老王可以接着写：

近期，中央纪委召开了六次全会，市纪委召开了十一届七次全会，总局、省局也相继召开了党风廉政建设工作会议，深刻分析了当前的反腐败斗争形势，并分别提出了新要求，明确了新任务。主要体现在以下几个方面。

此外，石头想提醒大家注意的是，无论是引领导人讲话还是上级会议、文件精神，单纯引用之外，最好再加一句评价。比如：

引用：××报告提出……；某某同志多次就××工作作出重要指示，强调……评价：这为我们做好××工作，指明了前进方向，提供了根本遵循。这为我们做好××工作，明晰了思路，明确了方向，明示了路径。

为什么非要加一句评价？是因为单纯引用感觉上有点飘，离实际工作有点远，这样简单的一句话，把上级精神和本单位实际结合了，说理更加充分。

3. 对标重要战略思想

讲话、文件往往针对性比较强，都是奔着具体的人和事去的，在讲话、文件精神之上，还有更宏观、管长远的战略思想，引用起来更加气势磅礴。

所谓战略思想，百度的定义是，国家或政治集团的政治主张和斗争策略，我们也可以把战略思想理解为比较全面、系统化的领导指示和上级精神，比如"四个全面"战略布局、五大发展理念、"一带一路"倡议，等等。

比如，老王给局长写的党风廉政建设会讲话，"全面从严治党"这个党风廉政建设领域最大的战略思想必须提及：

全面从严治党是我们党立下的"军令状",党中央坚定不移反对腐败的决心没有变、坚决遏制腐败现象蔓延势头的目标没有变,"两个没有变"的庄严承诺,向全社会传达了全党同志对党中央在反腐败斗争上的决心要有足够自信、对反腐败斗争取得的成绩要有足够自信、对反腐败斗争带来的正能量要有足够自信、对反腐败斗争的光明前景要有足够自信的"四个足够自信"的坚定决心。

4. 对焦大局大势

材料里写的任何一项工作,都是处在时代的大背景、大局面、大进程之中的。领导之所以站位高,走在时代前列也是一个重要标志。领导应该时刻关心时代的变化,关心事物的发展变化,否则那就是不懂辩证法。

同样的一份领导讲话,去年讲也许很精彩,放到今年可能领导就不会讲了,原因就在于没有与时俱进,高度不够了。要体现材料的高站位,必须着眼当前的形势背景、关注当前的大局大势,做到因时而作,与当前的时代背景充分对接。

大局大势,既有整个国家社会的大局大势,也有材料所涉相关工作的大局大势,还有本行业本单位面临的大局大势。有需要的时候,甚至可以扯到国际风云的大局大势。

还是拿老王写的材料举例,要体现局长的站位,肯定得提到全国党风廉政建设的形势:

2015年全国查处违反八项规定精神问题就有3.7万起,处理党员干部近5万人,可见中央横下一条心的决心和态度,任何违规违纪行为都将无处藏身。这就要求我们既要注重规范惩戒、严明纪律底线,更要引导人向善向上,要筑牢拒腐防变思想道德防线。要从严执纪,真正把纪律立起来,严起来,执行到位。

还要提到本行业、本单位的小气候：

多年来，我市各级地税机关坚持从严治党，持续加强党风廉政建设，总体上保持了风清气正的较好局面。过去的一年，全市地税系统坚持以强化纪律、作风建设为主线，压实主体和监督两项责任，强化监督执纪问责，上线运行了全省第一个数字廉政教育基地，扎实推进落实中央八项规定、惩防腐败体系建设、加强党风廉政教育三大抓手，各项工作取得了良好的成效。

5. 挖掘历史纵深

辩证唯物主义特别强调用历史的、发展的眼光看问题。所谓历史的眼光，就是分析问题的时候要向前向后审视，每个时代都会面临每个时代的问题，不同时代则会面临不同的问题。有些问题会贯穿于不同的时代，但其表现形式和侧重点也会有不同。时代不同、社会环境不同，问题本身和产生的原因也不尽相同。

这种论述方式显得厚重、深刻，充分体现领导的高站位。具体到公文写作中其实很简单，只要求你在写某个话题的时候，往前追溯一下，对问题的历史源流进行回顾。比如，还是拿老王写的党风廉政会讲话举例，他可以这样挖掘历史纵深：

早在改革开放之初，邓小平同志就提出反腐败既要靠教育，又要靠法制等重要思想。1997年，党的十五大第一次明确提出"坚持标本兼治"。2004年，党的十六届四中全会正式提出"坚持标本兼治、综合治理、惩防并举、注重预防"。党的十八大以来，习近平总书记不仅继承和坚持我们党的这一重要思想，而且结合新的实际，进一步丰富其科学内涵。

6. "高大"总是和"全"连在一起

过去人们形容主旋律电影的主人公，往往会用三个字——"高、大、全",这说明"有高度"和"全面"之间存在联系。我们写材料,同样可以通过"全面"来体现高度。

辩证唯物主义有一个重要观点,即普遍联系的观点,具体到写材料中的运用,就是全局意识。领导必须想全局、谋全局,我们写作过程中也要想得全。领导站位越高,考虑的问题就越全面;领导站位越低,就越揪着一个具体问题不放。全,也是一种高度的体现。

下面让我们的老王继续出场。老王发现,局长讲话前,分管纪检的纪检委员先讲话,只讲了一个方面——案件查处。

局长肯定比纪检委员站位高,于是局长就系统党风廉政建设工作进行部署,讲了五个方面:

坚持传导压力,强化责任落实;
坚持纠正"四风",强化作风建设;
坚持纪严于法,强化纪律建设;
坚持严厉查处,强化监督问责;
坚持抓早抓小,强化基层建设。

从责任到作风、到制度、到监督、到基层建设,全都讲到了。这么全面,是分管副局长所不能讲的,只能局长讲,全与不全,这就是高度的差别。

7. 来一点儿思辨

还有一种高度叫"思想高度",也就是说,抛去领导本身职务身份不谈,材料中体现的领导思想的深刻性也超过了一般人,领导能够于事物中发现道理,洞察规律,有说理、有思辨、有归纳、有演绎,而不是简单地就事论事。

比如,老王给局长写的讲话,不能一上来就提要求,而要先把道理讲透:为什么党风廉政建设特别重要呢?

加入了党组织，就意味着思想上、作风上、行动上有更高标准、更严要求。打铁还需自身硬，硬就硬在共产党人有着坚定的理想信念，有着清正廉洁的优良作风，有着引领群众的模范行为。如果党员退守到公民的底线上，就降低了党员标准，从严治党便无从谈起，党的先进性更无从体现。这就决定了党纪必然严于国法，党员干部必然要接受更严约束。只有牢记"第一身份"，坚持立根铸魂、固本培元，才能严于律己、行为世范，才会有强大的免疫力和抵抗力。

如果有了这段思辨和说理，高度马上就提升了。

8. 加点儿哲学思想

如果有人问石头，在所有体现高度的写作手法中，你觉得哪一种格调最高呢？石头会毫不犹豫地回答，当然是通过加入哲学思想来体现站位！

古希腊人说哲学是文明的桂冠，是一种极高的智慧。这个看法在公文写作中同样成立，一旦公文沾了哲学的边，必须高深莫测，必须深不可测。

写公文的人，如果能懂点哲学，当然是极好的。哲学是一种思维方式，也就是透过现象看本质、抓要害的能力。一个人有没有哲学素养，是否善于整体思维，写出的东西就会大不一样。有哲学感、善于整体思维的人，写出的文章、材料，比较能抓住本质、要害，而且有思想、有韵味，言有尽而意无穷。

所以，要培养和提高写材料的整体思维能力，最好认真学习一点儿中国古典哲学特别是老子哲学、禅宗哲学，认真学习一点儿马克思主义哲学。

当然，学点哲学并用到公文写作中，这是一种很高的要求了，不属于我们这本实用工具类书籍探讨的范围。石头想说的其实是，即使你真的学不进去哲学，学不懂哲学，也未尝不能给自己写的文章加点哲学的佐料：

很简单，方法就是在一些显著位置引述马克思主义哲学经典原理。

马克思主义是我们立党立国的根本之道，毫无疑问，在公文中最适宜引用的就是马克思主义哲学基本原理。

我们先来看个例子：

三、用科学务实的工作方法狠抓落实

重视运用科学方法是我们党的一贯传统。科学的工作方法从某种意义上讲也是一种科学理论，来源于实践并从方法论的角度总结而成，反过来又指导实践。实践、认识、再实践、再认识，循环往复以致无穷，这是认识论的基本规律。"工欲善其事，必先利其器""磨刀不误砍柴工"，说的就是做事要讲方法这个道理。对科学的工作方法，要融会贯通，自觉运用，只有这样才能不断提高实践能力和工作水平。这些年我们探索总结了六大务实管用的工作方法，要坚持运用，付诸实践，完善提升。

这是湖北黄冈市委书记刘雪荣在一次开年工作部署会上的讲话摘录，大家在网上可以找到，讲话非常有特点，处处体现了马克思主义的哲学观和方法论。

石头摘的这段话，是其中刘书记讲抓落实的一段内容，引用了马克思主义哲学中认识论的原理——"科学的工作方法从某种意义上讲也是一种科学理论，来源于实践并从方法论的角度总结而成，反过来又指导实践。实践、认识、再实践、再认识，循环往复以致无穷，这是认识论的基本规律"。用来说明用科学方法抓落实的重要性，看了之后，你自己说，感觉刘书记的站位高不高呢？

马克思主义哲学的逻辑其实非常容易掌握，我们只要记住，它包括唯物论、辩证法、认识论、唯物史观四大部分，然后每个部分下边又涵盖数个基本原理。建议大家花点时间，把它的理论框架和特别重要的一些原理搞清楚，写公文时稍加展露，就能技惊四座。例如：马克思主义哲学辩证唯物论认为，巴拉巴拉；马克思主义哲学唯物辩证法指出，巴拉巴拉；马克思主义哲学认识论强调，巴拉巴拉……

附上马克思主义哲学基本理论体系，供大家学习参考。

辩证唯物论

辩证唯物论就是用辩证法的观点研究世界的本质，即研究"世界是什么"

的问题,是马克思主义哲学体系的理论基础和逻辑起点。它以物质和意识或思维和存在的关系为主线,系统论述了辩证唯物主义的物质观、实践观和意识观。相应有四个原理:

(1)物质存在形式原理(运动是物质的存在方式,时空是运动着的物质的存在方式)。

(2)实践本质原理(实践具有直接现实性、主体能动性等特点)。

(3)意识的本质和能动性原理。

(4)世界的物质统一性原理。这是马克思主义哲学中关于世界本质的原理,是唯物论,是党的思想路线的哲学基础。

唯物辩证法

回答了"世界怎么样"的问题。它通过阐述唯物辩证法的联系和发展的两个观点,进而讲解唯物辩证法的基本规律和范畴,从不同侧面揭示了唯物辩证法与形而上学的对立。其内容可概括为"两个观点、三大规律、五对范畴"。

其重要原理有:

(1)普遍联系的观点中关于系统及其整体性、整体与部分关系的理解和应用能力;普遍联系的观点及其方法论意义。

(2)度的含义及其认识意义。

(3)质量互变规律的内涵及其方法论意义。

(4)辩证否定观及其方法论意义。

(5)矛盾的同一性和斗争性的辩证关系原理及其方法论意义。

(6)矛盾的同一性和斗争性在事物发展中的作用原理,即事物发展的源泉和动力原理。它内含以下内容:①运用矛盾的同一性原理分析社会生活中的实际问题;②矛盾的转化原理以及二者之间的综合。

(7)矛盾的普遍性和特殊性的辩证关系及其方法论意义。

(8)矛盾发展的不平衡性原理及其方法论意义。

认识论

围绕着实践、认识、真理三个核心及认识发展过程中实践与认识的辩证关系原理、认识发展律、真理发展律三大规律，强调认识是在实践基础上主体对客体的能动反映，系统阐述了马克思主义哲学的辩证唯物主义认识论理论，实现了在实践基础上唯物论和辩证法的高度统一，辩证唯物主义认识论和历史唯物论的有机结合，正确回答了"怎样认识世界"的问题。

其重要原理有：

（1）可知论和不可知论的区别原理。

（2）认识的主体及其形成和发展。

（3）实践和认识的辩证关系原理（实践的观点是马哲首要的和基本的观点）。

（4）认识发展辩证过程的原理。

（5）认识运动的不断反复和无限发展的原理。

（6）理性因素和非理性因素在认识过程中的作用原理。

（7）真理的具体性原理。

（8）真理和谬误的辩证关系原理。

（9）检验真理标准的唯物论和辩证法原理。

（10）真理和价值的辩证关系原理。

唯物史观

围绕着社会和人两个主题，系统阐述了马克思主义哲学历史唯物论的主要内容。认为社会发展的背后动力是人们集体性的组织生活的方式的变化。所有组织社会的基本成分（上层建筑、社会阶层、政治组织、意识形态等）都是经济活动的一种外化体现。上层建筑所包含的关系都与经济活动中不同分工者之间的关系密切相关。马克思认为经济活动的分析是组成社会的各种关系与机制分析的基石。

首先，总括性地说明人类社会的产生、本质和社会规律的特点以及社会有机体及其结构，这是学习和掌握历史唯物主义诸原理的前提。它主要包括两方面：第一，人类社会的物质基础和本质；第二，人类社会的经济、政治、观念结构。

其重要原理有：

（1）人类社会与自然界的和谐发展原理。

（2）物质资料生产方式是人类社会发展的决定力量原理。

（3）社会的实践本质原理。

（4）社会是不断自我更新的有机体原理。

（5）社会意识形态相对独立性原理。

其次，着重讲述社会发展的基本规律和动力以及社会历史的主体，并从两方面加以具体阐述：第一，社会的发展规律和动力；第二，历史的创造者。

其重要原理有：

（1）社会基本矛盾运动规律。

（2）"生产力标准"的依据及意义。

（3）社会发展规律和人的自觉活动辩证关系原理。

（4）改革是社会主义社会发展的动力原理。

（5）交往理论。

（6）科学技术双重效应。

（7）历史观和党的群众观的统一。

9. 引用管理学、经济学、心理学原理

学术话语和公文语言，本是两个物种。学术话语的导向是晦涩难懂，尽量把人往云里雾里绕。公文话语的导向是让人理解并信服。

但是，当公文需要展现高度的时候，两者就产生了交集，在公文中适当引用科学原理和学术术语，无疑可以显示写作者宽广的视野和深邃的见识，因此也成了一种写出高度的办法。比如：

从纪律建设来说，如果对党员干部身上的苗头性、倾向性问题不管不顾，同样存在**"破窗效应"**，久而久之，还会影响到其他党员干部，导致违规违纪行为升级、范围扩散。古人云"禁微者易，救末者难"，禁止事情于开端时容易，抢救事情于终结时困难。

上文中引用的"破窗效应"，原本是管理学原理和术语，意思是说，如

果房子的一扇窗户破了不去修补,过不了多久,其他窗户也会莫名其妙被人打破。"破窗效应"启示我们,如果环境中不良行为被放任存在,就会诱使效仿,甚至变本加厉。现在公文中"破窗效应"已经很常见,往往用来论述严格管理、严格约束的重要性。

类似的"效应""原理""定律"还有不少可以用在公文中,用来凸显你深厚的学术理论功力,比如"马太效应""剧场效应""蝴蝶效应""零和博弈""海恩法则"等等,其基本内涵如下,供大家参考引用。

剧场效应:在经济学中是指,如果剧院着火了,按照个人利益最大化,那就是先跑出去,如果每个人都这么想这么做,其结果必然是大家都拥堵在门口,谁都跑不出去,个人追求利益最大化而不考虑他人利益的行为,导致了群体悲剧的上演。

马太效应:指强者愈强、弱者愈弱的现象,广泛应用于社会心理学、教育、金融以及科学领域。马太效应,是社会学家和经济学家们常用的术语,反映的社会现象是两极分化,富的更富,穷的更穷。可以引申为两极分化。

蝴蝶效应:一只南美洲亚马逊河流域热带雨林中的蝴蝶,偶尔扇动几下翅膀,可以在两周以后引起美国得克萨斯州的一场龙卷风。其原因就是蝴蝶扇动翅膀的运动,导致其身边的空气系统发生变化,并产生微弱的气流,而微弱的气流的产生又会引起四周空气或其他系统产生相应的变化,由此引起一个连锁反应,最终导致其他系统的极大变化。

零和博弈:指参与博弈的各方,在严格竞争下,一方的收益必然意味着另一方的损失,博弈各方的收益和损失相加总和永远为"零",双方不存在合作的可能。

海恩法则:是德国飞机涡轮机的发明者德国人帕布斯·海恩提出的一个在航空界关于安全飞行的法则,海恩法则指出,每一起严重事故的背后,必然有29次轻微事故和300起未遂先兆以及1000起事故隐患。法则意在强调,事故的发生是量的积累的结果;同时,再好的技术,再完美的规章,在实际操作层面,也无法取代人自身的素质和责任心。

六、想明白，更要说清楚

领导教导广大材料员的时候，有一项出镜率很高的要求叫"层次清楚，条理分明"。说实话，这是小学生写作文的要求，但的确很多材料员没有做到这一点。

一篇文章拿上来，打眼一瞧，堆积的素材不少，语言看上去也挺优美，乍一看是篇好稿子，但稍微认真一看就出问题了，东一锤子西一榔头，到处乱写，观点之间没有联系，结构变化莫测，不知道说的是什么。

领导常说的"层次清楚，条理分明"，就是要求写稿子时要做到想明白、说清楚，脑袋里的逻辑是明白的，总分关系还是层层递进关系，要很清楚；同时，说出来、表达出来的结构也是清楚的，结构上第一层是什么，第二层是什么，看得清清楚楚。

逻辑和结构简直是写公文的命根子。写材料和写小说，看上去似乎都是码字，但其实，在结构方式和组织方式上有着根本性的区别。

写小说的主要思维方式是形象思维，脑中浮现出一个画面了，赶紧描绘下来，成了。

而公文写作很不一样，它是一种创造性较弱的写作行为，在结构、表达、语言、风格等方面，要求按照既定的模式来展开，不需要画面感和想象力，需要的是概念准确、观点明确、大量运用推理和判断，也就是我们所称的逻辑思维。

通俗点讲，公文的逻辑就是我们写材料时常思考的一个终极问题：我该写哪几点呢？这些点先写哪个后写哪个呢？怎么使这些点通过合理的组织与安排紧密联系、有序排列呢？

逻辑是里，结构是表，有什么样的逻辑就有什么样的结构，外在表现形式是结构，背后反映的其实是作者行文或对问题进行分析思考的思路。所以，石头觉得，在公文写作领域里，结构就是逻辑，逻辑就是结构，二者完全可以看成是一件事。

如果我们写公文时明晰了逻辑和结构，也就是想明白、同时说清楚了，呈现出来的材料就是框架清晰、逻辑性强、主题明确、观点突出的，如果我们不明晰逻辑和结构，而是想到哪写到哪，那必然思路混乱、主题不明。

逻辑和结构如此重要，那最理想的状态岂不是掌握一套逻辑，就可以一劳永逸地对付所有类型的公文了？很可惜，妄想梳理出一套公文思维逻辑和规律，是一件极其困难的事情。

说它难，主要是因为公文文种涵盖太广，光法定公文就有18种，非法定公文更是千姿百态。更让人挠头的是，某种公文，因为应用的环境、针对的工作、领导喜欢的风格不同，又会衍生出很多变化。试图在这千姿百态的公文中概括、归纳出一种或几种普适的公文结构思维逻辑，确实很难。

而且，逻辑是在大脑里潜行的东西，把思维的过程概括成能反复使用的规则，又是一件难上加难的事情。

所以，以往讲解公文写作的文章，往往只能用一些高度抽象的话语来讲解公文逻辑结构的要求，比如什么"公文的逻辑结构要具有完整性、严密性、连贯性"，这样说当然没错，但这纯粹属于"道"，对初学者来说，想跳过"术"去掌握"道"，是不可能完成的任务，这恰恰是石头想解决的"痛点"。

逻辑就像管理一座图书馆，如果书架已经分门别类建好了，哲学的、法律的、经济的，等等，新书来了，我只管上架就行，还是清清爽爽的；如果压根就没有建好分类书架，新书来了还是只能往地上一堆，仍然混乱不堪。

所以，石头还是想梳理一下公文写作中常见的行文逻辑：我们写一篇公文，依照哪些特定的顺序和构段方式，如何将各部分恰如其分地搭配排列，才能使文字有条理性、清晰性？

事先说明，以下石头概括总结的这些公文写作常用逻辑类型，虽然用处都很广，但适用的范围不尽相同，有些逻辑放之四海而皆准，既可用于篇章，又可用于段落、部分之间，还可用于段内。而有些逻辑只能用于篇章这种宏观维度，不太适用微观。

1. 提出问题、分析问题、解决问题

凡是材料员，不可能没接触过"三个问题"的伟大逻辑——"提出问题、

分析问题、解决问题",或者叫"是什么、为什么、怎么办"。

"是什么,为什么,怎么办"并非只简单地对应现状、原因、结果,具体到公文中,他们的含义又有很大扩展,呈现出多种形式:

"是什么",在内容上体现为认识、意义、指导思想、情况、现状、问题、成绩、做法、收获,反映的是事物的性质状态。

"为什么",在内容上体现为原因、背景、总体要求等,反映的是事物的成因和目的。

"怎么办",在内容上体现为措施、办法、要求、方法、途径、结果、目标等,反映的是事物的发展和目标等问题。

不管什么公文,都直接或间接、有意或无意地要回答这三个逻辑问题。大家可以自己做个分析,解剖一些"麻雀",你会发现,竟然大部分公文从宏观篇章到微观句子,都是以"三个问题"为基础逻辑构建的,都逃不出提出问题、分析问题、解决问题的逻辑框架!是的,事情就是这样简单。

口说无凭,我们来看例子。

先看个报告体:

2018年湖北省政府工作报告有以下三个部分:

一、过去五年工作回顾
二、今后五年工作的总体要求
三、2018年工作建议

过去五年工作回顾,谈成绩——是什么;
今后五年工作的总体要求,谈要求——为什么。
2018年工作建议,谈举措——怎么办。

接着看个文件体:

中央2018年一号文件,关于实施乡村振兴战略的意见,分为以下十二个部分:

一、新时代实施乡村振兴战略的重大意义

二、实施乡村振兴战略的总体要求

三、提升农业发展质量,培育乡村发展新动能

四、推进乡村绿色发展,打造人与自然和谐共生发展新格局

五、繁荣兴盛农村文化,焕发乡风文明新气象

六、加强农村基层基础工作,构建乡村治理新体系

七、提高农村民生保障水平,塑造美丽乡村新风貌

八、打好精准脱贫攻坚战,增强贫困群众获得感

九、推进体制机制创新,强化乡村振兴制度性供给

十、汇聚全社会力量,强化乡村振兴人才支撑

十一、开拓投融资渠道,强化乡村振兴投入保障

十二、坚持和完善党对"三农"工作的领导

第一部分,新时代实施乡村振兴战略的重大意义,谈意义——是什么;

第二部分,实施乡村振兴战略的总体要求,谈要求——为什么;

后面三至十二部分,谈举措——怎么办。

再看一个讲话体:

习近平总书记在庆祝中国人民解放军建军90周年大会上的讲话,主要内容有三块:

一、90年来,人民军队历经硝烟战火,一路披荆斩棘,付出巨大牺牲,取得一个又一个辉煌胜利,为党和人民建立了伟大的历史功勋。

二、90年来,在长期实践中,人民军队在党的旗帜下前进,形成了一整套建军治军原则,发展了人民战争的战略战术,培育了特有的光荣传统和优良作风。这是人民军队从胜利走向胜利的传家法宝,是人民军队必须永志不忘的红色血脉。

三、我们要不忘初心、继续前进,坚定不移走中国特色强军之路,把强军事业不断推向前进。

第一部分,讲人民军队伟大的历史功绩——是什么;

第二部分，分析人民军队取得胜利的原因在于治军原则、光荣传统和优良作风——为什么；

第三部分，谈把强军事业推向前进的举措——怎么办。

可见，不论用途、场合、长短、对象、风格、宏观、微观，一大批公文都在运用"三个问题"的逻辑来进行组织。

有人可能要问石头，你说大部分公文都用了"三个问题"逻辑，我看不是啊，有的写了四五个部分啊，有的里面是按时间逻辑写的啊。

这就纯属抬杠了。"三个问题"逻辑，并非死板严格地说一篇公文只能写三个章节、三个部分，它具有多种发散形式和灵活变形。

有时，公文的主题是对现状进行分析，"是什么"可能写了三个章节，把现状和性质分析透透的，但"为什么"提都没提，"怎么办"接着写了一个章节。

有时，公文的主题是要写清楚下一步的工作举措，那就"是什么"写了一个章节，"为什么"写了两个章节，"怎么办"一口气写了十个章节，如上面举例的中央2018年一号文件关于实施乡村振兴战略的意见。

这都没问题，"三个问题"逻辑完全可以根据文章主题需要进行变形、增删，但如果我们抽丝剥茧、透过现象看本质，他本质上还是"三个问题"的逻辑，只不过形式起了变化。

另外，某篇公文运用了"三个问题"逻辑，并不代表就排斥其他逻辑，完全可以在篇章上整体用"三个问题"逻辑，每一部分内部用重要性逻辑，每一段落内部又用时间逻辑，这都没问题！

有爱刨根问底的同志可能要问了，为什么公文写作如此青睐"三个问题"的逻辑？石头稍微研究了一番，发现原来这种思维逻辑还真是其来有处的，来源在哪？毛泽东思想！

要学会提出问题、分析问题、解决问题，这"三个问题"是毛泽东同志首先提出来的，出处是毛泽东同志1942年2月8日在延安干部会上的讲演《反对党八股》。毛泽东同志说：

"一篇文章或一篇演说，如果是重要的带指导性质的，总得要提出一个什么问题，接着加以分析，然后综合起来，指明问题的性质，给以解决的办法……使大家学会……提出问题、分析问题和解决问题。"

毛泽东同志不愧为伟大的思想家,他这个"提出问题→分析问题→解决问题"的思路与框架,可以通俗地换为"是什么→为什么→怎么办"这样一个思考模式:先提出问题"是什么",接着分析"为什么"会这样,最后指出"怎么办"即"解决"问题。无疑,这是一种公文领域写作、演讲的绝佳思维路径和构造模式,从那时延续到现在。

大家构思一篇公文,无论是从篇章的角度,还是从部分和段落的角度,"三个问题"都是一种合适的选择。这也是材料员们必须首先掌握的一种逻辑。

2. 工作职能逻辑

必须承认,"三个问题"的逻辑虽然威力极大,但也不是万金油,哪都能放。比如,我在篇章上已经采用了"三个问题逻辑",将整篇公文组织成"指导思想、总体要求、具体举措"三个部分,但我在具体举措这部分,内部再采用"三个问题"逻辑就不成立了。这时用什么逻辑呢?就要搬出一种在石头看来第二重要的公文写作逻辑——工作职能逻辑。

所谓工作职能逻辑,就是某项工作的内在类别,以及类别间具有规律性的顺序,如工作职能各个环节之间的必然联系、发展规律、变化趋势等。

这样说相当抽象,我们仍以上面提到的中央一号文件为例,前面已经说了,它在整体上是"是什么""为什么""怎么办"的三个问题逻辑,但具体到"怎么办"部分之内,就运用了工作职能逻辑,依照农业农村工作涉及的各个方面来构建结构。

三、提升**农业发展**质量,培育乡村发展新动能
四、推进**乡村绿色发展**,打造人与自然和谐共生发展新格局
五、繁荣兴盛**农村文化**,焕发乡风文明新气象
六、加强农村**基层基础工作**,构建乡村治理新体系

七、提高农村**民生保障**水平,塑造美丽乡村新风貌

八、打好**精准脱贫**攻坚战,增强贫困群众获得感

九、推进**体制机制**创新,强化乡村振兴制度性供给

十、汇聚全社会力量,强化乡村振兴**人才**支撑

十一、开拓**投融资**渠道,强化乡村振兴**投入保障**

十二、坚持和完善**党**对"三农"工作的领导

以上标题中石头用黑体字标出的部分,就是农业农村工作的具体方面,很明显,其中的结构和行文逻辑就是工作职能的逻辑。

工作职能逻辑特别适合在章节和部分层面运用,我们运用工作职能逻辑时主要是要思考:稿子里正在谈论的这项工作,具体可以分为哪些方面呢?这项工作是由哪些小板块构成的呢?一旦划分清楚,就可以作为我们结构和行文的逻辑支撑。

说到这儿,有些人可能还不满足:你这说了不等于没说吗?我指望你告诉我什么是万能钥匙,结果还是需要我自己划分工作板块。

如果这样想,石头就实在没办法了,划分工作职能这点脑筋确实只能你自己开动,毕竟工作千差万别、行业千差万别、单位情况千差万别、写作主题千差万别,工作职能划分也一定是千差万别,石头不可能直接上手,替你把工作职能分类列出来。

但石头还是可以提示你两条线索,帮助你准确梳理某个场景下的工作职能逻辑。

一是权威论断。某项工作,如果上级文件或讲话精神中已经有了比较权威的划分,那完全可以拿过来直接作为我们的工作职能逻辑。比如,你接到任务撰写一篇党建工作总结,工作职能怎么分类呢?我们马上可以想到,十九大报告中提到的政治建设、思想建设、组织建设、作风建设、纪律建设"五大建设",这就是党建工作非常权威的一个分类,本单位的党建工作,也可以依据这个权威标准来分类。

二是旧有惯例。你们单位已经运行了那么久,工作职能肯定早已形成自己的习惯性划分,这个习惯,很多时候就可以当成写公文的逻辑。比如石头

在高校，无论是什么地区、什么类型的高校，工作大都逃不出以教学、科研、招生就业、管理、后勤保障、校园建设为标准的划分。这种划分往往是长期形成的，已经被实践无数次证明是行之有效的，如果哪一年的工作总结你突发奇想，硬是要把教学和科研工作放到一起写成一个部分，那领导肯定不满意。

需要强调的是，无论是权威论断还是旧有惯例，都是我们安排自己逻辑的一个提示和参考，而不是什么"铁律"，写作的时候随机应变，根据公文写作的实际场景进行合理化调整，一点问题也没有，只要言之成理即可。所以，要想逻辑全面准确，掌握几个框框只是第一步，还必须下力气深入研究业务。

石头的经验是，只要真正把业务弄懂了、把工作搞通了，写材料的视野和思路就会开阔许多，想法和灵感也会多很多。笔杆子不仅要当文字专家，还要争当业务行家。毕竟，公文还是要着眼解决实际问题的。

3. 时间逻辑

按照事件发生的时间顺序安排结构、组织行文，这种逻辑叫时间逻辑。就公文写作来说，更多的是按工作具体进展的顺序、工作步骤的顺序，体现工作具体开展过程。

比如，年度工作总结，可以从年初写到年尾；某专项工作总结，可以按照工作的前中后阶段性展开。以石头的经验，时间逻辑特别适合用于布置、总结、梳理某一项专项工作。

以中央《关于推进"两学一做"学习教育常态化制度化的意见》为例，文件主体部分结构如下：

三、精心安排学习内容

四、引导党员做到"四个合格"

五、联系思想工作实际经常查找解决问题

六、坚持领导机关、领导干部率先垂范

七、把"两学一做"学习教育纳入党支部"三会一课"等基本制度

八、层层推动工作落实

它的行文逻辑是什么？很明显不是"三个问题"逻辑，也不是工作职能逻辑。它的行文按照工作具体进展顺序展开：推进"两学一做"常态化，首先要安排学习，进行思想教育，在这个基础上查找问题，然后进行深化整治、领导干部率先垂范，最后建立健全长效机制。

这一个"学习—查摆—提高"的顺序，无疑就是时间逻辑。如果我们将其行文顺序稍微变动一下，改成先推动落实，再查找问题，接着开展学习，就明显不符合这项工作正常的开展顺序，也就不符合时间逻辑了。

时间逻辑的好处在于，事情发生、发展、变化的过程一目了然，符合人们认识事物、理解工作的习惯，且便于领导者考虑下一步的决策。对于单一的一项工作，需要一步一个脚印往前推进的，我们在构思和行文时可以多关注一下时间逻辑。

4. 空间逻辑

既然有时间逻辑，机灵的同学一定已经想到，三维世界的另一维度——空间，也能成为我们写公文的逻辑。

这个很好理解，石头就不多说了，无非是按照空间、地点来安排行文的结构和顺序。

举个例子，2018年湖北省政府工作报告里有段话，讲述全省发挥重大平台体系牵引作用的部署安排：

支持武汉建设具有全球影响力的产业创新中心、综合性国家科学中心、全面改革创新试验区，支持襄阳、宜昌建成区域性创新中心，推动创新型城市建设。发挥东湖国家自主创新示范区龙头作用，促进高新区、开发区创新发展。支持黄石、荆州、潜江争创国家高新区。加快武汉光电国家研究中心等重大创新平台建设，实施一批重大科技专项，攻克一批关键领域核心技术。

建设长江中游大数据和云计算中心。推进创新创业资源共享，拓展专业化市场化众创空间，高质量建设"双创"示范基地。

武汉怎样怎样，襄阳怎样怎样，宜昌怎样怎样，黄石、荆州、潜江怎样怎样，这就是空间逻辑。

当然，有人说，我们单位不是一级政府，没法按这个县、那个镇的空间逻辑来分，怎么办呢？其实，你大可以发散一下，行文结构按单位组成部门来分，规划部门怎样怎样、交通部门怎样怎样、治安部门怎样怎样，不也是一种空间逻辑嘛。

5. 重要性逻辑

重要性逻辑就更好理解了：通俗讲就是分清主次，把内容按照轻重缓急进行排列，最重要的内容放在最前面，不那么重要的摆在后面，或者反过来，也就是大家通常讲的递进或反递进关系。

我们写材料的时候，其实经常不自觉地运用重要性逻辑行文。大家想想，材料员们张口就来的"首先，其次，再次"不就是重要性逻辑的一种形式嘛。重要性逻辑特别符合普通人的思维习惯，也符合领导决策和思考的习惯，能够让公文表达重点突出、主次分明。

仍以前面提到的2018年中央一号文件为例，这个文件关于指导思想一共提了7条，最重要的，当然是党管农村工作，这个是抓总的，也是统领一切的，所以必须放到第一位讲。

——坚持党管农村工作。

——坚持农业农村优先发展。

——坚持农民主体地位。

——坚持乡村全面振兴。

——坚持城乡融合发展。

——坚持人与自然和谐共生。

——坚持因地制宜、循序渐进。

假如不讲究重要性逻辑，把党管农村工作放到最后一条，就会非常别扭了。

需要强调的是，重要性这个东西，既要考虑客观因素，也要考虑主观因素。客观因素就是某项事情确实重要，不管别人怎么想，它都很重要；主观因素是说，某项事情本来很一般，重要性并不凸显，但考虑到近期工作的重心和要求，或者考虑到这次写作的实际，它就变得重要了。

比如，本来按照学校惯例，教学工作更加基础、更加重要，所以一般每次部署工作，教学工作都要放到前面讲，但如果2018年，学校已经确定年度中心工作是"推进双一流建设，提高科研质量，产出一流成果"，那我们当然就不能抱着以前的重要性逻辑不放，而是可以围绕中心工作，把科研这一部分放到前面去突出。

6. 整体部分逻辑

先集中说，概括地说，再分开说，具体地说，这种总分式，以及变式"分—总"或"总—分—总"的结构方式，其中逻辑就是整体部分逻辑。

整体部分逻辑，对"80后"的石头来说，算是"最熟悉的陌生人"。石头记得，从小学开始，但凡拿到一篇课文，语文老师必然诱导着我们去分析，这篇文章呢，到底是总分，还是总分总，还是分总。这也充分说明，整体部分逻辑是多么基础，多么普遍适用啊。

在公文写作中，总，也就是比较适合集中说的，一般都是具有纲领性、原则性、覆盖性的内容，比如基本原则、总体要求、背景情况、指导思想、目标任务、动员号召，这些内容与其他层次不是递进关系，也没法并列在一起，而往往是对其他内容的概括、提炼和升华，所以最好放在前面或后边集中说。

继续说前面提到的2018年中央一号文件。

一、新时代实施乡村振兴战略的重大意义

二、实施乡村振兴战略的总体要求

这两部分就可以看成是总的逻辑，而后边的具体措施和要求，就是分的逻辑：

三、提升农业发展质量，培育乡村发展新动能
四、推进乡村绿色发展，打造人与自然和谐共生发展新格局
五、繁荣兴盛农村文化，焕发乡风文明新气象
六、加强农村基层基础工作，构建乡村治理新体系
七、提高农村民生保障水平，塑造美丽乡村新风貌
八、打好精准脱贫攻坚战，增强贫困群众获得感
九、推进体制机制创新，强化乡村振兴制度性供给
十、汇聚全社会力量，强化乡村振兴人才支撑
十一、开拓投融资渠道，强化乡村振兴投入保障
十二、坚持和完善党对"三农"工作的领导

先把农业农村工作今年的总的指导思想、目标任务和基本原则摆在前面明确了，后面再分别排列落实这些要求的一系列具体工作，提出要求和方法，这样逻辑上才顺当。

7. 逻辑可以混用

列举了以上公文写作中的常用逻辑，石头觉得已经基本把逻辑这件事说清楚了。

但石头还是有一点担心：有些人看过之后机械地套用这些逻辑，指望靠某一种逻辑写文章，这是绝对不可能的。

前面石头已经说到，以上的逻辑不是排他的，没有一种逻辑能包打天下，一篇公文写下来，往往要同时使用多种逻辑。我可能在篇章层面用了"三个问题"逻辑，第一部分又用了工作职能逻辑，段落内部又用了时间逻辑，这

都没有任何问题。

但需要注意的是，文章每个部分的相同层级，最好只选择一种逻辑，否则会产生交叉重复的情形，带来新的逻辑混乱。比如，第一部分，你要用工作职能逻辑就只用工作职能逻辑，别一二三条是职能逻辑，后面四五六条又换成时间逻辑；某个段落内部，假如用的是"三个问题"逻辑，别前几句话提出问题、分析问题、解决问题，后几句话又转成空间逻辑。

还是拿前面举过的中央 2018 年一号文件当例子，举措和做法部分是按照工作职能逻辑排列的，就应当一直按照这个逻辑安排内容。

三、提升农业发展质量，培育乡村发展新动能

四、推进乡村绿色发展，打造人与自然和谐共生发展新格局

五、繁荣兴盛农村文化，焕发乡风文明新气象

六、加强农村基层基础工作，构建乡村治理新体系

别写了几条，工作职能梳理得差不多了，没有思路了，不知道写什么了，于是后面几条转成空间逻辑，把文章搞成了这个样子：

七、推动东北畜牧业健康发展

八、巩固中部粮食主产区地位

九、推动东部地区观光农业发展

在同一个层次上逻辑却不统一，这样的公文结构就塌掉了，不伦不类。

七、理顺公文逻辑的手法

前面讲的公文写作逻辑，更多的是思维方式，而不是具体方法，大家能领悟运用到什么程度，石头其实心里很没底。这些逻辑告诉你了，想真正发

挥作用，还取决于个人的悟性和逻辑思维水平。

当然，"悟性"虽然重要，但用"悟性"这种缥缈虚无的东西糊弄大家可不是石头的风格，石头是很重视技术的。那关于理顺公文逻辑这件事，到底有没有我拿来就能上手的技术呢？石头还是要承认，也还是有一些技术的。

怎样使公文看起来更具逻辑性，更加层次分明、条理清楚？在前面梳理抽象思维方式基础上，石头再教大家一些技术层面的手法。

1. 先说结论

在商业社会的应用文写作中，有一种写法特别流行，叫金字塔叙述方式，不少咨询公司，比如麦肯锡、波士顿，对它特别推崇，要求员工都按照金字塔叙述方式来写文书。

啥叫金字塔叙述方式？**简单说，就是写作时先说结论，再解释结论的写作方法**（见图4-1）。

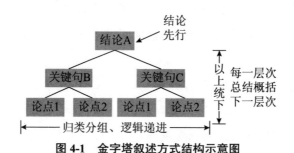

图4-1　金字塔叙述方式结构示意图

大家都知道，金字塔是下面宽、上面尖的三角形，金字塔叙述方式要求我们写文章的时候，总是要在文章最开头，也就是金字塔尖尖上的位置，鲜明地提出观点、主旨和结论，然后再层层分解，一层层地去解释上面的结论，直至最后所有的基础要点，也就是塔底的位置，都可以解释得很清楚。

我们拆解金字塔，会发现这是个由总结论到支撑论点，由支撑论点到分论点，最后逐个击破分论点的写作模式。

举个最简单的例子，石头要协调三个领导的开会时间，其他两个副职时间已经定好，石头发短信给大领导请示他的时间。非金字塔叙述方式的短信是这样的：

书记您好：

王副书记周三下午要外出调研，只有周三上午有空；我又问了李副书记，他时间都还好；第一会议室有个视频会，没法用，所以我们协调了第二会议室。您看周三上午9点开会行吗？9点大家过来参会比较从容。

你就说吧，仅仅几行字，如果不遵循金字塔叙述方式，是不是已经感觉毫无逻辑，非常混乱了？我们改用金字塔试试：

书记您好：
您看周三上午9点在会二开会行吗？
王副书记周三下午要外出调研，只有周三上午有空；我又问了李副书记，他时间都还好；第一会议室有个视频会，没法用，所以我们协调了第二会议室。9点大家过来参会比较从容。

同样的内容，不过调换了叙述顺序，把最重要的事情放到前面说，"您看周三上午9点在会二开会行吗？"一下就清晰多了。这个小例子充分说明了金字塔叙述方式的威力：为了帮助别人抓住要点，正确理解，需要我们把结论放在最开始的位置。

看到这，你或许恍然大悟：哦，原来领导经常挂在嘴边的"要提炼观点""观点要鲜明"，其实就是让我们遵循金字塔原则啊！

具体到公文写作中，金字塔叙述方式要求：

第一，每一部分的标题应当是这一部分内容的概括；

第二，每一段的第一句话应当是这一段话内容的概括；

第三，总是把主题句放在前面。

这样写，才能显得逻辑清楚。

两种在公文写作中常见的，不遵循金字塔叙述方式及结论优先原则，因此显得逻辑混乱的错误如下所述。

第一，乱分段，一段话讲了两三个意思，却不分开，或者连续两三段都在讲一个意思，却舍不得合到一起。

第二，主题句没有放在前面，甚至没有主题句，一段话全是分散的论述，没有一句话提纲挈领、提炼观点。

公文高手是怎么做的呢？党内大笔杆子胡乔木是毛主席的秘书，也是在写作中贯彻金字塔原则和结论先行做法的典范。石头读胡乔木最著名的代表作《中国共产党的三十年》，发现胡乔木严格遵循结论优先的原则，把每一段的主旨句写在开头，一本书十几万字竟然没有一段话例外，很是震惊。石头举两个例子给大家长长见识：

日本帝国主义的进攻根本改变了中国的政治状况。抵抗日本的进攻成为全国人民紧急的任务和普遍的要求。工人、农民、学生的抗日运动在全国各地高涨起来。在一九二七年退出革命的上层小资产阶级和民族资产阶级，这时也改变了他们的政治态度，开始在政治上活跃起来，要求蒋介石政府改变政策。蒋介石政府则坚持他的对日不抵抗、对内加紧"剿共"、加紧法西斯恐怖的政策。但是甚至在国民党和国民党军队中间，也开始发生了政治上的分化。一九三二年一月国民党的第十九路军在上海人民反日运动的影响下，向进攻上海的日本军进行了英勇的抵抗；一九三三年十一月，这个军队的领导者及其他一些国民党人又在福建成立反蒋联共的人民政府。冯玉祥在一九三三年五月也与共产党人合作在察哈尔的张家口组织民众抗日同盟军。

中国工农红军长征的胜利，是中国革命转危为安的关键。它使全国人民对于革命前途和抗日救国运动的前途有了希望。它使全中国全世界相信了中国共产党和中国红军是不可战胜的力量，相信了为着战胜当时在中国得寸进尺的日本帝国主义，非要依靠中国共产党不可，非要停止反共的内战不可。

以上两段，是石头在《中国共产党的三十年》里随便挑的两段话，大家可以看到，每段的第一句是主旨句，概括了全段的内容。后面的内容其实都在解释、阐述主旨句的观点。这就是典型的金字塔叙述方式。

一篇完美运用金字塔原则叙述的文章，即使只看标题和每一段的第一句话，忽略后面的内容，也能完全领悟作者想表达的意思。《中国共产党的三十年》已然达到这种境界，任何阅读它的人，都会为其观点之明确、逻辑之清晰、层次之分明所折服。胡乔木这种写作和构段方式，正是写公文的我们需要学习汲取的。

2. 适当使用逻辑词

逻辑词是逻辑的标志，就像路上竖着的路标一样，朝着读者大喊：这是第一层意思！这是第二层意思！这里是并列！这里是递进！这里是转折！使用逻辑词来标示文章逻辑，是一种简单又效果鲜明的办法。

石头发现，不少自诩文章写得漂亮的人，对使用逻辑词很不屑。他们觉得逻辑词用多了，文章就少了神韵，还是可意会不可言传显得文字美一点。对搞文学创作来说，或许是这样，文字表达要适当含蓄。但写材料大可不必有这种顾虑，你写的东西是要拿去用的，观点铺陈越敞亮，越便于理解，能使人一眼看清楚，才是最好的。

公文写作中最常见的逻辑词包括：

第一、第二、第三。
首先、其次、再次。
一是、二是、三是。

常见的连词其实也是逻辑词，需要我们加以掌握，包括下面这些：

并列关系连词：和、跟、与、既、同、及、而、况、况且、何况、乃至等。

承接关系连词：则、乃、就、而、便、于是、然后、至于、说到、此外、像、如、一般、比方、接着等。

转折关系连词：却、虽然、但是、然而、而、偏偏、只是、不过、至于、致、不料、岂知等。

因果关系连词：原来、因为、由于、以便、因此、所以、是故、以致等。

选择关系连词：或、或者、还是、亦、非……即、不是……就是……等。

假设关系连词：若、如果、若是、假如、只要、除非、假使、倘若、即使、假若、要是、譬如等。

比较关系连词：像、好比、如同、似乎、等于；不如、不及；"与其……不如……""若……则……""虽然……可是……"等。

让步关系连词：虽然、固然、尽管、纵然、即使等。

递进关系连词：不但、不仅、而且、何况、并且等。

条件关系连词：不管、只要、除非等。

目的关系连词：以、以便、以免、为了等。

还有：要、要、要；坚持、坚持、坚持；始终、始终、始终。这类重复词，也经常用来区分逻辑层次。

除了逻辑词，逻辑句也有鲜明标示逻辑层次的作用。逻辑句是逻辑词的延伸，逻辑句用得好，不但能有效地区分、标识逻辑层次，还能增加文采。

比如，讲完一方面，接着讲递进的另一方面，可以说用"特别是""让人印象深刻的是""需要强调的是""更加值得注意的是""特别值得一提的是"这类逻辑句来标示文章逻辑层次的变化。

还有一种很有意思的逻辑词，正式致辞里的"高八度"，在这里也提醒大家注意。啥叫"高八度"？在一些正式场合的致辞中，领导念稿子时，时不时总有几个字念出来会"高八度"，如"同志们""朋友们""嘉宾们"，等等。

其实，这种"高八度"也是一种逻辑区分方法，"同志们"后面跟的内容，一定是新的逻辑层次，大声念出来是要专门提醒大家注意的。这种逻辑词，我们也要会用。

3. 科学分类

分类是人类大脑的伟大发明，"类"这个东西，在客观世界其实并不存在，但我们的大脑为了将杂乱无章的事物区分开，进而系统化、条理化，不断创设"类"的概念。当你以分类的方式来思考和表达的时候，你会发现事情骤然变得更容易理解和记忆了！

办公室里的小丁特别爱美，每天穿得漂漂亮亮来上班，她今天穿戴了：衬衣、外套、披肩、裙子、丝袜、项链、耳环、手镯、高跟鞋、发卡。十几样东西，你一下看得清、记得住吗？

我们分个类，马上就不一样。办公室里的小丁特别爱美，每天穿得漂漂亮亮来上班，她今天穿的上装是：衬衣、外套、披肩；下装是：裙子、丝袜、高跟鞋；戴的配饰是：项链、耳环、手镯、发卡。分成三类后，原本模糊混乱的内容马上清晰了，显得井井有条。

写材料也要善于借鉴"类"的思维方式，"类"同样可以让文章显得井井有条。**脑子里要时刻绷紧"分类"的弦，也就是说，你在写任何一部分、一段话、一句话的时候，都要很清楚自己写的这一堆到底算是哪个板块的东西。**

写某一部分，我要清楚，自己写的是指导思想，是总括性的内容，后面几部分要分着写，写具体措施；写某一段落，要清楚自己写的是举措的第一点，后面几段要接着按工作职能写举措的第二、第三、第四点；写某一句话，要清楚自己写的是重要性，后面几句话要接着论述背景、目标和要求。

总之，材料中每一部分、每一段落、每一句话都能各归其类，文章才能条分缕析、井然有序。

至于如何给公文写作中的各种内容分类，具体请翻到下一章第一节，有关要素填充法写公文的内容，那里石头讲的更详细。

4. 乾坤挪移

有些人对自己写的材料总是敝帚自珍，只要初稿出来了，便舍不得再做大的调整，只愿意修修补补。这种思想对理顺文章逻辑危害极大。

很多时候，即使我们写材料的时候完全按照石头上面说的种种办法构思、行文，有非常清晰的逻辑结构指引，写出来的东西也并不总是一丝不苟贴合逻辑的。

没办法，人脑的注意力和思维方式时常跳跃，本来想的是 A，外边一阵敲锣打鼓，思绪受到干扰，便可能会跳到 B 上去了；或者写的时候想的是一个逻辑，写成之后结合全文看，却感觉应当换另一个逻辑。

因此，对自己写出来的初稿，千万别太有信心，千万别舍不得动。写完之后，返回去检查，顺着逻辑框架再捋一遍，对摆放位置存在问题的段落、句子，大胆地挪来挪去。这段话是不是放到前面更好？这句话是否该挪到后面呢？只要自己觉着顺，那就大胆地剪切粘贴。

举个例子，前一段石头给领导写一篇对博士生的讲话稿，围绕"实"字讲了三层意思、三个要求：写文章要实、搞研究要实、做人也要实。

写到最后一段，石头想找一句名言来升华全文，于是找到教育家吴玉章先生的一句名言，放在最后一段：

吴玉章老校长曾用"实"字来概括自己的个性，他说，"我并无过人的特长，只是忠诚老实，不自欺欺人，想做一个以身作则来教育人的平常人。"

但回过头改初稿的时候，觉得这句话放到最后一段逻辑不是很顺，更合理的写法应该是按照重要性逻辑，把这句话用在文章开头强调"实"的重要性，于是，大笔一挥，把这句话挪到整篇材料的开头，用于点出"实"的重要性，后面具体阐释"实"的要求。这样一改，明显逻辑上严密多了。

对于不合逻辑的句子、段落乃至篇章，都要敢于大刀阔斧地调整，放到中间不顺，那就挪到结尾看看顺不顺；还不顺？那就再放到开头看看顺不顺。调着调着，逻辑就会越来越清晰。

第五章

到底写点啥：关于内容

chapter 5

一、不知道写什么话？要素组合法了解下！

石头动笔写本书之前，曾经在公众号上搞过一个征集，问大家在公文写作的过程中最困扰的事情是什么。想着写书的时候可以有的放矢，争取直击痛点。

本来预想的热点问题应该是"怎么搭框架""怎么顺逻辑"，最后一统计，大家普遍最为困惑的问题竟然是，"在段落里到底应该怎样安排内容呢？"有的人问得更直白："每段话到底应该写点什么呢？我没有话说啊！"

看到这个结果，石头颇有心领神会之感，你们的意思，我懂。

对很多人来说，结构、标题甚至观点，都不是困扰他写作的最大问题。他面临的最大问题是：我该怎么把那么大一段话给填满呢？也就是说，在段落层面，即使已经把观点给他了，把小标题给他拟好了，他也没有话说，没有东西可写。

石头刚开始接触公文写作时，也犯这个毛病，明明知道这一段观点是什么、主旨是什么，但就是找不到合适的话来填充，偶尔灵光一现，就写，没有灵感，一句也憋不出来。到后来，石头才发现，这种灵光一闪式的内容写作方法是极其原始落后的。

真正高效的填充段落内容的方式应该是：要素填充法。

要素填充法是石头自己发明的一个概念，听上去是不是深奥莫测？非也，简单，**所谓要素填充法，其实就是先把每段话的组成部分拆解，归到一些常见的要素门下，然后写作的时候选择相关要素，扩充后填入段落中的写作手法。**

对一段材料按要素分解之后你会发现，无论一段话讲得怎样天花乱坠，都逃不出这些要素的范畴，都是由这些要素排列组合而来的。

当你面对一段公文需要去填充的时候，首先的反应不应该是写哪些句子，而是先确定我这段话应当用哪些要素去填充呢？接着，再把要素扩展成句子。这样写起来就容易得多。

我们先来看一段话：

第三，一如既往为世界文明交流互鉴作贡献。他山之石，可以攻玉。中国共产党历来强调树立世界眼光，积极学习借鉴世界各国人民创造的文明成果，并结合中国实际加以运用。马克思主义就是中国共产党人从国外学来的科学真理。我们结合中国实际，不断推进马克思主义中国化时代化大众化，使之成为指导中国共产党领导中国人民不断前进的科学理论。中国共产党将以开放的眼光、开阔的胸怀对待世界各国人民的文明创造，愿意同世界各国人民和各国政党开展对话和交流合作，支持各国人民加强人文往来和民间友好。未来5年，中国共产党将向世界各国政党提供1.5万名人员来华交流的机会。我们倡议将中国共产党与世界政党高层对话会机制化，使之成为具有广泛代表性和国际影响力的高端政治对话平台。

这是习主席在中国共产党与世界政党高层对话会开幕式致辞中的一段。这段话主题鲜明、内容扎实、论述充分，无疑是非常好的一段内容。为什么人家写得这么扎实呢？石头试着按照要素的方法对这段话进行拆解：

第三，一如既往为世界文明交流互鉴作贡献。（主题）

他山之石，可以攻玉。中国共产党历来强调树立世界眼光，积极学习借鉴世界各国人民创造的文明成果，并结合中国实际加以运用。马克思主义就是中国共产党人从国外学来的科学真理。（意义、重要性）

我们结合中国实际，不断推进马克思主义中国化时代化大众化，使之成为指导中国共产党领导中国人民不断前进的科学理论。（成绩）

中国共产党将以开放的眼光、开阔的胸怀对待世界各国人民的文明创造，愿意同世界各国人民和各国政党开展对话和交流合作，支持各国人民加强人文往来和民间友好。（目标）

未来5年，中国共产党将向世界各国政党提供1.5万名人员来华交流的机会。我们倡议将中国共产党与世界政党高层对话会机制化，使之成为具有广泛代表性和国际影响力的高端政治对话平台。（举措）

大家可以看到，石头把这段话的内容划分为五种要素，括号里的标注，就是段落构成的具体要素：一开始点明主题，接着讲这件事的意义和重要性，然后讲过去工作成绩，再接着提出目标，最后拿出举措。

有兴趣的读者可以找到这篇致辞，自己分析下致辞的其他段落，你会惊奇地发现，每一段都是这样的！内容逻辑基本固定，第一句先写主题，接下来写意义和重要性，接下来写目前的做法，接下来写目标和举措。这样一看，是不是填充内容变得很简单，按照固定模式走，一长段话很快就填满了。

综上所述，"要素"是为了便于我们理解和写作而创设的概念，指段落中切分得具有相对完整性的内容群，每个要素由观点和素材构成。"要素"比句子要高一个层次，可以由一个句子组成，也可由几个句子组成。用要素法填充公文段落，好处一是简便，二是写出来的段落逻辑层次清晰。

石头根据自己扎根材料一线多年的经验，帮大家归纳了一些组成公文段落的常见要素，大致可以总结成以下类别：

1. 主题

主题，也可以理解成主旨、中心思想。公文中的主题要素是段落中用以概括段落的中心思想、内容核心、写作意图、表达的思想感情等的句子。主题要素可以直接由标题句充当，也可以在标题句后再跟一句，进一步阐释段落主题。比如，上面举的习主席讲话的例子，就是直接以标题作为主题要素。

如果标题采用了对仗、引用、修辞等手法，不是那么便于理解，我们可以在标题后再跟一句话，同样作为主题句，对段落主题进行深入阐述，下面这个例子即是如此。

第一，少烧三把火，多上三把锁。心态决定状态，眼界决定境界，格局

决定结局。过去我们讲"新官上任三把火",作为老市长、新书记,我想改一个字,"新官上任三把锁",即"政治上跟党走、经济上莫伸手、作风上不丢丑",真正做到人有信仰、国有法治、权力有笼子、政府有边界。"政治上跟党走",就是要牢固树立"四个意识",坚决贯彻落实党的路线、方针、政策,坚决执行省委、省政府的各项决策部署。"经济上莫伸手",就是要视权力为约束,视权力为奉献,不该伸手的地方不能伸,不该办的事情不能办,不该得的利益不能得,自觉扎紧权力的笼子。"作风上不丢丑",就是要始终恪守着,做人干干净净,做事自始至终,做官公道正派,守住做人的良心、守住处事的底线、守住为官的清廉。

标题"少烧三把火,多上三把锁"已经点明主题,但主题有缩略语,"三把火""三把锁"不太好理解,于是后面又用一句话详细阐释主题,"真正做到人有信仰、国有法治、权力有笼子、政府有边界"。

2. 意义和重要性

公文写作中的意义和重要性要素,是指段落中关于某项工作或事实对于社会的积极作用、重大意义的描述。

在主题句写完之后,接下来的内容,首先要考虑的就是填充意义要素,把事情的重要性、非凡意义强调一下,表明这件事很重要,有费些口舌的必要。

虽然意义和重要性要素看上去有点虚,但对承上启下及逻辑的连贯起着很大作用,如果不说,段落就会显得很生硬,过渡不流畅,总感觉有什么东西没点到似的。

大家可以感受一下,如果上面那段习主席讲话中删除"他山之石,可以攻玉。中国共产党历来强调树立世界眼光,积极学习借鉴世界各国人民创造的文明成果,并结合中国实际加以运用。马克思主义就是中国共产党人从国外学来的科学真理"这句对重要性的论述,直接谈成绩、列举措,是什么感觉呢?

第三,一如既往为世界文明交流互鉴作贡献。我们结合中国实际,不断推进马克思主义中国化时代化大众化，使之成为指导中国共产党领导中国人民不断前进的科学理论。中国共产党将以开放的眼光、开阔的胸怀对待世界各国人民的文明创造，愿意同世界各国人民和各国政党开展对话和交流合作，支持各国人民加强人文往来和民间友好。未来5年，中国共产党将向世界各国政党提供1.5万名人员来华交流的机会。我们倡议将中国共产党与世界政党高层对话会机制化，使之成为具有广泛代表性和国际影响力的高端政治对话平台。

是不是会感觉特别突兀，缺乏过渡，或者有点如鲠在喉、没吐痛快的感觉呢？

越是篇幅宏大、结构规整的大稿子，意义和重要性要素越不能少。以2018年湖北省党代会报告为例，第三部开头是这样写的：

三、全面建成小康社会

全面建成小康社会是实现中华民族伟大复兴中国梦的关键一步，也是全省人民的共同期盼。我们要全面落实新发展理念，确保如期全面建成小康社会。

（一）推进经济转型升级。坚持用新常态的大逻辑研判经济形势，加快结构调整和动能转换，推动经济保持中高速增长、产业迈向中高端水平。

石头标黑的这句话，"全面建成小康社会是实现中华民族伟大复兴中国梦的关键一步，也是全省人民的共同期盼"就是意义和重要性要素，能删掉吗？不能，不写这句话，后面的举措和要求，就显得师出无名：怎么就一下子给我甩这么多要求？我凭什么要干啊！

石头理解，在一段话中填充意义要素，可以让人对这项工作有更全面深入的理解，统一大家的认识，后面再谈问题也好，提举措也好，就顺理成章了。所以，段落主题句之后，首先要考虑的就是填充意义和重要性。

3.形势和背景

形势和背景要素，指的是材料中关于某项工作面临的状况、发展趋势和基本环境的内容。同意义和重要性要素类似,形势和背景要素作为分析性内容,在段落中一般起着承上启下的作用。

如果你觉得直接谈问题、谈要求生硬了,可以考虑在段落里添加形势和背景的分析,这种手法在公文中随处可见:

未来五年,是"两个一百年"奋斗目标的历史交汇期。世界经济回暖明显,中国经济稳中向好,中部崛起势头强劲,发展形势总体有利。我们必须把握历史方位,抢抓历史机遇,以永不懈怠的精神状态和一往无前的奋斗姿态,奋力开辟新时代湖北发展新境界。

在段落中填充背景和形势要素,同样为的是让受众对工作形势有正确认识,统一思想,为后边谈问题、提要求打基础。

4. 成绩和做法

成绩和做法要素,是指公文段落中关于某个工作或某项政策的相关做法,以及取得的成就、价值或者积极的效果的内容。

本节开头例子中"我们结合中国实际,不断推进马克思主义中国化时代化大众化,使之成为指导中国共产党领导中国人民不断前进的科学理论"就是成绩要素。

石头觉得,材料狗心中必须时刻给成绩要素留一个位置。你说你天天忙来忙去写这公文、写那公文,其实大多数时候,归根结底不就是写工作成绩嘛!

成绩要素既可以作为段落的主体,也可以作为承上启下的连接性内容。比如,某一部分或段落虽然是想谈问题、提要求,但你不先说成绩和好的做法能行吗?

三要巩固和深化机关党组织"四型十好"创建成果。**经过三年创建,市直机关"四型十好"创建工作实现了全覆盖,各单位阵地建设、队伍建设、基础保障都取得了明显进展,机关党建工作质量得到全面提高**。但从工作效果来看，部分单位因种种原因，仍存在着基础不扎实、阵地不健全的问题，党务工作者年龄老化、组织开展工作不到位的现象仍比较严重，在发挥作用方面不够有力。这些问题，一定程度上反映了我们的创建工作还不够实、不够细，仍需下大力气加以改进。今年，各单位要在现有基础上，不断巩固和深化创建工作，着力在阵地建设、队伍建设上取得新突破，努力发挥机关党组织在服务中心中的积极作用。

上面这段话，主体是谈问题、提要求的，但我们分解其段落要素就发现，谈成绩和做法的篇幅也不少："经过三年创建，市直机关'四型十好'创建工作实现了全覆盖，各单位阵地建设、队伍建设、基础保障都取得了明显进展，机关党建工作质量得到全面提高。"这就是写材料的辩证法啊！

5. 问题

问题要素，是指公文段落中关于工作存在的不足和矛盾，或分析某方面负面影响的内容。公文谈问题，除了单独成部分谈，在段落里谈几句问题，引出后面原因分析和对策建议也很常见。

比如，我们看看2018年全国教育工作会材料中的一段话：

一要改造我们的学习，增强工作本领。**解决不平衡不充分问题，加快教育现代化，建设教育强国，我们的难题还很多，必须改造我们的学习，增强我们的本领。**要通过改造学习，学会和掌握战略思维、创新思维、辩证思维、法治思维、底线思维；通过改造学习，不断增强学习本领、政治领导本领、改革创新本领、科学发展本领、依法执政本领、群众工作本领、狠抓落实本领、驾驭风险本领；通过改造学习，做到"信念过硬、政治过硬、责任过硬、能力过硬、作风过硬"。当前最紧迫的任务，就是要改造形式化的学习，改造脱离实际的学习，改造脱离灵魂的学习，防止学习的"简单化""庸俗化""一般化"。

这段话从整体上看虽然是在讲举措，属于石头前面提到的"怎么办"逻辑，但主题句后跟的这句"解决不平衡不充分问题，加快教育现代化，建设教育强国，我们的难题还很多，必须改造我们的学习，增强我们的本领"其实就是段落中的问题要素。

填充问题要素，一般是为了引出后面的危害要素，或者借此提出举措。当一段话中一定要谈一谈举措，那么往往点一点问题也不能缺失。问题具体怎么写，可参考本章《语和句是必须闯过的关卡》一节中关于"问题句式"的总结。

6. 危害

危害要素，是指段落中关于某种情况或问题对于工作产生的消极作用的分析。一般而言，危害要和问题或举措结合起来说。

以2018年全国教育工作会材料中的另一段话为例：

我再强调一下舆论引导工作。**要早做预案，舆情工作看似在一时，实则在平时。**有些舆情触发比较快、来得比较急，不早做准备就会陷于被动。要早发现、早应对、早处置，把危机消灭在萌芽状态，防范在将发未发之时。要头脑清醒，看清楚是局部问题，还是普遍现象，善于透过现象看本质。要抓最佳窗口期，舆情一旦发酵，就会呈爆发之势，久久不能退去。错过了第一时间，就要付出代价，需要很长的过程弥补、花很大的力气挽回，要在第一节点及时发声讲明真相。要用细节说话，不能含糊其辞没表态，不能只表态没行动，更不能大而化之没细节。要及时把群众关心的细节问题公布于众，取消猜疑、打消顾虑。各地各校都要高度重视舆论宣传工作，推动教育舆论环境不断优化。

"舆情一旦发酵，就会呈爆发之势，久久不能退去。错过了第一时间，就要付出代价，需要很长的过程弥补、花很大的力气挽回。"在讲工作如果开展不好的危害，就是危害要素。

危害一般接在问题后面说，写危害的作用，一是可以把问题分析得更深入透彻，二是可以更自然地引出要求和举措，事情很严重，当然要提高认识，要加强领导，要抓铁有痕，等等。如果说意义和重要性要素是在正着论述一件事的意义和重要性，那么危害要素就在反着论述一件事的意义和重要性。

7. 原因

原因要素，是指段落中对导致客观事实或者问题产生原因的分析。原因要素一般也是跟在问题后边，说了问题，谈了危害，但感觉还不过瘾，那就再分析下原因。这个好理解，石头简单放个例子：

上半年的经济运行态势，集中反映出我州经济发展长期积累的结构性矛盾（投资拉动、工业支撑）和全国全省经济下行压力相互作用，使全州经济增长乏力，主要问题表现在投资大幅下降、工业支撑减弱、财税增收乏力三个方面。**总体分析上半年全州经济运行存在的突出问题，既有客观原因，更有主观原因。最大的客观原因是：投资不可持续压力增大，项目存量释放殆尽、投资增量严重不足、市场投资短板。最大的主观原因是：换届综合征的影响，"进、退、留、转、盼"五大群体存在不会为、不作为、慢作为、假作为、等到换的不良表现。**

谈原因主要有两个作用：一是让分析更有深度，更透彻；二是为提出解决方案作铺垫。

8. 对策

对策要素，指的是针对某项工作，将要采取的办法、准备提出的要求。

对策要素从来都是公文段落的重头戏，这是由公文的性质决定的。公文不是要空发议论，无论前面怎么说，最后往往都要落脚到解决问题上。所以，很多时候，段落里的对策要素都是必不可少的，不谈点对策，在领导眼里你的稿子就是在扯闲篇。

一般来讲，对策要素的写法有两种方式，一种是像上面习主席讲话的范例那样，风轻云淡地提出改进方式，点出下一阶段要进行的工作，并不大张旗鼓或郑重其事：

"未来5年，中国共产党将向世界各国政党提供1.5万名人员来华交流的机会。我们倡议将中国共产党与世界政党高层对话会机制化，使之成为具有广泛代表性和国际影响力的高端政治对话平台。"

虽然段落里没有"我们要""我们一定要"这样的字眼，但无论是"提供1.5万名人员来华交流的机会"，还是"将中国共产党与世界政党高层对话会机制化"，其实都是在谈下一步的工作措施。

另一种提出对策的形式就板正得多，基本形式为"要、要、要、要""进一步、进一步、进一步"。

有一段时间，公文写作中非常流行"要、要、要、要"的对策写法，显得铿锵有力、信心十足，但时间一久，大家就审美疲劳了，觉得这种写法过分工于形式，又返璞归真，直接写举措变得更常见，基本形式为"加强""改进""推动""推进""加快""支持"等，比如：

大力发展文化产业。坚定不移把文化产业作为支柱产业来培育。创建国家级文化产业示范园区，推动省级文化产业示范园区和基地转型升级。加快文化与科技、旅游、教育、体育等跨界融合，积极发展创意设计、网络视听、数字出版、动漫游戏等产业。做大做强骨干文化企业，做多做优文化市场主体，积极培育外向型文化企业。支持地方特色文化产业发展。

9. 目标

目标要素，是指写材料时经常提到的目标、愿景、任务、总体要求之类的内容。

有时只谈对策太过具体，显得站位不高，解决办法就是写一个更宏观的目标来统领。比如：

今后五年政府工作总的要求是：高举中国特色社会主义伟大旗帜，全面贯彻党的十九大精神，以习近平新时代中国特色社会主义思想为指导，深入贯彻落实习近平总书记视察湖北时的重要讲话精神，统筹推进"五位一体"总体布局，协调推进"四个全面"战略布局，坚持以人民为中心的发展思想，坚持稳中求进工作总基调，坚持新发展理念，紧扣社会主要矛盾变化，落实高质量发展根本要求，以供给侧结构性改革为主线，以改革开放创新为动力，聚焦"四个着力"，统筹推进稳增长、促改革、调结构、惠民生、防风险各项工作，推动质量变革、效率变革、动力变革，打好防范化解重大风险、精准脱贫、污染防治的攻坚战，促进经济社会持续健康发展，加快"建成支点、走在前列"进程，全面建成小康社会，全面推进社会主义现代化强省建设。

说实话，目标要素和举措要素确实不太好区分，它们讲的都是未来怎么做、会怎样。通常情况下，目标更为宏观和务虚；举措更为微观和务实。如果你实在掰不开，把目标和举措看成是一个要素，即"目标举措"要素也不影响理解。

二、要素组合公式放送

前面石头带着大家抽丝剥茧，一一梳理出公文中的常见要素，这只是我们运用要素填充法的基础。接下来面临的问题，就是要素的组合了。

1. 常见的要素组合方式

有人说，石头呀，你一梳理这些要素我就明白了，组合你就不用讲了，我写内容的时候把这些要素都整上，一段话写成"主题＋意义＋背景＋问题＋危害＋原因＋对策"就可以了。显得文章料多汁厚，多好！

事实上，公文中的一段话，不可能，也不应当包罗以上所有要素，那样会显得逻辑层次太多，混乱不堪。段落中填充的要素，不是越多越好，依照石头的经验，一段话中，有三到四个要素就很充实了，在某些情况下，一个段落只有一两个要素也不稀罕。

公文写作中，段落常见的要素组合方式包括：

A. 主题＋意义＋对策
B. 主题＋问题＋对策
C. 主题＋问题＋危害＋对策
D. 主题＋背景＋意义
E. 主题＋问题
F. 主题＋对策
……

石头就不一一列举了，大家完全可以根据叙述的实际需要来排列组合，安排填充。

2. 先选择要素，再扩充要素

一旦我们掌握"要素"这一概念，我们就有能力给公文文字内容分类，写公文的时候就不会再是脑中一团糨糊，不用再漫无目的地纠结这句话到底该写什么，而是分两步按规定动作进行。

第一步，根据段落主题，先从上面石头帮你归纳的这些要素中依次选择，确定要素组合的方式；

第二步，扩充选中的要素成文。

这样一来，填充公文内容从一种创造性智力劳动变成模块化组合、流水线作业，难度大大降低，效率大大提高。

为了帮助大家掌握要素填充法的运用方式，举一个公文写作中的实例——还是个人对照检查材料吧。

现在已经确定，石头的个人对照检查材料分三部分：第一部分问题查找，第二部分原因分析，第三部分整改措施。假如问你，第三部分整改措施，第一条，写加强理论学习，怎么写？步骤如下。

主题要素必不可少，先拟定主题句：

一是加强理论武装，特别是持续深入学习习近平新时代中国特色社会主义思想和十九大精神。

接着直接进入对策？好像太急了些，过于生硬，那就加上意义和重要性要素过渡一下吧：

学校是道德的高地，教育领域是教书育人之地，作为高校领导干部，更要在学习上做出表率。

已经两个要素，再下来，似乎就可以重点谈举措了，用最常见的手法，写两个"要"吧：

要把学习贯穿今后工作始终，把新《党章》《习近平谈治国理政》《党的十九大报告辅导读本》等列为必学书目，以领会党的十九大精神和习近平新时代中国特色社会主义思想为核心，认真、反复、深入学；要坚定理想信念，加强对马克思主义理论知识的学习和运用，不断纯化自己的人生观、世界观和价值观。

这段话的要素填充，就是**主题**+**意义**+**对策**，最后填充完毕的石头个人对照检查材料第三部分第一点就是：

一是加强理论武装，特别是持续深入学习习近平新时代中国特色社会主义思想和十九大精神。学校是道德的高地，教育领域是教书育人之地，作为高校领导干部，更要在学习上做出表率。要把学习贯穿今后工作始终，把新《党章》《习近平谈治国理政》《党的十九大报告辅导读本》等列为必学书目，以领会党的十九大精神和习近平新时代中国特色社会主义思想为核心，认真、反复、深入学；要坚定理想信念，加强对马克思主义理论知识的学习和运用，不断纯化自己的人生观、世界观和价值观。

石头觉得，要素填充法写公文，好处不仅在于有话说了，知道该写啥了，还在于使段内层次鲜明严密。

很多时候，一篇文章分哪几大块，每块又分哪几段，还是比较容易辨识、比较容易做到的，毕竟多弄几个小标题，或者弄几个"要坚持"就解决了，但要求段内分层、层层清晰，一个自然段里有几个层次，表达几个意思一目了然，难度就大多了，因为自然段里无法设置像标题那样的标识物。要素填充恰恰完美解决了这个问题。

3. 要素组合法的发散

石头在这本书里老是强调发散，为什么呢？按照辩证唯物主义的观点，世界上一切事物都不是孤立存在的，而是和周围其他事物相互联系着的，整个世界就是一个普遍联系的有机整体。同样，我们梳理出来的这些段落要素，其实也不是孤立的、机械存在的，而是充满变化的。

石头前面讲的全是怎么用要素填充某一段话，你再想一想，就整篇文章而言，是不是其实还是由这些要素构成的呢？

以2018年全国教育工作会议讲话为例，讲话四大部分的标题分别是：

一、总结工作，认清"奋进之笔"新起点。（**成绩**）
二、分析形势，找准"奋进之笔"主攻方向。（**形势**）
三、对照目标，明确"奋进之笔"任务书。（**目标**）
四、改进作风，确保"奋进之笔"出实效。（**对策**）

一、总结工作，认清"奋进之笔"新起点，就是成绩和做法要素；

二、分析形势，找准"奋进之笔"主攻方向，就是形势和背景要素；

三、对照目标，明确"奋进之笔"任务书，就是宏观层面的目标，即目标要素；

四、改进作风，确保"奋进之笔"出实效，就是微观层面的对策，即对策要素。

可见，石头总结的这些公文内容要素，不仅在段落层面起作用。即使就一篇公文整体而言，也是由这些公文要素构成的，在篇章层面，要素也能帮助我们思考。

当你不知道如何安排篇章结构时，思维也可以从公文要素着手，这一部分应当安排什么要素，是讲形势背景呢？还是讲危害呢？还是讲对策呢？永远逃不出这些要素的范畴。说到底，要素思维，就是石头在上一章第七节提到的分类的逻辑。

小到句子，中到段落，大到篇章，都可以用要素填充的思维方式来组织，从而在材料中呈现一个个完整的意群。这些要素意群统统围绕着主题，线索十分清晰，相互之间的逻辑关系也是相互衔接、层次分明的。

有了要素思维，无论是写文稿还是看文稿，似乎都有了一双"上帝之眼"，一下子就把这篇文章看穿了，洋洋洒洒几万言的一篇稿子，在我眼里不过是"成绩+问题+对策"；密密麻麻的一大段话，在我眼里不过是"主题+意义+对策"，条分缕析、模样清楚，写材料，简单了！

三、词和句是必须闯过的关卡

对公文来说，立意、结构、逻辑、对领导意图的实现，当然都很重要。但石头想问大家一个问题，构成一篇公文最底层最基础的东西是什么？对，是语言。

其实，无论是立意、结构还是逻辑，都是我们经过思考抽象、提炼出来的东西，这些东西，读者是无法直接看到的，读者直接能看到的只有一样：语言。

语言才是每个公文写作者第一时间直面的问题，也是必须闯过的第一道关卡。

有人说：语言如此重要，如此基础，石头，那你就多花点篇幅给我们讲清楚吧！很可惜，我办不到。石头的经验是，语言能力更多取决于一个人的阅读、阅历和练习，无法在短时间内提高。石头能做的，只是用这一小节文章，帮大家认清语言这个东西背后的层次和逻辑，便于大家之后有针对性地加以提高。

公文的语言有什么要求和标准？过去我们上学的时候经常学习语言的一个标准，叫信、达、雅，意思是用词要准确、顺畅、优美，有人在此基础上，结合公文的特性归纳出一个标准——公文语言要注重简洁性、准确性、规范性，这些标准当然不错。但石头觉得并不满意，这种老生常谈的公文语言标准问题在于以下几方面。

第一，没有抓住公文语言的精髓。公文语言的精髓在哪，是在简洁、准确、规范吗？不是。简洁、准确、规范这东西，别的文种都有，不算特点，电脑的说明书不也要简洁、准确、规范吗？

其实，在石头看来，公文语言的精髓和最显著的特点为，它是一套与众不同，甚至完全封闭的行话体系。"深入学习贯彻""健全体制机制""奋力夺取××工作的伟大胜利""增强自我净化能力""抓住××工作的牛鼻子""以××工作为抓手"，这些在公文中司空见惯的语言，很难在其他任何文种中寻到踪迹。"牛鼻子""抓手""滚石上山"，类似这些词用在公文里显得特别生动，特别带劲，但你用到小说里试试，那绝对闹笑话。从这个意义上讲，掌握公文语言，就是要求你张嘴说行话。

第二，没法操作。简洁、准确、规范这种要求，是标准，并非操作方法，所以很多人到动笔写的时候，还是一头雾水，甚至都不知从何学起，才能真正达成简洁、准确、规范。

石头是不是很了解你们的痛点呢？正因如此，石头今天讲公文语言，坚决不要再重复简洁、准确、规范这种套话。我们要进一步分析，假如再作细分，语言是由哪些要素和维度构成呢？其实就两块：词和句。石头就从这两个方面入手，来说说如何提高公文语言水平。

1. 词

大家都识字，所以对字，石头不用多说，公文词语、词汇，就成为公文语言中最小的单位。假如一个人头脑里没有足够公文词语的储备，公文的句子、文风、结构、标题完全无从谈起。

那怎么才能有词的储备呢？石头这儿有两个办法，一个笨办法，一个聪明办法。你可能要拿石头砸石头：有聪明办法，还教什么笨办法？！凑字数吗？

还真不是石头凑字数，笨办法和聪明办法不是任选一个就行，而是必须都掌握，两种办法相辅相成、相互依存，离开了笨办法，聪明办法毫无用武之地。

所以我们先说笨办法，一个字：背！

如果你是一个从小到大从没看过新闻联播、没读过人民日报，平日只喜欢郭敬明、读玄幻、看耽美，对公文行话语言没有基本了解的人，背词这道坎，你必须独自迈过，没有任何人能帮你。

这跟识字是一个道理。小朋友只要认识最基本的 1 000 个汉字，就可以读懂 90% 的文章；如果再进一步，掌握常用的 3 000 个汉字，书面的表达和交流就不存在障碍，甚至可以进行文学创作了。

但反过来，如果认识 1 000 个汉字这道坎你都迈不过去，那你就不可能进行任何阅读和写作。所以，小朋友或外国人学中文，一定是从"最常见汉字 3 000 个"学起。

同样，公文写作中，如果你不掌握"着力""聚力""出力""用力""发力""实现""分析""研究""了解""掌握""发现""提出""推进""推动""推广""制定""出台"等最基本的公文行话词汇，既不知道这些词的使用场景，写作的时候也无法想起，任何公文写作方法对你都毫无意义。

当然，如果你像石头一样，从小热爱观看新闻联播、翻阅各种日报，夜市吃饭时会说"高楼背后有阴影、霓虹灯下有血泪",考试成绩不错时会说"推动我们的成绩从胜利走向新的胜利",那么你很可能已经不自觉地完成了公文词汇的原始积累。

为了便于大家学习,石头在此列举一部分公文写作必背(备)词汇,请大家务必熟练掌握。

(1)动词

保持、保障、保证、保护、把握、包容、帮助、遏制、配合、培育、排查,谋、明、满足、访、发力、发扬、发现、发挥、发展、分析、分工、服务、扶持、丰富、动、带动、打牢、动员,提、提出、提高、提升、提倡、推进、推动、推广、推行、调节、调控、调处、调整、统领、统筹、拓展、拓宽、通达、突出、统一,拿、凝聚、了解、落实、理顺、履行、联动、搞改、改革、改善、贯彻、规范、沟通、巩固、鼓励、管理、感召、搞好、关切、看、开展、开拓、宽容、考验、扩大、合作、夯实、弘扬、惠及、化解、汇集、进、建、见、聚力、聚焦、聚集、加强、加深、加快、加大、建设、建立、健全、举行、崛起、解决、教育、坚持、监督、纠正、借鉴、激发、简化、汲取、检验、确保、强化、取缔、倾斜,下、想、献、吸引、吸纳、细化、协调、形成、宣传、衔接、协商,抓、整合、整治、整顿、着力、着眼、掌握、制定、转变、召开、执行、支持、指导、振兴、制约、主张、筑牢、出、察、出力、出台、创新、唱响、上、深、实现、实施、深化、树立、适应、说服、疏导、设置、融合、走、钻、增强、增进、尊重、造就、促进、倡导、肃、塑造、严、优化、优先、用力、研究、营造、引导、严格、问、稳、完善、维护、武装

(2)名词

安全、保障、保证、办法、本领、比重、标准、矛盾、模式、目录、方针、方式、方案、方法、风尚、负担、氛围、反映、服务、地方、地位、动力、道路、体系、体制、特色、特点、调控、条件、途径、台阶、突出、难点、内涵、纽带、能力、力度、力气、亮点、领域、理想、力量、利益、规划、规律、规模、关键、关系、沟通、管理、工程、功夫、格局、根本、窠

臼、空间、合力、环境、会议、环节、活力、核心、监测、监控、监督、基础、基层、建设、建议、机制、紧迫、精神、进展、计划、焦点、局面、举措、结构、竞争力、权威、权利、情绪、情况、前提、倾向、渠道、需求、需要、信念、信心、系统、行动、效益、协调、形势、项目、主导、主体、主意、指导、指南、制度、政策、整治、秩序、质量、转变、战略、阵地、重点、支撑、准则、正气、职能、成绩、成就、成果、传统、创新、水平、实效、设想、事权、任务、热点、认识、作风、作用、增长、增量、资源、载体、措施、差距、思想、思路、素质、诉求、速度、要点、要素、要务、意识、意见、运行、问题、文件、位置、网络、稳定

（3）形容词

多、宽、高、大、好、快、省、新；持续、快速、协调、健康、公平、公正、公开、透明、富强、民主、文明、和谐、祥和、优良、良好、合理、稳定、平衡、均衡、稳健、平稳、统一、现代

（4）副词

狠、早、细、实、好、很、较、再、更；显著、明显、普遍、更加、逐步、不断、持续、全面、有序、加快、尽快、抓紧、尽早、整体、充分、继续、深入、自觉、主动、自主、密切、大力、全力、尽力、务必、务求、有效；进一步

以上这些词，可谓是公文写作领域的"最常见汉字3 000个"。

在此基础上，由以上这些字词组合，又进一步形成了大量更为丰富的三字词组、四字词组，乃至五字词组、六字短句，比如"挑大梁，唱主角，扛重担，打硬仗，站队首，立潮头""蓬勃发展，创新推进，广泛弘扬，普遍增加，胜利完成"等。如果大家学有余力，还可以自行进阶学习。

再说说运用公文词语的聪明办法：替换。一旦我们有了基本的公文词汇储备，就不一定要穷经皓首，沉迷在公文词汇的背诵中，非要掌握"回"字的四种写法，搞成了老学究，而是可以回过头来运用网络工具，便捷地查询同义词、近义词，最大限度拓展自己使用词汇的边界。

就拿公文写作中常用的动词"推进"来说，在百度中输入"推进 同义

词",结果马上显示:促进、挺进、推动、促成、鼓动。无疑可以为我们替换重复用词提供思路。

所以,词穷的时候,上网搜一搜同义词,找找灵感,也是一个好办法。

2. 句式

句式是比词汇高一个层级的语言要素。所谓句式,就是一个句子必须按照一定的模式来组织。

之前网上流传的一些文体,比如凡客体:爱逛街,爱扫货,爱赛跑,爱环境,爱杯具,爱擦皮鞋……所有人看到我们都会尖叫,我们是城管,我们要把世界制服。

甄嬛体:今儿个是小长假最后一日,赶着回家虽是要紧,却也不能忘了安全二字。如今的路虽是越发的宽广了,但今日不比往昔,路上必是车水马龙,热闹得紧。若是超了速,碰了车,人没事倒也罢了,便是耽搁了回家的行程,明日误了早班,也是要挨罚的。总之你们且记住了:舒心出门,平安到家。

这个体,那个体,其实就是一种句式。

明眼人一眼就能看出,公文的句式显然与网络语有很大区别。那么,公文句子通常是怎么组织起来的呢?从实操层面掌握公文句式,有没有办法呢?当然有。石头我独创的"要素句式法",可以一试。

大家先回忆一下前面讲过的段落要素填充法。要素是一种特别便于我们理解、填充段落的公文意群单位。石头发现,要素不仅可以用来填充段落,也是区别划分句式的极好标准。

什么意思呢?我们在前面把公文的意群单位归纳为,意义和重要性、成绩和做法、问题、形势背景、对策、原因、要求等要素。材料写多了你就会感觉到,用来表达这些要素的句子远没有你想象得那么多,甚至往往局限在翻来覆去的一两种,而这一两种表达方式,就是与某种公文要素一一对应的句式。

比如写材料时经常要提点要求、谈点举措,也就是前面说的"对等"要素。提要求的时候，一般用什么句式呢？写来写去，用得最多的还是"要，要，要，要，要"句式，偶尔用的是"坚持，坚持，坚持，坚持"句式，那么这两个句式就是"对策"要素下的常见句式。

所以，石头想教给大家的句式实操方法"要素句式法"，其实就是按前面总结的公文要素归纳一些常见句式，每个要素列上两三个常用句式，那么你在写作这些要素的时候就心里有底，选一种照着套就行了。

——意义和重要性句式

用来表明某项工作意义和重要性的常见句式如下所述。

（1）做好……工作，恰逢其时、意义重大、影响深远。

认真做好学校"双一流"建设工作，恰逢其时、意义重大、影响深远。

（2）只有……，才能……

只有以抓铁有痕的拼劲、踏石留印的韧劲抓落实，才能将学校第十四次党代会的各项部署真正落到实处。

（3）……会议，是在……关键时期召开的一次十分重要的大会。

中国共产党第十九次全国代表大会，是在全面建成小康社会决胜阶段、中国特色社会主义进入新时代的关键时期召开的一次十分重要的大会。

——成绩和做法句式

用来总结某项工作取得了成绩、有不少好做法的常见句式包括：

（1）我们统筹推进……，……胜利完成，……顺利实施，……全面开创新局面。

五年来，我们统筹推进"五位一体"总体布局、协调推进"四个全面"战略布局，"十二五"规划胜利完成，"十三五"规划顺利实施，党和国家事业全面开创新局面。

（2）干（做/改）出了……干（做/改）出了……，干（做/改）

出了……

干出了经济发展的新气象，干出了城市建设的新风貌，干出了干部队伍的新作风。

（3）在……上迈出实质性步伐。

政府出台了《实施商标战略建设品牌强市的意见》，推出了对新获驰名商标、著名商标、农畜商标分别予以不同奖励的鼓励措施，这标志着我市商标工作上升到了品牌强市的高度，更标志着我市在推动商标强市战略上迈出了实质性步伐。

——形势背景句式

用来描述某项工作当前面临形势任务的常见句式包括如下内容。

（1）当前，……正在发生深刻复杂变化，……仍处于重要战略机遇期，前景十分光明，挑战也十分严峻。

当前，国内外形势正在发生深刻复杂变化，我国发展仍处于重要战略机遇期，前景十分光明，挑战也十分严峻。

（2）当前，……已进入决战决胜阶段，比认识更重要的是决心，比方法更关键的是担当。

当前，"双一流"建设已进入实施阶段，比认识更重要的是决心，比方法更关键的是担当。

（3）……形势依然严峻复杂，仍需持续发力、久久为功。

党风廉政建设和反腐败斗争形势依然严峻复杂，仍需持续发力、久久为功。

——问题句式

各种材料中，都时不时要涉及谈问题、谈不足，显得材料实事求是、扎实深入。

不少人谈成绩时气势恢宏、振奋人心，到了问题这一部分却有点词穷。

要么隔靴搔痒，把问题写成了"我给领导提个意见，就是一心扑在工作上不注意身体"这类的笑话；要么鲜血淋漓，让领导看了心惊肉跳。

问题句怎么写才合适？我们先来看一段话：

> 同时，必须清醒看到，我们的工作还存在许多不足，也面临不少困难和挑战。主要是：发展不平衡不充分的一些突出问题尚未解决，发展质量和效益还不高，创新能力不够强，实体经济水平有待提高，生态环境保护任重道远；民生领域还有不少短板，脱贫攻坚任务艰巨，城乡区域发展和收入分配差距依然较大，群众在就业、教育、医疗、居住、养老等方面面临不少难题；社会文明水平尚需提高；社会矛盾和问题交织叠加，全面依法治国任务依然繁重，国家治理体系和治理能力有待加强；意识形态领域斗争依然复杂，国家安全面临新情况；一些改革部署和重大政策措施需要进一步落实；党的建设方面还存在不少薄弱环节。这些问题，必须着力加以解决。

这段谈问题的话，对火候拿捏之精准、句式之丰富实在叹为观止。石头觉得，把这段不长的话背下来记下来，足以应对未来五年的各种工作材料中的问题部分。

先看从成绩到问题怎么过渡，有这一句话就行了：

> 同时，必须清醒看到，我们的工作还存在许多不足，也面临不少困难和挑战。

注意，不足是主观原因，困难和挑战是客观原因，这句话全覆盖了，是简洁自然的过渡。类似的还可以说：

（1）在看到成绩的同时，也要清醒地认识到，我们的工作与……还有不小差距，前进中还面临不少困难和问题，突出的是……

（2）在……呈现好势头的情况下，我们必须保持清醒的头脑，全面、准确地分析和把握……形势。既要看到取得的显著成绩，更要看到存在的困难和问题，特别要充分认识……的艰巨性和长期性。

再看看描述问题的表述方式如何不重复，我们把上面那段话中谈问题的词句提出来看看：

尚未解决；还不高；不够强；有待提高；任重道远；有不少短板；任务艰巨；差距依然较大；面临不少难题；尚需提高；问题交织叠加；任务依然繁重；有待加强；依然复杂；面临新情况；需要进一步落实；存在不少薄弱环节；必须着力加以解决。

总共用了18个说法形容问题和不足，没有一个重样的。够不够你用几年的？石头骗人了吗？

比如，马上到年底了，各种对照检查材料是重头戏，其中很大一块是要谈问题和不足，那么我们的问题部分完全可以从上面这些句式里偷师。

第一，理想信念有待加强。
第二，理论学习尚需提高。
第三，作风建设仍存在短板。
第四，创新意识差距仍然较大。
第五，狠抓落实存在一些薄弱环节。

哇，太棒了！谈问题，基本套路就是这样。

最后，关于问题句式石头再强调两点。

一是不能重复。问题谈起来一般不是一个，而是一串，语言表达上一定要注意多样性。用词重复是公文之大忌，会显得词穷，功夫下得远远不够，敷衍了事，谈问题同样如此。其实想表达的意思无非是"还不够""还不足"，但呈现的形式一定不能是"××还不足，××还不足，××也还不足"，我们回到上面那段话中看看，是不是一个句子都没有重的呢？

二是谈问题要着眼建设性。不能用非常严重、触目惊心、罄竹难书这样的词，所谈问题，都是通过我们的努力可以加以改进和克服的。比如写个人对照检查材料，石头曾经见过有人初稿写"理想信念崩塌"，"崩塌"二字虽然过瘾，气势排山倒海，但语气就太过严厉，建设性不足，最后被领导改为"理想信念滑坡"，"崩塌"和"滑坡"，区别其实很明显，崩塌了再建起来怕是就难了，滑坡了却还容易提上去。总之，发现问题是为了解决问题而不是批判，这是我们绝大多数公文中谈问题的根本出发点。我们的信念是：万事不怕难，只要肯登攀！

——原因句式

用来描述某项问题原因的常见句式如下所述。

（1）究其原因，主要有以下几个方面。一是……，二是……

个别领导干部出现问题时，批评教育多，追究责任少。究其原因，主要有以下几个方面。

一是问责主体不够明确。二是问责范围比较狭窄。三是问责程序不够健全。

（2）总体分析……存在的突出问题，既有客观原因，更有主观原因

总体分析上半年全州经济运行存在的突出问题，既有客观原因，更有主观原因。最大的客观原因是：投资不可持续压力增大，项目存量释放殆尽、投资增量严重不足、市场投资短板。最大的主观原因是：换届综合征的影响，"进、退、留、转、盼"五大群体存在不会为、不作为、慢作为、假作为、等到换的不良表现。

——对策句式

用来提出方法和对策的常见句式如下所述。

（1）以……为指针（引领、主线、抓手），以……为准绳

以党的十九大为指针，以习近平新时代中国特色社会主义思想为准绳。

（2）抢抓……的机遇，着力……

抢抓一带一路、银川都市圈、沿黄城市带建设的机遇，依托滨河水韵绿色景观，突出特色优势农业产业，着力将一二三产业融合发展，唱响绿色、有机、生态、富硒四张名片，大力发展新型休闲农业。

（3）把……作为……的关键一招

把改革作为推动振兴发展的"关键一招"，把握关键环节，有序有力推进各项改革。

（4）着力……，形成……的强大合力

着力发挥政府主导、群众主体、市场决定、社会帮扶、基层保障五个作用，汇全市之力、聚各方之财、集全民之智，形成脱贫攻坚的强大合力。

（5）不断提升（提高）……水平，推动……向纵深发展

我们要按照新时代党的建设总要求和中央、省委的部署，不断夯实基层基础，持续提升城市基层党建工作水平，让广大党员干部知敬畏、存戒惧、守底线，推动全面从严治党向纵深发展。

——要求句式

用来提出要求和号召的常见句式如下所述。

（1）要贯彻（按照/践行）……理念

要贯彻落实五大发展理念，结合我县实际，按照"一产上水平、二产抓重点、三产大发展"的思路促进经济社会发展。

（2）必须坚持把……作为……的重中之重

必须坚持把解决好"三农"问题作为全党工作重中之重，牢固树立和切实贯彻创新、协调、绿色、开放、共享的发展理念，加大强农惠农富农力度，深入推进农村各项改革，破解"三农"难题。

（3）树立……的理念，多一些……，多一些……

树立艰苦奋斗、真抓实干的理念，多一些亲力亲为，多一些下地扶犁，汗珠子摔八瓣，撸起袖子干起来。

（4）既要……，又要……做到……

既要遵循传统，多下基层锻炼，拜群众为师，及时了解新情况新变化新需求，提出解决应对之策，有效解决问题；又要大胆改革创新，利用微信等

新媒体手段创新品牌创建活动，做到"老瓶装新酒""老树发新枝"。

公文语言的基本功——词汇和句式问题，就说到这里了。石头的切身体会是，要想把文章写好，最基本的是把字词和句式学好。字词句式掌握得多了，写文章的时候就能挥洒自如，再也没有"憋"的感觉了。

但我要强调的是，以上梳理只涉及了公文语言最最基础的东西，相当于"扫盲培训"，只能帮助你脱离蒙昧的原始状态，而绝不是什么包打天下的秘笈。

就像跳舞一定先练劈腿一样，我们通过这个梳理先打下个基本功，至于之后你怎么玩出花样，完全在于你自己能否孜孜不倦地学习、积累，逐步形成对公文的语感，最终自由"舞蹈"起来。

对那些愿意下功夫提升自己公文词汇和句式功力的同学，石头强烈推荐你们手头常备一本现代汉语词典。现在大家都在网上查汉字，搜词语，这当然也是不错的方法，但要论规范性和权威性，肯定还是词典更胜一筹。字词句是语言的基础环节，一定要参考最权威、最规范的标准。而字典无论是释义还是例句，都是千挑万选、千锤百炼的，非常适合打基础用。

石头服务的一位领导，曾在中办工作多年，负责核文，可以说代表着公文语言的最高水准。他案头常年摆着一本现代汉语词典，一旦有字词的用法不能确定，他绝不会就此放过，而是会马上翻字典确认。他的坚持对石头很有启发，我们通过动手、动眼、动脑查到一个字、一个词，印象会更深刻。有这个没有嘴的老师常伴身边，会让我们受益终生。

四、领导老说你语言太平，问题就出在修辞上

大多数材料狗在历经大量、长期写作任务的压榨之后，文字表达都能达到较为准确的层面，弄出来的材料四平八稳、滴水不漏，"要增强自觉性、主动性、坚定性""积极进行制度、体制、机制、方法创新"，这种外人看来难

于上青天的行话基本张口就来。

但是，问题在于，虽然这些话越来越顺溜，自己手头的各种材料任务越堆越多，但时间长了，总是只有苦劳没有功劳，为什么每次领导表扬、欣赏、重用的"笔杆子"，都另有他人呢？

你跑去找领导理论，领导一句话就顶回来："你啊，写的东西太平，发言稿我每次读起来都不带劲，还是老王写得好，比较带劲。我觉得你要不每次写稿前喝点酒，写出来的讲话更有激情一些！"你只有愕然失神。

在大多数人的印象里，公文的基本特征是严谨、庄重、明确、简洁，这当然没错。但遗憾的是，很多人长期在材料的苦海里徘徊，无法脱颖而出的一个关键原因就是把"严谨、庄重、明确、简洁"当成了戒律，不敢越雷池一步，从而忘掉了硬币的另一面：公文中的许多类别，对文章的生动性也有很高要求。

文字准确固然重要，但它是基础，而不是全部。与准确相比，生动其实是对公文写作更高层次的要求。在很多场合，生动与否是决定文章层次的重要因素，不但需要生动，甚至渴望、呼唤生动。

比如，在单位全体干部会上，给领导起草新任职表态发言，不少"材料狗"的写法是：

刚才会上宣布了党委关于我任职的决定，在此我首先衷心感谢党委的信任和关心，感谢各位领导的器重和厚爱，感谢干部职工对我的信任和支持！这次任职不仅是对我的一种认同与接受，更是对我的一份希望和重托。让我有更多的机会，为单位服务，为事业添彩。我将把今天作为一个新的起点，以新的姿态、新的境界，尽快进入新的角色，以良好业绩，回报领导和同事们的重托与期望。在此，我作三方面的表态：一，加强学习；二，勤奋工作；三，廉洁自律。

这样的讲话稿固然没有错误，但是能给下面正用怀疑的眼神审视发言者的听众留下好印象吗？甚至，能给人留下印象吗？

再如，单位要开年终慰问表彰会，给领导起草慰问讲话，不少人的写法是：

让我们发扬"团结拼搏，务实创新"的精神，奋发有为，扎实工作，实现我们的奋斗目标，创造新的业绩！作出新的贡献！在此，我衷心希望大家再接再厉、更加努力地做好本职工作，百尺竿头，更进一步！我有信心、有决心，有义务、有责任和大家一起把单位发展得更加美好！值此新春佳节即将到来之际，我代表单位向你们以及你们的家人致以新春的祝福！祝大家新春愉快！合家欢乐！工作进步！万事如意！谢谢！

这样的讲话稿固然没有错误，但是能给予下面忙碌了一整年，迫切希望听领导讲点贴心话、知己话的听众任何慰问吗？

这样的场景、场合还有很多，特别是起草领导讲话，面对活生生的听众，四平八稳、面面俱到就是面目可憎，领导和听众的共同需要在于开阔眼界、明确方向、抖擞精神、受到激励和鼓舞。这些场合的公文语言，就特别需要生动。

公文语言如何才能生动？不少人把它玄妙化了，说什么要有节奏感、要有趣味性，甚至更邪乎的，要抑扬顿挫、铿锵有力之类，听上去酣畅淋漓、高深莫测，实则无法下手。

其实，使语言显得生动的办法我们上小学语文时都曾认认真真学过，不过因为时间久远，大都又还给老师了，那就是：善用丰富的修辞，善于写具有修辞性的语言。

所谓修辞，本义就是修饰言论，指的是在使用语言的过程中，利用多种语言手段以收到尽可能好的表达效果的一种语言活动。

石头推崇的政论文大家、人民日报原副总编梁衡特别强调修辞对写文章的重要性，他说：要把文章写得很美，不要写得很枯燥、很干瘪，文章美丑的问题用什么来解决呢？要靠修辞，也就是在文章中加入比喻、议论、象征等修辞手法。

下面，石头就带着大家，重新回忆一下我们其实早已熟练掌握，今后可以多多运用在公文写作中的那些修辞手法吧！

1. 比喻

比喻是最常见的修辞，也就是我们平常说的打比方。比喻的基本方法是，用本质不同但具有相似点的另一事物说明或描绘事物。

比喻可以使所表现的内容更通俗、逼真、形象，有时对一些深奥、严肃的说理，通过比喻可以变得浅显易懂，易于被人理解和接受。同时，打比方也是我们最擅长的思考方法，写起来一点也不难，所以比喻成了公文中最常见、大家最能接受的修辞手法。我们看看某省政府工作报告中善用比喻的几个例子：

三大攻坚战，个个都是硬骨头、硬任务。我们要以打硬仗的决心、钉钉子的韧劲，尽锐出战、精准施策，全力以赴、跨越关口，为如期全面建成小康社会清障开路、奠定胜局。

对看得准的量身定制监管模式；对看不准的不急于定性、不急于封堵，多帮助、多引导，在成长中逐步规范。我们要大力抢占风口，让新经济跑出加速度、加快飞起来。

综合运用市场化法治化手段，推动总量性去产能转向结构性优产能。坚决防止"地条钢"死灰复燃，依法处置"僵尸企业"。积极稳妥去杠杆，加快债转股步伐。

良好生态环境是最普惠的民生福祉。我们要始终高举"绿色指挥棒"，守好"绿色责任田"，把湖北建成美丽家园。

生态环境是面向未来的最大竞争力，必须穿"新鞋"，走"绿道"，用环境治理留住绿水青山，用绿色发展赢得金山银山。

以上几句省政府工作报告，都运用了比喻的手法，本体和喻体一看便知，石头就不啰唆了。从中我们可以体会，运用比喻，字数无需多，就可以表达丰富的意蕴，阐明深刻的道理，给人留下深刻的印象。即使严肃如《政府工作报告》的公文，也可以大胆使用适当比喻，从而大大增强鲜明性、生动性。

2. 用典

用典也是一种修辞手法。引用古人的历史事迹或古代典籍中的言语词句，来证明自己的论点或表达自己的思想感情，这就叫用典。

典用得好，相当于采集天地之灵气，相当于拿别人的钱办自己的事，生动传神，寓意深邃，极具启迪意义，会使文章增色不少。

在公文的语境里，用典的范畴石头觉得可以大加扩展，局限于诗词经典等古籍是远远不够的，领导人讲话、名人格言、俗语俚语，甚至歌词、对联、对话都可以纳入用典范畴，关于用典，石头会单开一节专加论述。请翻到第六章第五节《用典约等于有才》，这里主要帮大家从整体上了解各种修辞手法，就不再展开了。

3. 层递

层递是汉语传统的修辞格之一，又叫渐层、递进。其含义为根据事物的逻辑关系，用三个或三个以上结构相似的短语、句子、段落，表达在数量、程度、范围等轻重高低大小本末先后的比例，依序层层递增或递减的一种修辞技巧。

你可能要说，石头，这么高深？我从来没见过啊！其实你是被石头唬住了，层递这种修辞手法，大部分材料员都经常用，只不过你从没想过这也是种修辞格。我们还是从某省政府工作里找些例子：

安不忘危，兴不忘忧。我们将始终保持清醒头脑，坚定发展信心，增强忧患意识，坚持底线思维，从最坏处着眼，做最充分准备，争取更好结果，推动湖北发展行稳致远。

坚定担当为民。树立正确政绩观，牢记为人民服务、对人民负责、受人民监督、让人民满意，练就宽肩膀，提升真本领，争当主攻手，画好工笔画。旗帜鲜明为敢于担当、踏实做事的干部撑腰鼓劲，给谋事成事的干将、敢打敢拼的闯将创造更多机会、提供更大舞台。

推进依法行政。加强法治政府建设，严格依法用权、依规履责、依章办事，完善依法科学民主决策机制，推进严格规范公正文明执法，加大行政督查和问责力度。

我们要坚持无事不扰、有求必应，让企业家在市场竞争中有公平感、在合法经营中有安全感、在社会生活中有尊严感。

"保持……，坚定……，增强……，坚持……""依法用权、依规履责、依章办事"，这种一长溜意思层层递进的短语、短句，你是不是自己也经常用得摇头晃脑、洋洋得意呢？此类手法就叫层递。层递顺着文句所形成的层次感，可使读者层层跟随，因而引人入胜。如是叙事，条理清楚；如是说理，说服力强。总之，容易产生感染效果，也方便读者理解记忆。

4. 对偶

对于对偶，写手们是再熟悉不过了，哪个"材料狗"没有过为了凑几句对偶绞尽脑汁、挑灯夜战的时候呢。对偶句形式工整、朗朗上口，尽显水平，深受各级领导喜爱，要是哪篇稿子里没有几组对偶句，根本不好意思拿出来见人。

什么叫对偶？对偶又叫对仗，是利用语句形式上的对称，把字数相等、结构相似、意义相关的两个句子或成语对称地排列起来的一种修辞方式。

事实上，过去诗词的对偶句，要求很严格，除了字数相等，结构要相同，意义要相反，还要词性相同，符合平仄等格律要求。

但公文写作中对形式没有这么严苛的要求，多用宽松对偶，即只要求上下语句字数相等、结构相似，字面可以重复，平仄可以不合。比如：

五年的砥砺奋进，谱写了**以变应变、以新应新**的精彩篇章，积累了弥足珍贵的经验。

安不忘危，兴不忘忧。我们将始终保持清醒头脑，坚定发展信心，增强忧患意识，坚持底线思维，从最坏处着眼，做最充分准备，争取更好结果，推动湖北发展行稳致远。

政府治理体系和治理能力与新时代新要求还不相适应，形式主义、官僚主义在有的地方和部门比较突出，**表态多调门高、行动少落实差**，群众意见较大。

抓创新就是抓发展，谋创新就是谋未来。我们要让创新活力竞相迸发、创新价值充分体现，推动科教创新优势加速转化为核心竞争力、发展驱动力。

对偶句对写作者的文字功底要求比较高，正因如此，大家愿意为它殚精竭虑、绞尽脑汁。其实，石头想提醒大家，自己写不出对偶句，也不见得就没有对偶句可用。网上有很多高手整理汇总的对偶对仗句大全之类，涵盖各个主题，大家可以下载下来存着，有需要的时候仿写个一两句，就很能解决问题。

5. 排比

排比是在公文写作中用得很多的一种修辞手法，也是特别受领导待见的一种修辞手法。它利用结构相同或相似、语气一致的句子或词组的排列，来表达意义相关的内容。排比可使语言工整且富于气势，增强公文的表达力。比如：

五年来，我们着力打基础、管长远，实施了一系列开创性举措，取得了一系列标志性成果，促成了一系列转折性变化。

必须始终坚持树牢"四个意识"，坚决维护习近平总书记核心地位和党中央权威，在思想上政治上行动上同以习近平同志为核心的党中央保持高度一致；必须始终坚持以经济建设为中心，聚精会神抓好发展第一要务；必须始终坚持新发展理念，遵循发展规律，破解发展难题，厚植发展优势；必须始终坚持人民立场，让改革发展成果更多更公平惠及全省人民；必须始终坚持务实重行，以实干创造经得起实践、人民和历史检验的业绩。

我们将始终保持清醒头脑，坚定发展信心，增强忧患意识，坚持底线思维，从最坏处着眼，做最充分准备，争取更好结果，推动湖北发展行稳致远。

领导之所以都喜欢排比句，可能是因为念这些排比句的时候领导感觉自己血都在往上涌，有挥斥方遒、指点江山的快感，确实，排比不但可以增强语气，而且可以增强文字的表现力。

细心的人可能已经发现，很多对偶句和排比句很像，怎么区分呢？确实，对偶句和排比句有相似之处，区别仅仅在于：排比长度一般要到三个分句及以上，对偶只是两句；排比欢迎用词重复，对偶则要尽量避免用词重复；排比句式和字数都可以不完全一致，对偶则要求句式和字数相同。

但石头也要强调，这种区分对写作来说其实毫无用处，只是便于你建立概念体系。现在很流行用对偶的方法写排比句，比如前面举例的"保持清醒头脑，坚定发展信心，增强忧患意识，坚持底线思维"，这类排比句除了与对偶句句数不同，其他完全符合对偶的特征。这种排比对偶句，比传统的排比句更富有变化，不像传统排比句那样呆板僵化，故而越来越流行。

所以，石头建议，大胆地把对偶和排比当成一种修辞手法来用，即"对偶排比"，只要句子形式工整、言辞顺畅就行，不必拘泥于到底是排比还是对偶。

6. 浓缩

严格来讲，浓缩算不得什么正儿八经的语言修辞手法，无论在哪个版本的语法书里，都找不到"浓缩"这种修辞手法。但是，这种手法在公文写作中应用非常之广，完全到了可以独立成一种手法的程度。什么叫浓缩？石头举几个例子你就明白了：

坚定不移推进改革开放创新，着力激发市场活力和社会创造力。持续深化**"互联网+放管服"**改革，省级取消、下放、调整行政审批等事项725项，开通全省政务服务"一张网"，全面实施**"多证合一、一照一码"**。政府机构改革和事业单位分类改革有序推进。农村土地"三权分置"、农村集体产权制度、林权、农垦等改革深入实施。

抓紧抓实"3121"工程、"双九双十"行动，滚动实施万企万亿技改工程，开展传统产业转型升级三年攻坚行动。推动汽车、装备制造、电子信息、生物医药等产业内涵式发展，引导化工、建材、冶金、纺织等产业提档升级。

落实藏粮于地、藏粮于技战略，实施农业科技"五个一"行动，加快用现代化物质装备改造提升农业，推进高标准农田和水利设施建设，提升农业综合生产能力。

上面这段话中多个引号中的缩略词，诸如"互联网+放管服"改革、"多证合一、一照一码""3121工程""双九双十"行动等，就是用浓缩的办法得出的。这种手法，是不是你自己也经常使用呢？

所谓浓缩，就是对一些专用名词，或内容特定的长句进行高度简缩，以达到言简意赅、易读易记的效果。

这种办法之所以广受欢迎，主要是因为其概括力、传播力强，你让人记住长长的几段话不现实，但你让人记住几组词，大家还是能接受的。

使用浓缩关键在于要约定俗成，避免歧义。引号里面的浓缩内容，不能是你自己拍脑袋造出来的，一定要是经过领导首肯，或是之前已经比较公认的提法，否则你写得挺热闹，领导和听众从来都没听说过什么"3121"工程，那麻烦就大了。

7. 感叹和设问

公文需要严肃性、规范性，所以公文多用陈述句和祈使句。但正如石头前面表明的，很多场合公文也需要加入感情。尤其是领导个人的讲话、发言，不带点感情是说不过去的。一方面，感情可以蕴含在内容行文之中，同时，感情也可以通过文字的技法来表达。而最具感情色彩的句子无疑就是问句和感叹句了。

胡乔木是石头最为推崇的文章大家，他对在公文中使用感叹句和疑问句极为重视:"如果一篇文章较长,没有问号和感叹号,就会枯燥一些,感情的变化就不大,就不大生动。"

《论持久战》是毛泽东同志当年在延安抗日战争研究会发表的演讲。文章开篇,毛泽东同志运用设问手法,一口气提出七个问题:

"身受战争灾难、为着自己民族的生存而奋斗的每一个中国人,无日不在渴望战争的胜利。然而战争的过程究竟会要怎么样?能胜利还是不能胜利?能速胜还是不能速胜?很多人都说持久战,但是为什么是持久战?怎样进行持久战?很多人都说最后胜利,但是为什么会有最后胜利?怎样争取最后胜利?这些问题,不是每个人都解决了的,甚至是大多数人至今没有解决的。"

这七个设问是整篇演讲的着眼点和支撑骨架,是讲话内容高屋建瓴的提炼,问题抓得准确,提得也很尖锐,刚劲有力,吸引着听众的注意力。

《中国社会各阶级的分析》一文,开篇也不同凡响。

"谁是我们的敌人?谁是我们的朋友?这个问题是革命的首要问题。中国过去一切革命斗争成效甚少,其基本原因就是因为不能团结真正的朋友,以攻击真正的敌人。"

在揭示文章主题后,毛泽东同志说:"我们要分辨真正的敌友,不可不将中国社会各阶级的经济地位及其对于革命的态度,作一个大概的分析。"紧接着又问:"中国社会各阶级的情况是怎样的呢?"这种用设问开篇造势的技巧,在思想上给人以巨大震撼。

很多领导讲话,因内容平淡而使听众兴味索然。研习毛泽东同志的讲话稿就会发现,他吸引听众的技巧之一,就是利用设问激起层层波澜,不让听众"走神"。设问运用得当,能起到一语惊人、提请注意、发人深思的作用,还能起到承上启下、连接全篇的过渡作用,大大增强文章的感情色彩和鼓动性。

当然,设问受到场合和领导个性的约束比较多,其实现在并不多见,石头在写这个章节的时候，翻了十几篇各省政府工作报告和党代会报告，想找一个新鲜点的案例，竟没有看到一个在正文使用设问句或反问句的范例，其在当前的语境中不受待见，也可见一斑了。

至于感叹句，表达的感情色彩就更强烈，场合用得对，文章一下子就生动甚至炙热起来。

最后，我们来看看常德市委书记周德睿的上任讲话是怎么开篇的，一旦加入用典、对仗、排比、比喻、感叹等修辞手法，是不是就比本节开始例举的那种平淡无奇的上任发言生动太多，也高明太多了：

我荣幸我的工作经历能结缘常德这方神奇的土地，上善若水，德行天下；文明之光，历久弥新。今天，对我个人来说，是人生的新洗礼，是事业的新征程。此时此刻，我内心充满感激，充满感恩，充满感动。感谢王群书记，感谢冬春副书记，感谢刘明主任，感谢爱国主席，感谢正武司令员，感谢各位领导，感谢各位代表给我投下神圣的一票，谢谢你们了！

总之，如果能在遵循公文语言风格传统的基础上，巧妙运用文学修辞手法，将会增强公文的可读性和生动性，达到良好的审美意境和表达意境。毛泽东同志曾在《工作方法六十条（草案）》中提出，文章和文件都应具有准确性、鲜明性、生动性。公文也需要影响人、打动人，只有适当使用修辞，公文才能引起大家共鸣。

五、领导有时只看开头结尾

一篇文章中，哪些内容最重要？这里又要搬出石头的偶像胡乔木同志说过的一句话：文章的题目和头几句话很重要，首先头几句就给人家的印象不好，人家就不愿意看。

这句话值得琢磨，胡乔木同志点出了两个要素：一是题目，二是头几句话。换到公文的语境，我们或许可以把这句话改成：公文的题目和开头很重要，头几句给领导的印象不好，领导就觉得你写得不行。

题目就是标题，石头后边还会开单节论述；这一节，主要说说"头几句话"和"后几句话"，材料界常常挂在嘴边的"穿靴戴帽"，也就是开头和结尾的事。

我们心里要有数，领导精力极其有限，千头万绪，当一篇稿子拿给他的时候，他不可能像读小说一样沉浸到你写的公文中遨游，一般的情况，也就是先读一读开头，然后瞅一眼提纲，再翻到结尾。然而，就是这一读一瞅一翻，形成了他对一篇公文判断的基调。所以，我们要做的，就是一定要在开头结尾给领导留下好印象：哦，这篇材料写得还不错。

石头想告诫大家，写公文的时候一定要在开头和结尾上多倾注心力，尤其是修改打磨阶段，开头结尾要多过几遍，该凝练的凝练，该提亮的提亮。 尽管公文的开头结尾不可能像文学作品或新闻报道一样用新奇的语言吊起听众的胃口，但在方法上、语言上仍然大有讲究。

石头试着把几种公文常见开头模式和技术要点概括如下。

1. 总结式

总结式开头，就是在开头对整篇公文正文内容予以高度概括，多用于总结、汇报、报告、文件。比如吉林省 2018 年政府工作报告是这样开头的：

本届省政府任期的五年，是吉林振兴发展很不平凡的五年。在以习近平同志为核心的党中央坚强领导下，在习近平新时代中国特色社会主义思想的科学指引下，按照省委部署，省政府和全省干部群众一道，深入实施"三个五"发展战略，攻坚克难，砥砺奋进，胜利完成"十二五"规划，稳步实施"十三五"规划，吉林老工业基地焕发出新的生机与活力，为全面建成小康社会奠定了坚实基础。

总结式开头也是最为常见的开头形式，它的好处在于正式庄重、提纲挈领，便于读者掌握整篇文章的核心内容。其基本套路为：先来几句指导思想，再来几句举措，最后加上成效，大家记住公式：**指导思想＋举措＋成效。**

看着不难，其实相当考验功力，不少人稍不注意，就把总结式标题写成了整篇文章最失分的地方。总结式标题特别容易出现的问题包括：

（1）指导思想陈旧

如果2018年的公文出现"近年来，我区的改革与建设事业在邓小平理论的指引下，在省委、省政府的正确领导下……"这样的话，这篇公文必然被判定为一篇劣品。

最近中央、省、市、本领域的新精神、新提法一定要及时体现，指导思想越新，开头越加分。昨天中纪委十九届二次全会刚闭幕，今天你就把会议精神写到开头里了，绝对让领导眼前一亮。当然，指导思想这类表态型内容，点到即可，也不要太多，一般不超过开头篇幅的三分之一为宜。

（2）套话太多

总结式开头中，安排三五个表示大家积极贯彻上级指示、奋发有为、努力进取的好词是少不了的，能让开头颇有几番气势，但如果过分追求排场，写成"在干部群众的共同努力下，在离退休老同志的关心支持下，在各兄弟单位的大力帮助下，我们**振奋精神，抢抓机遇，攻坚克难，稳中求进，砥砺前行**"就有些过了，会把人绕得云里雾里，令人厌烦。以石头的经验，四字词组类套词，一般两个最好，绝不要超过四个。

除了限制虚词的数量，避免陷入套话堆积的另一个方法是适当结合实际。作为提纲挈领的第一段，当然站位要高，视野要宏观，但这不意味着一点具体工作都不提，本单位提炼过的工作指针、取得成绩的亮点，完全可以拿来写，比如某市民政局年度工作总结开头就不错：

2017年，我市各级民政部门认真学习贯彻落实党的十九大精神，坚持以习近平新时代中国特色社会主义思想为指导，认真践行"民政为民、民政爱民"工作理念，全面落实中央、省、市相关决策部署，紧密围绕市委"兴业惠民、治吏简政"的要求,以"保基本、兜底线、促公平、可持续"为准则,以深化"大民政"为抓手,民政各项工作取得新的成效,民政队伍呈现新面貌。我市连续五年荣获民政工作"全省优秀地市"称号。同时,涌现了一批先进个人和集体,市老龄办主任××同志被人力资源社会保障部、全国老龄工作委员会表彰为全国老龄系统先进工作者,××市军休所被评为四星级军休服务管理机构,等等。

开头既有宏观的大政方针,又体现了鲜明的民政工作特色,还一一点出工作本市民政工作的亮点,给人感觉相当扎实。

(3)篇幅太长

不少人用总结式开头时想法太多,什么内容都想往第一段放,就怕领导看不见。石头曾见过一些总结,开头第一段就搞了一页多,让人实在是有一种想要撕掉的冲动。切记,开头段一定要搞得精炼一些,放在开头的,必须是经过提纯、打磨的语句,如有必要,为了兼顾全面和凝练,还可以试着在开头适当采用一些缩略词。比如以下这段开头:

统筹推进"五位一体"总体布局和协调推进"四个全面"战略布局,着力发挥优势打好"四张牌",加快推进"三区一群"建设,坚决打响"四大攻坚战",统筹稳增长与调结构、扩需求与促转型、抓改革与防风险、谋发展与惠民生,全省经济社会发展稳中有进、稳中向好,在决胜全面建成小康社会、让中原更加出彩的进程中迈出了坚实步伐。

短短一段话,用到"五位一体""四个全面""三区一群""四大攻坚战"等多个缩略词,这就是兼顾全面和凝练很好的办法嘛!

2. 引用式

引用式开头是指在开头引用古语名言等典故,多用于讲话、致辞。如果引用得当，能够提升档次，显得文采斐然，比一般平铺直叙的开头更有吸引力。

其实这招我们都熟悉，小伙伴们可以回忆一下，大家从小学起听校长的开学讲话，是不是通常第一句就是"金秋九月，丹桂飘香。今天，我们又迎来了来自五湖四海的××位新同学。"

校长的话虽然老套，把人耳朵都磨出了老茧，但方法可嘉，引用表示时令、天气的成语、古语，这无疑就是一种非常经典的引用式致辞开头。问题在于"金秋九月，丹桂飘香"太过俗套，格调不够，所以给人观感平平。

石头带着大家来看看习近平主席在2014年APEC会议开幕式上，是怎么应用关于天气的古语和大家拉家常的：

按照中国的节气，两天前刚刚立冬。秋冬之交是个多彩的季节。"**山明水净夜来霜，数树深红出浅黄。**"银杏的黄，枫叶的红，给北京这座古都增添了色彩。经过一年辛勤耕耘，中国和亚太经合组织成员一道，期待在即将举行的第二十二次领导人非正式会议上收获硕果。

习近平主席的演讲从北京的秋色开始，巧妙借用刘禹锡的诗句，引出亚太经合组织成员通过互信、包容、合作、共赢，即将收获硕果。既烘托了会场气氛，又自然进入正题。这个精彩的演讲开头，堪比"凤头"！

翻看习主席讲话，你会发现引用式开头频频出现，如：

中国有句古话，**志合者，不以山海为远**。我们来自世界四大洲的5个国家，为了构筑伙伴关系、实现共同发展的宏伟目标走到了一起，为了推动国际关系民主化、推进人类和平与发展的崇高事业走到了一起。求和平、谋发展、促合作、图共赢，是我们共同的愿望和责任。

至于如何找典故、用典语，请翻到第六章第五节《用典约等于有才》，石头有详述。

3. 问候式

问候式开头，说白了就是通过打招呼来开头，常用于致辞、讲话。讲话、致辞类公文的受众是听众，其应用场景多为面对面的交流。面对面的交流想要效果好，先要把大家拉到同一个时空中，所以，打招呼、问候式开头在这里就显示出威力了。

面对单位内部比较熟悉的同志讲话，可以说：

同志们：在春节长假后的第一天，我们在这里召开节后第一个会议。首先，我代表区委、人大、政府、政协给大家拜个晚年。祝同志们在新的一年里，身体健康，工作顺利，阖家欢乐！

对陌生来宾的礼节性致辞，可以说：

安宁哈西米嘎！大家好！今天，有机会来到韩国最高学府国立首尔大学，同老师们、同学们以及各界朋友见面，感到十分高兴。首先，我谨代表中国政府和中国人民，并以我个人的名义，向在座各位，向全体韩国国民，致以诚挚的问候和良好的祝愿！

即使在汇报这种严肃紧张的场合，问候寒暄也可以迅速拉近演讲者与听众的距离，营造亲切氛围，甚至夹带一点赞扬：

"××书记对我们单位建设一直很关心，去年9月专程到我部视察，这次又在百忙之中到我部调查研究、指导工作、慰问同志，我们感到很温暖、很高兴。"

石头个人非常喜欢这种开头，尤其是要破冰的场合，或者给大家打气鼓劲的场合，这种开头效果非常赞。

4. 点题式

点题式开头，即开门见山点明会议主题、意义、目的。如：

我们这次会议的主题是，传达贯彻中央、省经济工作会议精神，就如何做好明年我市经济工作，特别是如何加大改革力度、优化经济结构、推进供给侧改革等问题，进行研究部署。

有些场合比较严肃，不宜绕弯子，一般直接点题，如领导去下级单位调研：

今天我到××部门来，主要有三层意思（三个目的／三个想法）。

再如，县委开工作动员大会，上来就要表明目的：

经县委、县政府研究，决定今天召开××大会，这既是一个总结大会、表彰大会，也是一个动员大会、誓师大会。

还有，一般在政法工作会上的讲话，也要声色俱厉：

为了深入开展"严打"斗争，维护社会稳定，保障改革开放和经济建设顺利进行，经县委同意，召开这次全县政法工作会议。

点题式开头比较适用于部署、调研、表彰等场合，在这些场合，不需要一些仪式性的套话，需要的是直截了当地把工作目的讲清楚，帮助大家尽快进入状态。

六、结尾再起飞

上一节讲了开头,这一节我们说说同等重要的结尾。结尾写得好,材料还能再起飞,给领导留下无穷回味。公文中常见的结尾有这么几种类型:

1. 号召式结尾

作为广大材料员最耳熟能详的结尾方式,号召式结尾即以召唤的口吻提出要求,希望听众呼应,共同行动,特别适用于讲话、报告。

同总结式开头一样,号召式结尾也有其固定套路:先强调几句重要意义,再来几句举措,最后加上工作目标,公式即**意义+举措+目标**。如某地党代会报告结尾:

各位代表,新时代蓝图已绘就,新征程奋进正当时。让我们更加紧密团结在以习近平同志为核心的党中央周围,在中共北京市委的坚强领导下,紧紧依靠全市人民,不忘初心、牢记使命,锐意进取、埋头苦干,加快建设国际一流的和谐宜居之都,奋力谱写实现"两个一百年"奋斗目标和中华民族伟大复兴中国梦的北京篇章!

2. 表态式结尾

表态式结尾,就是在公文结尾再次表明要百尺竿头、更进一步,奋发有为做好某项工作的决心,特别适用于总结、汇报。如:

中心组学习是领导班子和领导干部在职学习的重要组织形式,是加强领导班子思想政治建设的重要措施,也是提高党的执政能力、建设学习型政党的重要途径。我办党组高度重视中心组学习,在制度建设、学风建设方面做出了努力。但是,经过督查回头看,我们也发现,中心组学习与中共中央办公厅、省委办公厅的要求仍存在一定差距,比如学习形式还有待进一步丰富,学习督促检查有待进一步加强等。我办将从党和国家事业发展全局的高度,认识新形势下加强和改进党组中心组学习的重要意义,不断增强学习的主动性、自觉性,努力把中心组学习提高到一个新水平。

3. 强调式结尾

强调式结尾,特点在于跟前面的内容或文章主题再次呼应,根据前面所讲的内容进行概括和升华,以结论的语气加重内容的分量。比如一篇主题为"坚定不移推进改革"的讲话,结尾也可以围绕"改革"二字来强调呼应:

总之,改革才有出路,改革才能加快发展;不改革,就无法摆脱困境,就只能是死路一条。因此,我们一定要以更大的气魄、更大的决心和更有效的措施推进改革大业,掀起新一轮以改革促发展的热潮。

4. 引用式结尾

相对于文章开头,结尾往往篇幅短小,套话多,技术含量低一些,写好结尾的关键问题在于如何为结尾增亮,写出比别人高明的东西。

最简单的方法没别的,还是用典,引用一句表明工作特别重要,前路特别任重道远,我们要好好抓落实的冷僻诗句,就能让你的最后一段技惊四座。

拿年终总结最后一段来说,一般都是要大表决心,加上一句"海阔凭鱼跃,天高任鸟飞"之类的会显得气魄和决心大了许多。但同时,"海阔"一句用得太多,过于俗套,好比开学典礼,一说"金秋九月,丹桂飘香"就让人反胃。

假如你总结的最后一段给领导用一句"风帆劲满海天阔,俯指波涛更从容",或者"星垂平野阔,月涌大江流"这样的美句,还怕他不满意吗?

石头不玩虚的,直接送大家一份结尾段诗词金句宝典。

(1) 最新鲜(十九大报告)

大道之行,天下为公。

(2) 最正统(各地党代会报告)

新使命催人奋进,新征程任重道远。

新的使命催人奋进,新的蓝图令人憧憬。

梦想照亮前方,奋进正当其时。

盛世伟业,海河两岸鼓角齐鸣;路远任重,灯塔耸立照亮征程。

蓝图已经绘就,目标振奋人心,奋斗正当其时。

使命需要担当,实干成就未来。

新征程扬帆启航,新使命重任在肩。

同舟共济创伟业,薪火相传向未来。

一步一个脚印,一年一个台阶,一届一份答卷。

(3) 最围绕核心

翻篇归零再出发,撸起袖子加油干。

撸起袖子加油干,不忘初心向前走!

不忘初心,继续前进。

干在实处、走在前列、勇立潮头。

(4) 最受欢迎

潮平两岸阔,风正一帆悬。

雄关漫道真如铁,而今迈步从头越。

潮平海阔,千帆竞发。

任重道远须策马,风正潮平好扬帆。

(5) 最文艺

其作始也简,其将毕也必巨。

征程乍起,满目葱茏。

却顾所来径,苍苍横翠微。

东风吹尽去年愁,解放丁香结。

迨及岁未暮，长歌乘我闲。
风劲帆满海天阔，俯指波涛更从容。
星垂平野阔，月涌大江流。
大江流日夜，慷慨歌未央。
及时当勉励，岁月不待人。
装点此关山，今朝更好看。
苟日新，日日新，又日新。
道阻且长，行则必至。
功崇惟志，业广惟勤。
（6）最霸气
咬定青山不放松，立根原在破岩中。
更兴东风筑澜阔，再掀巨浪谁与强！
长风破浪会有时，直挂云帆济沧海。
千淘万漉虽辛苦，吹尽狂沙始到金。
千磨万击还坚劲，任尔东西南北风。
关山初度尘未洗，策马扬鞭再奋蹄。
弄潮儿向涛头立，风起正是扬帆时。
好风凭借力，扬帆正当时。
审视当下，人间正道是沧桑。展望未来，长风破浪会有时！
乘长风破万里浪，凌青云啸九天歌。
（7）最奋进
百舸争流千帆竞，攻坚克难奋者先。
纷繁世事多元应，击鼓催征稳驭舟。
百舸争流千帆竞，借海扬帆奋者先。
旧岁已展千重锦，新年更进百尺竿。
百尺竿头思更进，策马扬鞭自奋蹄。
路漫漫其修远兮，吾将上下而求索。
老牛亦解韶光贵，不待扬鞭自奋蹄。
栉风沐雨见肝胆，砥砺奋进续华章。

光辉荣耀既往事,策马扬鞭奔前程。

铁肩担重任,丹心谱华章。

天若有情天亦老,人间正道是沧桑。

雄关漫道,任重道远,奋战正酣,踌躇满怀。

儿女多雄志,敢乘长风逐浪高。(代指某单位或者某企业)

一万年太久,只争朝夕。

(8)最艰辛

筚路蓝缕,以启山林。

行百里者半九十。

看似寻常最奇崛,成如容易却艰辛。

红军不怕远征难,万水千山只等闲。

东方欲晓,莫道君行早。

事非经过不知难,得之点滴却艰辛。

用法示例:

潮平两岸阔,风正一帆悬。面对新的形势和挑战,在××的正确领导下,××将拿出一张蓝图绘到底的精神,以久久为功的耐力与发展创新的改革劲头,用发展的办法走好新路,一步一个脚印地朝着既定目标前进,开启加快转型、绿色发展、跨越提升之路的新征程!

撸起袖子加油干,不忘初心向前走!面对新的形势和挑战,在××的正确领导下,××将拿出一张蓝图绘到底的精神,以久久为功的耐力与发展创新的改革劲头,用发展的办法走好新路,一步一个脚印地朝着既定目标前进,开启加快转型、绿色发展、跨越提升之路的新征程!

装点此关山,今朝更好看。面对新的形势和挑战,在××的正确领导下,××将拿出一张蓝图绘到底的精神,以久久为功的耐力与发展创新的改革劲头,用发展的办法走好新路,一步一个脚印地朝着既定目标前进,开启加快转型、绿色发展、跨越提升之路的新征程!

百舸争流千帆竞,借海扬帆奋者先。面对新的形势和挑战,在××的正确领导下，××将拿出一张蓝图绘到底的精神，以久久为功的耐力与发展创新的改革劲头，用发展的办法走好新路，一步一个脚印地朝着既定目标前进，开启加快转型、绿色发展、跨越提升之路的新征程！

风帆劲满海天阔，俯指波涛更从容。面对新的形势和挑战，在××的正确领导下，××将拿出一张蓝图绘到底的精神，以久久为功的耐力与发展创新的改革劲头，用发展的办法走好新路，一步一个脚印地朝着既定目标前进，开启加快转型、绿色发展、跨越提升之路的新征程！

七、写实讲话稿正文的几种办法

好的讲话稿要素很多，主题鲜明、布局合理、立意高远、标题醒目、文字精美，等等。但石头认为最要紧最关键最难的，还不是这些。

在各色讲话稿里都充斥着"实现一个又一个伟大胜利""为××工作跨越式发展努力奋斗"这种气吞山河却又毫无意义话语的时代，讲话稿最难能可贵的品质还真不是主题鲜明、布局合理、立意高远、文字精美，而是内容扎实、言之有物。

讲空话、套话、假话、废话很容易，拼凑裁剪即可，且不易犯错，所以很多人乐于、精于此道。这不过是皇帝的新衣：你以为不论讲出来的是什么，台下永远是掌声雷动、花团锦簇？并不，听众心里自然有一杆称，听的是你的连篇废话，掂量的是你的诚意和能力。在屋里闷久了，人们都会渴望一缕清风，盼望听到、看到讲实话、说真话的文章，所以，写实正文，才是讲话文稿写作的至高境界。

石头此前乘着哲学社会科学座谈会的春风，认真学习了当时最新鲜的一篇习近平总书记系列重要讲话成果——《在哲学社会科学工作座谈会上的讲话》（以下简称《讲话》），觉得水准极高，很受启发，就以《讲话》为标杆，捋一捋文章要写得实在，该从哪几个角度着力。

1. 有一定的个性

讲话最后要借个人之口讲出，人的思路、想法、经历、性格千差万别，假如给李书记写的稿子，赵书记、钱书记、孙书记、王书记等拿来念都似乎并无不妥，不需做删改，但这个稿子有极大可能性不太硬实。领导自己的风格、自己的经历、自己对工作和事物的认识，这些都应当适当在文稿中体现。比如习近平总书记《讲话》中提到：

"柏拉图的《理想国》、亚里士多德的《政治学》、托马斯·莫尔的《乌托邦》等著作，过去我都翻阅过，一个重要感受就是这些著作都是时代的产物，都是思考和研究当时当地社会突出矛盾和问题的结果。"

从自己读过的书引出观点，这就是带有个人性格的内容，听起来很实在，符合总书记"我最大的爱好是读书"的既有形象，一下子拉近了和台下很可能也读过这些书的学者之间的距离。

2. 敢于触及矛盾和痛处

文章假如老是"取得了一个又一个伟大的胜利"，老是"成绩显著、进步明显"，老是"光荣的、正确的、伟大的"，沉湎于一片歌功颂德声中，必然乏味。只有勇于发现问题，敢于指出问题，同时能够找到问题的症结和解决的办法，才能使讲话丰满，引人入胜，进而发挥实效。空发议论不难，但指明问题的症结却并不容易。习近平总书记《讲话》里说：

"有的认为马克思主义已经过时，中国现在搞的不是马克思主义；有的说马克思主义只是一种意识形态说教，没有学术上的学理性和系统性。实际工作中，在有的领域中马克思主义被边缘化、空泛化、标签化，在一些学科中'失语'、教材中'失踪'、论坛上'失声'。这种状况必须引起我们高度重视。"

又如：

"当前，哲学社会科学领域存在一些不良风气，学术浮夸、学术不端、学术腐败现象不同程度存在，有的急功近利、东拼西凑、粗制滥造，有的逃避现实、闭门造车、坐而论道，有的剽窃他人成果甚至篡改文献、捏造数据。有的同志比较激烈地说，现在是著作等'身'者不少、著作等'心'者不多。"

这些话说得相当重，足以让听众打一个激灵，直戳某些人的痛处，振聋发聩。假如讲话不触及这些矛盾和问题，只说一些套话、隔靴搔痒的话，观点模棱两可、态度暧昧不清，震撼力就会大打折扣。

3. 细节丰富

即使讲话是着眼全局的，文章里也不能都是一些原则性、规律性的东西，而是要着眼本土、本单位、本次活动的实际，把宏观的东西加以细化，把普遍性的要求个性化，这就要求注重细节的描写，做到有血有肉。例如，习主席讲中华文明历史悠久，历来盛产哲学思想，大师辈出，并非是用"伟大祖国历史悠久，中华文明光焰万丈"这类常见的大路话，而是不惜笔墨，详细列举，娓娓道来：

"中华民族从先秦子学、两汉经学、魏晋玄学，到隋唐佛学、儒释道合流、宋明理学，经历了数个学术思想繁荣时期。在漫漫历史长河中，中华民族产生了儒、释、道、墨、名、法、阴阳、农、杂、兵等各家学说，涌现了老子、孔子、庄子、孟子、荀子、韩非子、董仲舒、王充、何晏、王弼、韩愈、周敦颐、程颢、程颐、朱熹、陆九渊、王守仁、李贽、黄宗羲、顾炎武、王夫之、康有为、梁启超、孙中山、鲁迅等一大批思想大家，留下了浩如烟海的文化遗产。"

以历史为轴，具体到了流派、人头，这些思想家的名字宛如繁星，照亮了整篇稿子，让人不得不信服。

4. 事实胜于议论

事实是一篇好材料的筋骨和支撑。要坚持思想从事实中提炼、道理用事实阐发、经验从事实中总结，这样材料才有力量。恰当的典型往往比抽象的概括更有力量。实践无数次证明，有说服力的、能深入人心的好文章，都离不开运用事例说理。例如，习近平总书记在论证马克思主义政治经济学仍具有很强的时代意义时，选择用大篇幅阐述事实：

"远的不说，就从国际金融危机看，许多西方国家经济持续低迷、两极分化加剧、社会矛盾加深，说明资本主义固有的生产社会化和生产资料私人占有之间的矛盾依然存在，但表现形式、存在特点有所不同。国际金融危机发生后，不少西方学者也在重新研究马克思主义政治经济学、研究《资本论》，借以反思资本主义的弊端。法国学者托马斯·皮凯蒂撰写的《21世纪资本论》就在国际学术界引发了广泛讨论。该书用翔实的数据证明，美国等西方国家的不平等程度已经达到或超过了历史最高水平，认为不加制约的资本主义加剧了财富不平等现象，而且将继续恶化下去。作者的分析主要是从分配领域进行的，没有过多涉及更根本的所有制问题，但使用的方法、得出的结论值得深思。"

近在眼前的西方金融危机事例一摆，西方学者自己的观点一亮，马克思主义政治经济学到底有没有过时，《资本论》到底有没有过时，结论就不言而喻了，在此基础上，再把想讲的话简要点个题即可。

5. 举措具体可行

凡能把一般要求化为做法、规定、指示的，要尽量加以明确，甚至可以量化。这一点相信很多办公室人也有体会。要求"认真抓好两学一做教育活动",很空,怎么抓?——"新婚之夜夫妻二人通宵达旦10小时认真抄写党章1遍,共计2万字",这样的举措就实了。例如,习近平总书记在提倡"要认真贯彻党的知识分子政策,尊重劳动、尊重知识、尊重人才、尊重创造"时,并不局限于泛泛要求,而是拿出了具体的办法:

"不要觉得哲学社会科学问题自己都能讲讲,不是什么大不了的学问。要主动同专家学者打交道、交朋友,经常给他们出题目,多听取他们的意见和建议。"

文字马上升华,因为它把尊重知识分子这一一般性要求具体化了——大家要多听专家讲,平时多走动走动,工作中碰到问题了记得请教请教,别闷着头自己拍脑袋。光说尊重知识、尊重人才太虚,让人不知如何作为,这样手把手教一定会让听众印象深刻。

石头认为,把讲话稿内容写得实在是起草领导文稿的一条根本原则,有两方面原因:**一方面,只有正文实,才能协助领导充分行使职能、推动工作开展;另一方面,只有正文实,才能真正展现领导的扎实作风、维护其良好形象。**

如上所述,要做到这一点,一切从实际出发、充分考虑领导的个性、深挖矛盾和问题、着眼于细小之处、尊重事实、拒绝空发议论等都很重要,更关键的则是,要真正把自己摆进文章中去,带着强烈的事业心和真情实感去写作,才能最终抵制"套话""空话""大话"花枝招展的诱惑,写出打动人心、引人深思的好讲稿来。

第六章

刻意打造亮点：关于出彩

chapter 6

<<<

一、刻意打造公文写作中的亮点

过去形容美女有一句话，叫一白遮三丑，意思是一个姑娘只要皮肤白，即使长得一般，看上去也会漂亮不少。最近抖音里特别流行美女卸妆视频，姑娘初看美得不得了，惊为天人，滤镜一关、脸上粉底一擦，马上打回原形，让人目不忍视。

公文中的亮点同理，其实文章写得一般，但有那么几个发光点，就像给文章上了粉底、开了滤镜，容易让人觉得写得棒，"一亮遮三丑"。

很多文章在描绘写作这种行为的时候，总是喜欢用一气呵成、行云流水、挥洒自如等词语，好像最完美的写作状态是突然间文思泉涌，马上在桌前坐下，拿起笔刷刷刷就写出来了。

不少材料员受这种观点影响，觉得写公文也应该是这样，一遍写下来，是啥样就啥样，再也不愿意回头去看一眼了。他们以为亮点靠的是灵光一现，如果第一遍没写出亮点，就肯定写不出亮点了。

其实，这完全是天大的谬误，都说"没有丑女人，只有懒女人"，**公文里的亮点这种东西也是一样，哪里是写出来的，完全是憋出来的，费尽心思安上去的啊。**

打个比方，在不少人眼里，以为写公文像是写书法，书法这个东西，落笔了就是落笔了，一点改不得，从来没有说写一个大字，藏锋没藏好，我再上手修一下，这一修，整个字就全毁了。

但是写材料完全不是这样，它更像是画油画，先描个框架轮廓，然后一笔笔涂抹上去。眼睛没画好？没关系，我拿色彩修一下。花花草草没画好？

没关系，我也拿色彩修一下。甚至我可以用重油墨，把之前失败的颜色给盖住。就这样东一笔西一笔，最后，大功告成。这才是写公文的正常思维和操作路径。

所以，一篇材料第一遍写下来，没有亮点，没关系。但交到领导手中的时候，再没有亮点，那就是你的失职，因为材料中的亮点，是我们反复斟酌、谋划设计出来的。

好的材料都会有亮点，或是思想立意，或是谋篇布局，或是遣词造句。对新手而言，追求思想立意或谋篇布局上的亮点难度大了点，怎么办？请按以下步骤做。

1. 看看标题有没有炫技

标题的重要性前面石头已经说了不少，下一节还会专门再讲，检查文章有无亮点，第一步就是要看看标题有没有炫技，平淡无奇的标题不可接受，假如一篇材料写下来，你的标题仍然是这样的：

第一，提高思想认识。
第二，加强制度建设。
第三，强化监督检查。

改，马上改，立即改，必须改！去石头下一节要教的标题技法一文中找一种方法，加以改造。比如，可以用生动比喻法改造：

一要常打思想"免疫针"。
二要构筑制度"防火墙"。
三要强化监督"紧箍咒"。

还可以，用单字重复法改造：

打好"思想牌"，始终注重理论学习。

打好"制度牌",始终注重机制建设。

打好"监督牌",始终注重执纪监督。

总之,态度坚决地消灭一切平淡无奇的标题,这是制造亮点最大的正义。

2. 检查有没有用新词

有些工作,年年都要讲,甚至月月都要讲,这次的和上次的怎么才能不一样,我写的和别人的怎么才能不一样?那就要抛出点新东西,让别人听了也感到新鲜、解渴。

求新有很多种,可以在立意和架构上出新,可以在表述和观点上出新,但最简单、有效的一种,就是引用、对标上级讲话和文件中的新提法、新精神、新论述。

其实,只要稍加留意,就常常能够从上级文件、上级讲话对工作的新提法、新要求中找到突破口。这是一个源源不断、永不枯竭、格调很高的亮点来源。

你想啊,讲出亮点、讲出新意不但是你面临的问题,同样是上级面临的问题,他们论述部署某一项工作,也不大可能老调重弹,必然要不断出新。

稿子想让人眼前一亮,用词方面要多追踪党报等媒体上涌现出的"新词"。上面提出了"互联网+"的概念,我稿子里马上可以用"互联网+党建""互联网+思政";报纸上最近"复兴号"高铁比较火,我稿子里马上可以说:广大干部干事创业的激情正如"复兴号"高铁一般动力澎湃。

再拿反对"四风"举个例子,"四风"问题谈了五六年,再谈出亮点,难得很。但如果你注意到中央关于反对"四风"的最新论述:

2017年12月,习近平总书记就新华社一篇《形式主义、官僚主义新表现值得警惕》的文章作出指示,他指出,文章反映的情况,看似新表现,实则老问题,再次表明"四风"问题具有顽固性反复性。纠正"四风"不能止步,作风建设永远在路上。习近平指示要求,各地区各部门都要摆摆表现,找找差距，抓住主要矛盾，特别要针对表态多调门高、行动少落实差等突出问题，拿出过硬措施，扎扎实实地改。习近平还指示要求，各级领导干部要带头转变作风，身体力行，以上率下，形成"头雁效应"。在即将开展的"不忘初心、牢记使命"主题教育中，要力戒形式主义，以好的作风确保好的效果。

这些论述中，"看似新表现、实则老问题""摆摆表现、找找差距""身体力行，以上率下，形成头雁效应"都是关于反"四风"的最新鲜、最生动的表达啊！

懒一点的，直接引用到文章里——"习近平总书记不久前在对新华社一篇报道的批示中指出，各级领导干部要带头转变作风，身体力行，以上率下，形成头雁效应"——即可形成亮点。

愿意动脑筋的，还可以进一步引申加工，"四风"新表现有哪些，列举几个，"表态多调门高、行动少落实差"之类；如何按总书记要求形成"头雁效应"，重点抓些什么？由此入手，是不是马上豁然开朗，从观点到语言都可以焕然一新了？

同样讲一项工作，你用紧跟潮流的"新词"，别人用老生常谈的"旧词"，给人观感绝对大不一样。在领导眼里，新词背后，一定站着一个热爱工作、热爱学习、认真工作的材料员！

3.加几句金句到文章里

设置金句，是形成亮点最直接、最简便的方法，在石头看来，甚至某种程度上有亮点就可以理解成有金句。设置亮点最简单的方式，就是每篇材料里都有一句最亮的话，那种让人看完耳目一新、心头一颤的话，这样的一句话能盖住无数平庸。

金句之所以对文章很重要，是因为人的注意力极其有限。大家可以自己回忆，无论是看书还是听报告，看得再热闹、听得再热闹，喧嚣散去之后，是不是能记住的也就那么一两句话。

石头长期写公众号，本着深化学习的态度也看了不少写公众号文章的技法，不管是如日中天的咪蒙，还是拥簇者众的六神磊磊，他们在谈及自己的写作技巧时都会提到一件事，那就是设置金句。

他们坚持的原则是，能打动人心的文章，必然拥有金句。爆款的文章，一定会有几个金句。脱颖而出的人，会想方设法造金句。

比如咪蒙的文章，每一篇至少有一个金句。"与其抱怨规则，不如把自己变得强大""要么放弃梦想，要么提高实力""不要把别人的客气，当成你的运气"，等等。这些脍炙人口的金句，让文章给人留下的印象极深，传播力更强。

一句 10 个字的金句，给别人留下的深刻印象和头脑震撼，可能要远超你文章的其他 9 990 个字。金句的最大作用是：醍醐灌顶。如果你写的材料能有一句话让领导和听众久久不忘，你就成功了。

习近平总书记就特别善于运用金句，连续 5 年，每到新年前夕，人们总会如期收到习近平主席的新年祝福。"千千万万普通人最伟大""幸福都是奋斗出来的""将改革进行到底""不驰于空想、不骛于虚声"……每年新年贺词刚刚发布，脍炙人口的金句就在网上走红，引发无数人的共鸣。

这种金句思维，我们写公文时未必不能借鉴。我们出手的每篇材料里，也应该设置一个硬指标，逢写必查，那就是文章里有没有至少一句能够给别人留下深刻印象的，或者自己写得特别得意的话？

至于金句的来源，诗词、典语可以，比如"新故相推，日生不滞"；特别通俗、特别接地气的可以，比如"撸起袖子加油干""小康路上一个都不能掉队""新年之际，我最牵挂的还是困难群众"；特别温情的可以，比如"幸福都是奋斗出来的"；特别深刻哲理的可以，比如"天上不会掉馅饼，努力奋斗才能梦想成真"；特别铿锵坚定的也可以，比如"逢山开路，遇水架桥，将改革进行到底"。根据文章的主题、风格自行选用。如何查找、收集金句，请翻看回顾第二章第二节内容《请笔杆子收藏这些网站》以及本章第五节《用典约等于有才》。

4. 变化论述视角

亮点，还可以体现在对与众不同、不落俗套孜孜不倦的追求上面。当然，公文特别强调规律性，每次都另起炉灶，把上次的推倒重来并不现实，在大量材料的重压之下，你往往也没有那个精力。但同一个意思可以用多种方式来表达，同一个问题也可以用多种方式来分析和论述，如果每次写作能稍稍注意下角度变化，呈现效果就会大有不同。

石头工作的大学已经建立80年了，有一段辉煌的历史，大小汇报材料、总结材料、介绍材料、讲话材料，总是会把校史放在前面说一说。在很长一段时间内，校史的叙述是单纯按时间线进行的，用重要时间节点来统筹内容：

1937年"七七"事变以后，为造就成千上万的革命干部，满足抗日民族解放战争的需要，中共中央于1937年7月底决定创办陕北公学，并于8月任命成仿吾为陕北公学校长兼党组书记。陕北公学实行党团领导下的校长负责制，直属中央组织部、中央宣传部领导，是中国共产党中央直接领导创办的一所革命的大学。

1939年夏，抗日战争的形势发生了变化，日寇、国民党顽固派加紧进攻解放区。6月，中共中央决定陕北公学、延安鲁迅艺术学院、延安工人学校、安吴堡战时青年训练班四校联合成立华北联合大学，开赴华北敌人后方办学。

1948年春，中共中央决定将华北联合大学和北方大学合并，成立华北大学，以便集中力量扩大办学规模，为迎接全国解放培养大批建设干部。

1949年10月1日，中华人民共和国成立，结束了中国半殖民地半封建社会，从此，中国人民在中国共产党的领导下，走上了建设社会主义的道路。为了培养具有马克思列宁主义素养和专业知识的新中国的建设人才，中共中央决定以华北大学为基础，合并中国政法大学，调来华北人民革命大学部分干部组建中国人民大学。

1977年9月，邓小平提出："人民大学是要办的，主要培养财贸、经济管理干部和马列主义理论工作者。"1978年3月，中共中央指定成仿吾、郭影秋负责筹备恢复中国人民大学的工作。7月7日，国务院在国发〔1978〕129号文件中重申：中国人民大学是一所综合性的社会科学大学。

这样介绍校史，固然脉络清晰，但时间长了，大家也产生了审美疲劳。

另外，这样动不动就甩出几个时间点的叙述方式，放到一些汇报材料中作为历史沿革背景素材，对不明就里的人来说，就显得啰唆了，没有一条主线统领，让人抓不住重点。

后来，一次起草重要材料的过程中，又涉及这些内容，领导看到初稿中仍是1937、1939、1948、1977这些数字，一边挠头一边摇头，明确要求，这段历史沿革的说法必须变一变，你们想一想换个角度！

后来，经过大家集思广益、艰苦攻关，单位历史沿革的说法改成了：

以毛泽东同志为首的党的第一代领导集体亲手缔造了中国人民大学，奠定了学校的发展基础和精神底蕴。1937年7月，中共中央决定建立陕北公学，培养抗战干部，承担起为民族解放事业造就革命先锋的任务。毛泽东同志非常关心陕北公学的教学工作，先后九次来到陕北公学发表演讲。陕北公学先后发展到华北联合大学、华北大学等阶段，这些在战火中诞生的大学，为中国革命需要培养了大量干部，为挽救民族危亡，实现革命胜利，做出了不朽贡献。1949年12月16日，中央人民政府政务院第十一次政务会议根据中共中央政治局的建议，决定以华北大学为基础组建中国人民大学。从1950年到1965年的15年间，中国人民大学这所"新中国的新大学"已发展成为一所具有重大影响的以马列主义理论人才和财经、政法干部培养为主的综合性大学，很好地完成了中央交给的任务。

以邓小平同志为核心的党的第二代领导集体给予了中国人民大学第二次生命，为中国人民大学获得新生注入了强大精神动力。"文革"期间，中国人民大学被迫停办8年之久。"文革"之后，百废待兴，邓小平同志积极主张恢复人民大学，明确指出，"人民大学是要办的，主要培养财贸、经济管理干部和马列主义理论工作者"。1978年7月7日，国务院正式批准教育部《关于恢复中国人民大学有关问题的请示报告》，学校得以正式恢复。在此前后，邓小平同志就人民大学复校以后的培养目标、专业设置、课程内容等问题多次讲话或做出重要批示。复校以后，学校积极适应国家经济建设和社会发展的需要，转变办学理念，调整学科布局，深化教学改革，完善管理体制，努力提升办学水平，走上了一条稳步发展的道路。

以江泽民同志为核心的党的第三代领导集体赋予中国人民大学"与时俱进"的新品质。江泽民同志曾于1992年和1997年两次为中国人民大学题词,勉励人民大学"坚持党的教育方针,培养优秀建设人才"、"高举邓小平理论伟大旗帜,培养跨世纪优秀建设人才"。2002年4月28日,江泽民同志亲临中国人民大学考察和指导,主持师生座谈会并发表重要讲话,肯定中国人民大学建校65年来为马克思主义在中国的传播和普及,为我国哲学社会科学的发展和繁荣,为我国社会主义革命、建设和改革事业的发展做出了重要贡献,鼓励学校建成以人文社会科学为主的世界知名的一流大学。中国人民大学不负众望,在推动人才培养、科学研究、社会服务、文化传承创新等各项事业快速发展的同时,致力于繁荣和发展哲学社会科学,以敢于担纲和勇于创新的精神面貌,昂首走进新时代。

以胡锦涛同志为总书记的党中央贯彻落实科学发展观,全面构建社会主义和谐社会,为中国人民大学在新时代的发展指引了航向。2008年和2010年,胡锦涛同志先后两次来到中国人民大学,勉励学校"发扬传统,办出特色,办出水平",殷切希望学校秉持"立学为民、治学报国"的办学宗旨,弘扬光荣传统,培养更多优秀杰出人才,创造更多人文社会科学成果,努力创建"人民满意、世界一流"大学,更好地为国家现代化建设服务。胡锦涛总书记的指示指明了人民大学在新的历史起点上的奋斗目标和努力方向。中国人民大学牢牢把握历史机遇,埋头苦干,开拓创新,坚持走"内涵提高、特色强校"的科学发展道路,致力于培养"国民表率、社会栋梁",以发展促和谐,以发展聚人心,在学科建设、队伍建设、校园建设、民主管理等方面实现了快速、健康、协调的可持续发展,在建设"人民满意,世界一流"大学的进程中取得了显著成就。

以习近平同志为核心的党中央高度关注人民大学的发展,殷切希望学校早日建成"人民满意、世界一流"大学。2000年以来,习近平同志曾先后四次来到学校参加活动、视察工作。2005年3月13日,时任浙江省委书记的习近平同志率浙江省党政代表团访问学校,推进省校全面合作并签署《浙江省人民政府——中国人民大学合作备忘录》。2006年3月8日,习近平同志再次来到人民大学,为学校师生作了题为《弘扬与时俱进的浙江精神——推进科学发展观在浙江的实现》的报告。2009年5月7日，时任中共中央政治局常委、中央书记处书记、国家副主席的习近平同志专程到人民大学考察学校深入学习实践科学发展观活动，高度肯定学校的办学思路和发展成就。2012年6月19日，习近平同志再次来到人民大学调研高校党建和学校事业发展情况，与学生对话交流，亲切看望教职员工。习近平同志指出，中国人民大学具有光荣的历史传统，学科建设走在高校前列，聚集了一批学术人才，为党和国家的建设事业培养了大批优秀人才，希望中国人民大学在新时期更上一层楼，为建设"人民满意，世界一流"大学作出进一步的努力。这是党的新一代领导集体对人民大学的殷切希望和谆谆嘱托。面向新的历史时期，人民大学正立足全球视野，将学科和办学优势与实现民族复兴的"中国梦"、国家崛起的战略需要相结合，大力培养适应时代需求的优秀人才，积极作出应有的贡献。

领导看了这个版本的单位历史沿革，喜出望外，连夸几个"好好好"。新版本的介绍叙述角度完全变了，不再以单纯的时间线来统领内容，而是以历届党和国家领导人对学校的关怀为明线来统领内容，时间由明线转为暗线。

这样一改，不但学校同党和国家同呼吸、共命运的光荣历史更加鲜明突出，同时大家也不一定要再去关心"1937""1938"这些枯燥的数字，按时代发展的脉络来理解和记忆校史也容易多了。内容还是那些内容，但是角度一变，就显得既贴近实际、又富有新意了。

5. 道理讲得深刻

当然，无论是标题、金句、引用还是角度，实事求是地讲，终究只是技术层面的办法，美则美矣，缺乏感召力、震撼力，公文亮点的最远大的理想是什么？最高级的形式是什么？无他，还得是道理说得深刻，形成自己的鲜明观点和独到见解。一个观点如能够引起受众共鸣、易于被他们理解和接受，它的光芒会无远弗届。

什么样的道理才深刻？石头觉得，表述要严谨、表达要准确当然是前提，更重要的是，这个道理至少要确实能说服你自己，你自己得听得进去且相信它！某政府政研室的大笔杆曾说过:"如果写稿子的人都觉得写的话没什么意思,那么别指望用稿子的领导会很有兴致地去念;如果写稿子、念稿子的都觉得稿子不怎么样,那么听稿子的一定不会被打动,甚至根本就听不进去。"

比如,很多材料都会分析时代背景,说,这是个伟大的时代,所以我们要努力奋斗,我们要拼搏进取,我们要努力工作,我们不能辜负了这个时代。这就是苍白软弱的说理,没意思,你怎么就知道时代伟大呢?是,即使时代伟大,跟我们又有什么关系呢?

石头在网上看过衡水副市长程蔚青的一篇致辞,他是这样论述"珍惜时代、努力奋斗"的道理的:

> 这份荣光,不仅仅属于个人,属于衡水公安,更属于这个时代。无数人的艰苦奋斗、守望相助、冷暖悲欢、成败得失,推动国家有了今天的蓬勃局面。
>
> 我们都记得几十年前的衡水,大家曾坐着当年最先进的绿皮火车来到这座年轻的城市,政府文件都是手写油印,当年老电力局是市区最高的办公楼,此刻我们所在的这个艺术中心还是一片荒野。而现在,衡水平均每7人就有一辆机动车,出警的自行车全部更换成了制式警车,电子监控、巡逻车辆遍布大街小巷。就在12月28日,石济客专就要顺利通车了,衡水迎来了属于自己的高铁时代。
>
> **讲到时代,令人无限感慨。身处在一个什么样的时代里,对于每个人的命运是那样重要。经历过乱世流离的人,才理解什么叫宁做太平犬、不做乱离人。生在和平发展的年代,我们才有条件专注读书耕田。**国家恢复了高考制度,我们这些农村长大的孩子,才获得了更多为国家服务的机会。今天生逢中国特色社会主义新时代,我们才有这么广阔的平台,才有这样明亮的职业荣光。我们因此更加确信,只有跟着核心走、跟着时代走、跟着历史的洪流走,人生才会有更多的精彩,更绚丽的色彩。
>
> 时代造就历史,时代也一再证明,事业是干出来的。今天各位前辈们半生荣归,为我们留下了丰厚的精神财富。今天衡水公安工作的许多好的运转机制、警务模式、治理基础、作风传统,都是在过去几十年里,前辈们改革

创新、积累创造、代代传承的结晶。

这样说时代的伟大，说感受，说变化，说大家看得见、摸得着、理解得了，甚至感同深受的东西，才是真正深刻的道理，因为它引得人去相信。

当然，深刻的道理可以是像上面那样长篇大论、条分缕析、娓娓道来的，也可以是简短有力、过目难忘的。在某些时间有限，又需要呈现工作亮点、抓人眼球的场合，比如汇报会、竞聘演讲，大家或许没有足够的注意力听你的深入阐释，这时就尽量要用简短深刻的感悟说明道理。

比如，石头看过一篇讲实践重要性的材料，洋洋千言，最后印象深刻的就一句话，"站在泳池边上制定再多的学习计划，不如下水试试，用在实践中学得探求的方法实现能力提升。"

还有一次，石头的领导给大家做写作能力培训，上来就一句话，"文官不写稿，武官不练刀"，写作的重要性全说清了，全场叹服。可见，深刻也是亮点，一篇文章只要能讲出一点让人叹服的道理，就可以说是成功的。

必须承认，想要在千篇一律、特别循规蹈矩的公文写作中讲出真道理，难度是极大的，正所谓套路何其多，思路何其少。但我们不应放弃对"道理"的追求，抛开形式和技术不谈，"真知灼见"才是文章的灵魂。

石头觉得，话筒中的声音落下，会场的人群散去，文章中有没有一两个点，能在听众的脑中盘旋一天、两天，甚至更长时间，这才是评判文稿质量的更深层指标。当然，这也是很高的标准，是我们努力的方向。

二、写好公文的第一要务是做亮标题

俗话说"看书看皮，读文读题"，几年前，石头刚进写作班子时，管文字的领导给我们提出了三个要求，叫作"做亮标题、写实正文、提炼主题句"，其中把做亮标题放在第一位，可见标题的重要。

在材料工作者中甚至一直流传这样一个说法：写材料，只需要把标题搞漂亮就可以了，下面的文字叙述只要没有反动口号就行。这样的说法未免极端，但也从另一个侧面反映了标题的分量之重。那么，什么样的标题才是新颖、亮眼的呢？

首先要明确，"万能八条"是标题大忌。在公务员笔试申论考试中有一个用于提对策的"万能八条"，据说拯救了无数的考生青年。万能八条是一套写作的僵化模版，其内容如下：领导重视，提高认识；加强宣传，营造氛围；教育培训，提高素质；健全政策法规，完善制度；组织协调，形成机制；增加投入，依靠科技；加强监督，全面落实；总结反思，借鉴经验。

不知道熟练掌握万能八条的考生中是否有很多干起了办公室工作，石头总觉得现如今材料写作中"万能八条"式的标题也越来越多：说一个事情重要，总是"充分认识××的重要性和紧迫性"；说要敢抓敢管，总是"加强对××工作的领导"；说要出台一些举措，总是"创新××的方式方法"；说要努力工作，总是"为实现××而努力奋斗"。千篇一律，高度重复，写来写去自己都烦了。

俗套是标题的一大忌，一般化的标题支撑起的必然是一般化的文章。标题好比是文章的脸面，标题不新颖、没有亮点，就像一个人长着一张"大众脸"，扔进人堆里就看不见，怎么指望它当得了"女神男神"，撩得了少男少女？

依石头在写作班子的经验来看，标题里一旦出现"重要性""着力""抓好""搞好""提高""真抓实干""有力保证"这类"万能八条"、官言官语，就可以判为"俗文"，对读者听众来说，只要一看到听到就难免犯困，觉得这文章不如不看、这讲话听了白听，效果大打折扣。

对领导来说，这样的标题扫一眼就会觉得你写稿子没下功夫，敷衍了事，不动脑筋，应付工作，对你意见立马大了去了。 从这个意义上讲，多下点功夫、多花点时间把标题制作亮一些，吸引人一些，绝对是四两拨千斤的划算买卖。

既然写好标题这么重要，那么必然会有大量文章对如何拟好标题进行研究讨论。石头看了这些文章后很失望，因为这些讨论或经验大都是理论性的，多站在"道"的层面，比如"标题的写法一般要求概括、简明、新颖、对称"，再如"公文的标题，以工整对称、结构统一、言简意赅、概括准确、中心突出、特色鲜明、易读好记、琅琅上口为佳"。

这种话正确吗？正确！有用吗？没有！作为一个一线"材料狗"，石头很能理解大家的痛处，怎么叫概括简明啊？怎么叫规范准确啊？怎么叫生动传神啊？怎么叫特色鲜明啊？你倒是教我点操作方法啊！

所以，本节石头就从"术"的角度，谈谈做亮标题具体的操作方法，说说到底啥样的标题才叫亮眼。

正式教方法之前，石头想强调的是，我在这里说的做亮标题，主要是指正文中的各级标题，而非全文的大标题。整篇文章的大标题，大多数时候并不需要过于注重形式，如"关于××的总结""关于××的情况报告"，等等。

只有少数情况下大标题需要认真思量，比如写政府工作报告、党委工作报告、工会工作报告、党课授课提纲等"大稿子"，这时最好起一个既切合文章内容、又抓人眼球的标题，作为全文提纲挈领的主题，如"不忘初心，牢记使命，高举中国特色社会主义伟大旗帜，决胜全面建成小康社会"。

1. 简短直白型

很多文章标题动辄两三行，看完都要好一会儿，让人兴趣索然；而有些标题反其道而行之，不拖泥带水，一般就短短三五个字，却又直捣要害，有深度又不失力度，让人印象尤为深刻。

所谓简短有力类标题，就是这种。每个标题一个短句，不工于技巧，不多加雕琢，直接把段落或部分主题陈述出来。大家平时留心观察就会发现，似乎越大的领导，越高级的会议，越正式的场合，公文标题越喜欢用短句。

比如 2018 年政府工作报告，三个一级标题分别为：

一、过去五年工作回顾。

二、2018 年经济社会发展总体要求和政策取向。

三、对 2018 年政府工作的建议。

再细看每一部分的二级标题，似乎也并未炫技，如：

（一）深入推进供给侧结构性改革。

（二）加快建设创新型国家。

（三）深化基础性关键领域改革。

简短有力类标题，好处在于庄重、清晰，意思的表达不太受形式的束缚，因此特别适合大场面、大场合。毕竟，这些场合不需要靠标题来博眼球、博出位，只需考虑怎么把话讲清楚就行了。

当我们起草一些场合庄重、自上而下的发言讲话时，可以适当考虑使用简短有力类标题。

比如石头写过一篇创新会务工作的总结文章，六个部分的标题清清爽爽，简简单单，主要内容是什么标题就写什么，"关于方案制定，关于流程设计，关于会前演练，关于文件印发，关于氛围营造，关于优质服务"，让人一看就知道这段在讲什么，丝毫不绕弯子。

又如一篇把写作比喻成做菜的文章，认为写作"要有食材"，主要讲原材料要丰富；"要按食谱"，主要讲要有结构框架；"要看对象"，主要讲要有针对性；"要讲时令"，主要讲要结合环境和时机。四个标题简短形象，读过之后文章观点就深深刻在了脑子里。

2. 引用典语型

典语是个宝，哪里都少不了。正文中用典可以为文章增色，同理，在标题中使用典语也能收到同样效果。这类标题一般由经典诗词、名人名言引用、派生而来，用得好会使整篇文章增色不少，顿时显得高大上起来。

石头曾在网上看到过一篇《从四句古诗词中谈政务信息》的文章，非常有创意，引用了四句非常美的诗句来说明信息写作的四个要点：

问渠哪得清如许，为有源头活水来——挖掘信息价值。

为人性僻耽佳句，语不惊人死不休——拟好鲜明标题。

文似看山不喜平，作文叙事需波澜——认真编排结构。

删繁就简三秋树，领异标新二月花——精心提炼内容。

当然，引用完整诗句作为标题对文字功底要求很高，非一般人所能达到，但是，拿一些常用的成语、古语放在标题里我们还是可以做到的。比如：

要有"在其位，谋其政"的责任担当；
要有"当官一任，造福一方"的奋斗精神；
要有秉承"利民之事，丝发必兴"的价值追求。

有一次石头为领导起草在博士学位授予仪式上的讲话，原本三个标题是"始终弘扬报国精神""不断追求社会栋梁的人生目标""时刻牢记心为平民的处世原则"，这三个标题一方面没有特别强的逻辑联系，缺乏一根主线把校长对博士生的期望串联起来，更大的问题在于缺乏新颖性，平铺直叙，缺少激情。

后来石头在修改的时候想到《左传》里曾经有"太上有立德，其次有立功，复次有立言，虽久不废，此之谓不朽"的说法，"立德、立功、立言"是古代知识分子追求的三个人生境界，用作校长和博士生们探讨的主题再合适不过，还可以把原先提法中的三点期望有机地串联起来，于是乎，标题就成了"始终弘扬报国精神，为国家立功""不断追求社会栋梁的人生目标，为人生立德""时刻牢记心为平民的处世原则，为人民立言"。

需要注意的是，旁征博引不光是指引用诗词典籍，和正文用典的道理一样，俗语俚语之类完全可以纳入标题征引的范围，尤其是最近一段时间，把俗语俚语放在标题里其实很流行，比如一篇抓落实的文章，引用四句俚语来描述工作的四个方面。

落实"四个全面"要铆足四股劲：
要有"打蛇打七寸"的准劲；
要有"蚂蚁啃大象"的韧劲；
要有"牛犊不怕虎"的干劲；

要有"狮子搏象兔"的狠劲。

3. 对称对仗型

对称式标题，是指标题由两个短句构成，彼此对仗工整，一般前半句讲手段方法，后半句讲目的意义，反过来问题也不大。比如下面这几个：

全面调查摸清底数，明确重点工作对象。
认真开展学习教育，奠定政治思想基础。
全面组织考察验收，确保评议党员质量。

综合施教固根本，着力筑牢官兵思想防线。
突出重点抓落实，不断提升安全稳定系数。
建章立制正秩序，努力构建长效工作机制。

在思想旗帜感召中铸魂，亮出革命干部对党忠诚的名片。
在红色基因感染中强心，挺起革命干部担当使命的铁肩。
在能量磁场感应中正行，铆足革命干部实干创业的拼劲。

对称对仗类标题有段时间曾非常流行，现在不少人对它有看法，觉得这种标题过分追求形式，必然伤其内容。石头觉得，对待对仗句和四六句式的标题，要从非此即彼的思维误区中走出来。如果说对仗句、四六句能强化文章的形式美、气势美，那么，自由句则能使文章充满率真美、理性美。这都是领导文稿和领导语言不能缺少的品性。

一般而论，在庄重、严肃的场合，领导文稿涉及的内容往往是人们比较敏感的话题，或政策性、原则性强的问题。对这类问题的表述，要求逻辑严密，用词准确，是非分明，不存歧义，无懈可击，这是对仗句很难做到的，所以，要多发挥自由句的优点。

如 2015 年政府工作报告中的标题都是自由句："加快健全基本医疗卫

生制度""持续推进民生改善和社会建设""新兴产业和新兴业态是竞争高地""能源生产和消费革命关乎发展与民生",不追求形式工整,论述什么问题就如实陈述。

而在需要抓人眼球,或者以鼓舞听众或渲染气氛为主的场合,则可大展对仗句、四六句简洁明快、朗朗上口、妙语连珠之优长。

4. 比喻类比型

生动比喻类标题在当今公文写作届地位极其崇高,尤其风靡基层单位。这类标题善用比喻,文风朴实,脍炙人口,生动形象,很容易让人印象深刻。在石头看来,适用程度仅次于单字单词重复类标题。

以至于有些地方领导看到材料员拟的标题中不带引号,也就是没有用比喻,就不满意,觉得不生动,发展到"无引号,不成文"的程度。

比如以下这些标题,都属于生动比喻类标题:

上下同欲,举好发展"指挥棒"。
突出重点,做对管理"运算符"。
融合优化,用足提升"工具箱"。
精确谋划,出准制胜"杀手锏"。

抓住思想政治建设这个"定盘星"。
用好党内政治生活这个"净化器"。
突出选人用人导向这个"指挥棒"。
坚持补短板促提升这个"驱动力"。
走好人才优先发展这个"先手棋"。

聚焦主业、突出主责,细耕"责任田"。
坚定信仰、提升能力,牵住"牛鼻子"。
总结经验、把握规律,把好"方向盘"。

明确责任、奖优罚劣，激活"一池水"。

石头也非常认同比喻类标题。有一次撰写筹备学校党代会相关经验的总结文章，领导提出要从分工、预案、协调、创新这四个方面来写，石头在起草的时候就分别为四个方面拟了"细化分工，打赢主动仗""推敲方案，明确路线图""注重协调，当好总枢纽""积极创新，展现新气象"四个标题，用主动仗、路线图、总枢纽、新气象来对应和比喻四个方面的工作，意思上十分形象、易于理解，发音上铿锵有力、朗朗上口，领导十分满意。

其实，生动比喻类的标题还是挺好凑的，只要身边的事物跟我们想表达的意思有点关联，都可以被我们拽过来作比喻。

而且，一套比较贴切的生动比喻类标题，可以在多个场合、多个主题翻来覆去地套用，放之四海皆准，是一种万金油式的标题类型。

举个例子，有段时间石头比较垂青一套用"唱歌"来作比喻的提纲，用来表决心、摆措施。

基本套路如下：

作为一名长期在高校工作的基层党办干部，我体会，只有不断从"五个坚持"中汲取力量，自觉唱好"五重奏"，才能奋发向上，争创一流，高效率、高质量、创造性做好"三服务"工作。

一是唱好绝对忠诚的"主旋律"。
二是唱好服务大局的"协奏曲"。
三是唱好极端负责的"进行曲"。
四是唱好无悔奉献的"咏叹调"。
五是唱好廉洁自律的"紧箍咒"。

这套比喻型的标题，把唱的主题和唱的曲子换一下就能用好久。也可自主增删条数，丰俭由人。比如：唱好经济发展的主旋律，唱好服务民生的协奏曲，等等。

最近有点腻了，审美疲劳，又挖掘了一套新的比喻类提纲，把一些事情比作在学校里拿学分，简称"拿学分"提纲，也是可以用来表决心、摆措施，还能提要求。

基本套路是这样的：

××是一门精深的课程。在我看来，要回答××这些问题，修好建设中国特色世界一流大学这门"必修课"，必须拿下四个学分。

第一，坚持党的领导不松劲，拿好"政治分"。

第二，坚持立德树人不偏离，拿好"育人分"。

第三，坚持四个服务不懈怠，拿好"服务分"。

第四，坚持追求一流不停步，拿好"质量分"。

同理，把坚持的主题和拿什么学分换一下，又能用好久。同样，也可自主增删，丰俭由人。比如：坚持工业引领，拿好"发展分"；坚持服务百姓，拿好"民生分"；等等。

什么？想不到比喻词怎么办？搜啊！互联网是我们取之不尽、用之不竭的灵感源泉，况且，网上早有人帮你整理好了，只要搜"拟小标题比喻类词语"，上千个适用很广的比喻类词语瞬间入你囊中。"办公室的秘密"公号上也有不少此类贴子。

石头摘一些特别典型，公文中俯首即是的比喻词如下，用法就不再举例了，大家可以找找感觉：

"爆款""对表""对标""走神""散光""反弹""回潮""雪山""草地""淬火""炎症""癌症""长板""短板""真经""美容""养生""露脸""脚本""盆景""里子""口子""靶子""空子""暗礁""炮弹""哑炮""空炮""虚弹""臭弹""礼炮""水分""包袱""体魄""红线""主线""靶标""门面""后院""裁判""考官""评委""欠账""缺钙""空转""吃香""实惠""铆钉""先生""新账""旧账""镜子""标尺""瓶颈""软肋""摆设""守摊""镀金""到位""站位""补位""彩排""细胞""肌体""干货""胃口""唱功""做功""贴金""贴花""好评""差

评""点赞""吐槽""口碑";

"灰犀牛""黑天鹅""割韭菜""照镜子""狼来了""走马灯""钉钉子""小切口""喘口气""歇歇脚""跟跑者""并行者""领跑者""灌输式""互动式""点对点""点对面""牛鼻子""夹生饭""火车头""娄山关""腊子口""顶梁柱""领头羊""尖刀班""智囊团""高压线""防火墙""紧箍咒""打太极""两张皮""点穴式""钉钉子""硬骨头""无人区""新蓝海""免疫力""领头雁""总开关""大熔炉""钱袋子""磨刀石""打太极""踢皮球""软钉子""弹钢琴""牛鼻子""小算盘""先手棋""主动仗""风向标""主心骨""定盘星""指南针""进行时""进行曲""过去时""冲锋号""假动作""正能量""中梗阻""特种钢""发动机""新引擎""助推器""绊脚石""拦路虎""撒手锏""绝缘体""钢扫帚""香饽饽""纸老虎";

"单打独斗""集团作战""涛声依旧""烂尾工程""红脸出汗""咬耳扯袖""施工队长""大水漫灌""精准滴灌""文山会海""海市蜃楼""镜中水月""照猫画虎""添砖加瓦""层层加码""花拳绣腿""绣花功夫""关键少数""靶向意识""工匠精神""清扫灰尘""杀灭细菌""铲除病灶""健康肌体""筑牢堤坝""扎紧篱笆""抓住要害""点准穴位""打准靶子""表面文章""跑冒滴漏""加减乘除""和风细雨""暴风骤雨""看家本领""独门功夫""撸起袖子""扑下身子""加油鼓劲""埋头拉车""抬头看路""猛药去疴""润物无声""望闻问切""刀刃向内""通经活血"。

5. 同音谐音型

最近一段时间,石头发现有一类特别有趣的标题异军突起,在各类公文中频繁出现,即同音谐音类标题。所谓同音谐音类标题,是指一套标题中包含一组读音相同或相近的字,而且主题往往也落在这个读音相同或相近的字上,比如:

以党章为镜培育"党心";

以党章为镜规范"党行"。
以党章为镜牢记"党姓";
以党章为镜塑造"党形"。
(心、行、姓、形)

又如:

一是静心学习;
二是精心谋划;
三是尽心干事。
(静、精、尽)

同音谐音类标题的好处在于它非常口语化,贴近百姓的生活语言,具有很强的生活气息,念起来比较押韵,朗朗上口。谐音本来就是老百姓很喜爱的一种修辞手法,在相对"雅"的公文语言中,使用谐音手法,无疑有点"取之于民间,用之于民间"的意味。

当然,谐音式标题用起来也要有一个"度"的把握,不能滥用。一旦用滥了,就会走上另一个极端,让人不知所云。

比如,谐音型标题其实不太适合领导讲话稿,因为下面听讲话的人手头没有稿子,很可能听不懂。也不适合作为口头汇报材料,因为听汇报的领导也不一定听得出来几个读音的区别。但谐音型套路很适合作为上交的书面总结、书面经验交流材料。看材料的人一眼望去,太精妙了。

6. "一个字"型

所谓"一个字"标题,不是说标题仅有一个字,而是每个小标题都突出"一个字"。石头举几个例子大家就一下明白了,比如:

"稳"是关键词;

"优"是最强音；

"活"是大亮点。

（稳，优，活）

在"统"字上下功夫；

在"融"字上做文章；

在"新"字上求突破；

在"深"字上见实效。

（统、融、新、深）

"严"字当头，作风建设是永恒课题；

"学"字为先，勤奋学习是成事之基；

"干"字为重，干事创业是人生追求；

"廉"字为荣，清正为官是最高操守；

"贤"字为尺，公道用人是重要职责；

"实"字为要，取得实效是衡量标准。

（严、学、干、廉、贤、实）

这样的标题，不但主题鲜明突出，而且视觉上简约，干脆利落、简洁生动，让人印象深刻。"一字标题"的巧妙之处，还在于能引发读者的好奇心，富有悬念，非常抓眼球，别人看到这个字后，肯定会想，到底正文中说了点什么呢？

另外，一个字标题既醒目，同时又比较好编排，随便找个字加进去都显得合情合理，所以颇受大家青睐，可谓价格便宜量又足。你想啊，编个对仗句排比句得绞尽脑汁，瞻前顾后，编一个字那就简单太多了。

一个字标题形式非常灵活，不一定非要在标题中出现"抓住一个某某字"这样的说法，也可以模糊处理，直接把字凸显出来，反而显得更自然一点，例如：

一是各级党委抓党建有"散"的表现；

二是基层党组织建设有"弱"的地方；
三是组织生活制度执行有"宽"的现象；
四是党员干部教育管理有"薄"的环节。

还有人硬是不满足于一般性的"一个字"标题，把一个字标题和同音谐音类标题结合起来，这下水准可就高多了。比如天津市委书记李鸿忠同志在某大学宣讲时，赠给在场同学五个字——"敬""竟""竞""净""静"共勉：

秉持尊敬之"敬"，尊师重教，敬畏自然，敬畏人民；
秉持有志者事竟成之"竟"，善始善终、善做善成，咬定青山不放松；
秉持竞争之"竞"，富于激情，勇于竞争，敢于创新；
秉持纯净之"净"，做人做事干净纯洁，永葆赤稚之心；
秉持平静之"静"，拒绝浮躁，静以修身。

7. 数字概括型

用数字概括工作思路是我党的一大发明，比如"三大法宝""四项原则""三个有利于""五个一工程""四种风险""四个考验"……这种标题拟制的方式高度概括凝练，好处是可以用一句话把整篇文章的内容概括在内，同时又便于记忆。

数字概括类标题可谓公文标题套路中当之无愧的元老。大标题可以用，小标题也可以用，其适用面之广、变化形式之丰富，令人叹为观止，绝对是公文写作的必学套路。因其总结概括性极强，一两个词就能把全篇统领起来，尤其适用于信息简报、经验交流材料。

数字可以在大标题上统领：

以"五个意识"统领会务工作——增强政治意识、大局意识、创新意识、责任意识、卓越意识；

念好"五字诀"——快、细、精、活、和；
做"三观"明晰的干部——权力观、地位观、利益观；
要做"四关"牢固的干部——守住金钱关、美色关、亲情关、责任关；
要做"五官"端正的干部——嘴要正、手要正、腿要正、心要正、身要正。

还可以在小标题上出彩：

一是抓牢一个目标。
二是强化一个平台。
三是制定一套制度。

一是形势问题两清醒。
二是治标治本两手抓。
三是激励处罚两到位。

在诸多数字概括类标题的流派中，应该说目前最流行的是"顺着数"的数字概括标题，也就是大家耳熟能详的一二三、一二三四、一二三四五，只要你能编得出来，一二三四五六七八也没问题。当然，也不见得非要从一开始，用三四五照样也行。举一个"一二三四五"的例子：

围绕一个目标。
把握两大重点。
实施三大战略。
统筹四大资源。
落实五大举措。

石头总结，数字中"一"一般是牵头管总的，主要跟"思想""重心""核心""中心""目标""主题""主线""思路"这类词搭着用。比如，围绕一个中心（核心）、突出一个主题、贯穿一条主线、贯彻一个思路。

"一"后面的数字就是八仙过海，各显神通了，没有一定之规，两个这，三个那，都行，主要是得跟具体内容吻合，不能离题万里。还是那句话，只要编得出来，怎么玩儿都可以。

8. 提问型

这类标题出现不多，很多领导也难以接受，觉得标题"问答"起来显得不够端庄。但石头注意到，媒体新闻报道中经常会使用设问类型的标题，而且比例还不低。设问标题好处明显，两个字："抓人"。提出问题，引起读者或听众注意，启发思考。

"今年工作形势如何？""问题和缺陷有哪些？""下一步主要抓哪几个问题？"这样的标题一抛出来，台下刷微信的脑袋肯定立马抬起来。问题在于领导是否愿意放下架子，心平气和、循循善诱地和同志们交流，而不是下指示、训话。所以，石头只能说，用这类标题，一要慎重，二要看场合。领导个人的材料，自查报告、述职、对照检查，可以适当使用；声色俱厉的场合，还是算了吧。

有一年，时任江苏省委书记李强同志曾在省委全会讲话中采用设问类标题，效果振聋发聩，列在这里供大家参考：

第一个问题：我们应当为党的事业做出些什么？这是一份必须用忠诚之心书写的答卷。

第二个问题：我们应当给全省广大人民带来些什么？这是一份必须用富民成果交出的答卷。

第三个问题：我们应当在江苏的发展史上留下些什么？这是一份必须用创新实践做好的答卷。

9. 对比型

对比类标题是近来异军突起的一种标题拟法，有点类似于民谚中的俏皮话，通过在小标题中同时运用两个鲜明对比的字词，从而形成一种反差。

这样说你可能还是不理解，那么，你还记得八荣八耻吗？"荣"与"耻"形成对比，其实就是一组对比类标题：

以热爱祖国为荣，以危害祖国为耻；以服务人民为荣，以背离人民为耻；以崇尚科学为荣，以愚昧无知为耻；以辛勤劳动为荣，以好逸恶劳为耻；以团结互助为荣，以损人利己为耻；以诚实守信为荣，以见利忘义为耻；以遵纪守法为荣，以违法乱纪为耻；以艰苦奋斗为荣，以骄奢淫逸为耻。

再如，某篇讲加强网络管理公文中的这组标题就更厉害，每个标题都用了一组不同的对比：

一是让"正能量"引领"负效应"，过好网络侵蚀关。
二是让"供给侧"适应"需求侧"，过好教育失信关。
三是让"自留地"变成"责任田"，过好管理松软关。

用"正能量"对比"负效应"，"供给侧"对比"需求侧"，"自留地"对比"责任田"：一方面相当生动；另一方面强调了变化，工作的主观能动性跃然纸上。

石头总结，对比类标题特别适用于既要说"不要怎样"，又想说"要怎样"的场合，或者需要强调前后变化的场合，颇有趣味。

10. 单字重复型

这个标题类别实在太火，现在随便翻开一篇公文，就能见其身影，石头必须单独开一节好好跟大家说道说道，请大家看本章的第三节《单字重复，当今标题届第一网红》。

11. 复合型

复合类标题，指的是一组标题同时运用多种上面提到的标题技法，可以是两种，也可能是三种。比如，对称对仗类和单字重复类组合，生动比喻类和单字重复类组合，一个字类和谐音类组合，对称对仗类和单字重复类再和生动比喻类组合，等等。

复合类标题很考验材料员的想象力创造力，也是公文标题炫技的最高境界。

比如，单字重复+对称对仗+生动比喻组合：

（一）严以修身，坚定理想信念，把牢思想行动的"总开关"。
（二）严以律己，遵守组织纪律，自觉做政治上的"明白人"。
（三）严以用权，干净创业做人，树立忠诚坦荡的"新形象"。

再如，引用典语+对称对仗组合：

以"明知山有虎，偏向虎山行"的勇气大刀阔斧、攻坚克难。
以"图难于其易，为大于其细"的智慧运筹帷幄、总揽全局。
以"咬定青山不放松"的决心严明责任、狠抓落实。

这种组合还有很多，石头就不再一一举例了。总之，复合式最能发挥写作者的创造力，也最考验写作者的才情，难度系数，五颗星！

但需注意，复合式标题要谨防走火入魔，练成天山童姥似的怪胎。有些同志掌握了复合式标题后异常兴奋、不能自已，单字重复、排比对仗、比喻引用不断往上堆，导致仅一个标题就包含五六个分句，长达三四行，这就矫枉过正了，像这种：

一要以严的要求引领修身、用权、律己,认真落实好习近平总书记强调的"敬、戒、慎、省、守",以焦裕禄、谷文昌为镜,修心、修德、修为,依法用权、秉公用权、阳光用权,不辜负组织的培养和期望。

二要以实的标准指导谋事、创业、做人,坚持从实际出发,按客观规律办事,重实际、察实情、求实效;从打基础、利长远的工作抓起,着力创大业、创实业、创新业;从自己做起、从点滴做起,做老实人、说老实话、干老实事。

三要以干的行动体现忠诚、干净、担当,忠诚于党的信仰、事业、宗旨,牢记教训就在身边、陷阱就在脚下、成败就在手中,敢于担当责任、风险、矛盾,把对党忠诚践于行、个人干净化于心、敢于担当用于业,争做"三严三实"好干部。

其实仔细看,上面的标题写得不错,套路颇深,技巧娴熟。可惜,标题的目的是吸睛,现在人们习惯了短阅读、快阅读,三四行的标题远远超过了他们注意力的极限,让人根本没有耐心去读,只能跳过去,绕着走,最终和我们精心拟写标题去吸引人的目标南辕北辙。

石头建议,即使是比较复杂的复合式标题,也不要超过三个分句,长度不超过一行半,半行最好最精当,这样一下子就能把人抓住。

三、单字重复,当今标题界第一网红

要论当今公文标题界第一网红,石头觉得一定非"单字(词)重复"类莫属。就石头自己写的材料而言,几乎三分之一的标题都是运用"单字重复法"得来;再放眼实际工作中形形色色的公文,单字重复类标题也毫无疑问占据了相当比例。"单字重复"在公文标题界的地位,就类似于喊麦界的MC天佑,斗鱼的发姐。

先来举几组例子,看看啥叫"单字重复"标题。

一、打好"感情牌",始终保持紧盯不放的拼劲;
二、打好"优势牌",始终保持勇争第一的干劲;
三、打好"服务牌",始终保持一帮到底的钻劲;
四、打好"机制牌",始终保持常抓不懈的韧劲。

一、走到位,力戒走马观花不深入;
二、问到位,力戒脱离主题太随意;
三、说到位,力戒满口应承无原则;
四、想到位,力戒敷衍做作不交心;
五、做到位,力戒高高在上不作为。

一、以铁的意志,勇闯赶超发展之路;
二、以铁的担当,力补赶超发展之短;
三、以铁的作风,大抓赶超发展之基。

一、在精准施策上着力;
二、在精准扶持上聚力;
三、在精准服务上出力;
四、在精准管理上用力;
五、在精准考核上发力。

一是强化监督。
二是细化要求。
三是量化考核。
四是优化服务。

以上五组标题,都是从内到外、从上到下透露着一股整齐划一的美感,让领导由衷赞叹工整对称、结构统一、言简意赅、概括准确、中心突出、特色鲜明、易读好记、朗朗上口。为什么会有这种效果？聪明的同志可能已经看出门道，窍门就在于都使用了单字重复的办法。

一、打好"感情牌"，始终保持紧盯不放的拼劲；
二、打好"优势牌"，始终保持勇争第一的干劲；
三、打好"服务牌"，始终保持一帮到底的钻劲；
四、打好"机制牌"，始终保持常抓不懈的韧劲。

先说如下第一套标题，短短四句话，竟有四组字或词不断重复出现在每一项标题中：第一组，四个打好；第二组，四种牌；第三组，四个始终；第四组，四种劲。于无声处听惊雷，就问你服不服？！

一、走到位，力戒走马观花不深入；
二、问到位，力戒脱离主题太随意；
三、说到位，力戒满口应承无原则；
四、想到位，力戒敷衍做作不交心；
五、做到位，力戒高高在上不作为。

再说说这第二套标题，也有两组字或词不断重复：第一组，五个到位；第二组，五个力戒。觉得重复的词组少了？那就太幼稚了，这套标题的匠心之处在于"走马观花不深入、脱离主题太随意、满口应承无原则、敷衍做作不交心、高高在上不作为"，虽不完全相同，但都是结构相似的词组。工整对称，令人拍案叫绝。

一、在精准施策上着力；
二、在精准扶持上聚力；
三、在精准服务上出力；
四、在精准管理上用力；
五、在精准考核上发力。

为了帮助大家加深印象，再分析下这第四套标题，看着短，也有两组字词重复：第一组，五个精准；第二组，"五个力"。重复的密度很大。

通过以上分析我们可以发现，原本其貌不扬的标题，一旦加入"单字重复"，水准会大幅提升，文章立马显得高大上。

更重要的是，这样威力巨大的单字重复法，掌握起来竟然十分简易，既不需要多么高深的思考，也不需要多么深厚的底蕴，只要能够积累一些常见的适合重复的字和词，用起来就能得心应手。

使用单字重复型标题，其实就两步：

第一步，积累、掌握十套以上常见的重复字词

单字重复的标题，好就好在你不用积累太多。一般的标题套路，你积累一套，可能有一两个场合适用，适用率不高；单字重复的标题，你积累一套，可能有十个场合都能用，适用率很高。

比如"化"字类，以"化"为重复字的标题用词至少包括：强化、深化、细化、量化、优化、固化、美化、恶化；以及法制化、规范化、制度化、程序化、集约化、正常化、有序化、智能化、优质化、常态化、科学化、年轻化、知识化、专业化。

比如"新"字类，以"新"为重复字的标题用词至少包括：新水平、新境界、新举措、新发展、新突破、新成绩、新成效、新方法、新成果、新形势、新要求、新期待、新关系、新体制。

比如"点"字类，以"点"为重复字的标题用词至少包括：出发点、切入点、突破点、落脚点、着眼点、结合点、关键点、着重点、着力点、根本点、支撑点。

比如"度"字类，以"度"为重复字的标题用词至少包括：高度、角度、温度、力度、速度、维度、广度、精度、强度、程度、态度，以及新高度、加速度、强力度、大力度。

比如"心"字类，以"心"为重复字的标题用词至少包括：热心、耐心、诚心、决心、核心、内心、外心、中心、甘心、攻心、进取心、责任心、上进心、公仆心。

比如"性"字类，以"性"为重复字的标题用词至少包括：重要性、紧迫性、自觉性、主动性、坚定性、民族性、时代性、实践性、针对性、全局性、前瞻性、战略性、积极性、创造性、长期性、复杂性、艰巨性、可讲性、鼓动性、计划性、敏锐性、有效性。

比如"力"字类，以"力"为重复字的标题用词至少包括：活动力、控制力、影响力、创造力、凝聚力、战斗力、感染力、亲和力。

比如"不"字类，以"不"为重复字的标题用词至少包括：不松劲、不懈怠、不退缩、不畏难、不罢手、不动摇、不放弃、不改变、不妥协。

这些门类，掌握一些，至少脑子里有个大概的印象，用的时候能憋出几个来，第一步就完成了。

第二步，根据段落或内容进行匹配

石头前面说到，单字重复标题的一大好处在于适用率高，这是因为，每一套单字重复标题门类里词组的数量大，表达的意思覆盖面很广，比如"化"字类，里面二三十个词组，不怕咱找不到合适的。

写一篇本单位贯彻落实某某会议精神做法的材料，已经确定第一段写学习会议精神，第二段写贯彻落实会议部署，第三段写考核监督，你脑袋里灵光一现，想到了第一个标题：学习深化。

好，那就用"化"字类标题吧。

第二个标题，贯彻落实怎么着了呢，去"化"字类的单字重复里一找，落实强化、细化，都可以嘛！好，选一个，落实细化。

再看第三个标题，写考核监督的，再去"化"字类的单字重复里翻翻，量化这个词就很合适嘛，说明考核有指标有标准，很好，于是第三个标题也有了：考察量化。

这样一来，一篇材料气气派派的架子就搭起来了：

对会议精神的学习深化了；

对会议部署的落实细化了；
对会议要求的考察量化了。

记住了"化"字类，很多写作场合都可以大显身手。

比如，写一篇加强某某制度建设的材料，对上面的"化"字重复标题稍加改动，你的标题可以是：

纪律意识强化了；
制度规范细化了；
政策举措优化了；
执行监督量化了。

例子不多举了，还是要靠大家触类旁通、举一反三，掌握一个"化"字类，是不是基本上就可以做到什么内容都能套得上呢？石头说让你掌握十套单字重复的词就能畅通无阻，夸张了吗？

上面说的是单字重复这一类，其实，还有不少适合标题用的"单词重复"的词组，还是那个配方，还是那个味道，无非是把重复的元素由字换成了词，比如说：

"意识"门类：政治意识、组织意识、大局意识、忧患意识、责任意识、法律意识、廉洁意识、学习意识、上进意识、管理意识。

单字重复标题好编，又气派，所以大家都喜欢。但石头还是要跟你敲打敲打"单字重复"的最大禁忌，那就是，不能硬凑！

有人体会到单字重复的妙处之后，兴奋异常，基本词组已经无法给他快感，只有不断开拓创新才能让他满足，于是便开始挖掘创造单字重复的词组。

有人发现的新词新字还算贴切，有人则硬凑重复，或是生生造词，搞出了一些让人啼笑皆非的标题。

石头之前看到过一个"度"字类的标题是这样的：

站位要有高度；

目标要有准度；

落实要有力度；

评价要有美度。

写这个标题的小王你站出来，领导保证打不死你！前三个标题中的高度、准度、力度，用得倒还贴切，最后一个"美度"，实在是闻所未闻，哪里有"美度"这个词啊！明显是作者为了硬凑重复，让字数平均，生生把"美誉度"改成了"美度"这个根本不存在的自创词汇。

这样的写法，工整则工整矣，但却忘记了公文写作中"准确"这一更加基础的要求。所以，使用"单字重复法"拟标题虽然简单，但千万不能为了拼凑标题套路而生造词汇。一旦在一组词里找不到匹配的标题，你要做的不是硬着头皮往上顶，而是到另外的门派里去找灵感。

四、拟写标题三步就成型

上一节，我们掌握了现在比较流行的标题类型，拟写标题就有了一个强大的"弹药库"，至于具体的拟写步骤，其实就是三步：第一步，收集海量标题；第二步，列出主要观点；第三步，套用适当标题。

1. 亮眼的标题不是自己捶脑袋想出来的

从本书一开篇，石头就在强调素材的重要性，这对写标题同样适用。你一定要破除自己生造、创造标题的执念，更不要因为想不出来好标题就觉得自己蠢，拼命捶自己的脑袋。

亮眼的标题往往不是自己捶脑袋想出来的，而是积累、借鉴、改编来的。 从公文材料、报纸杂志中寻找好的标题，把自己平时看到的所有精妙的标题记录下来，重点要认真学习各类公文特别是上级领导的讲话稿，从中发现好的标题。报纸杂志中经常会冒出新提法、新思路、新语言，把这些收集记录下来，对做亮标题很有帮助。

以石头为例，只要看到好的提纲，一百条也好，一条也好，都如获珍宝，赶紧弄到资料库里。资料库已经积累了几千条精妙标题，包罗万象，应有尽有。对这些积累，工作中要经常翻阅，加深印象。

新媒体时代各种亮眼标题涌现得更多，微信推送的文章、微博上的段子、广为转发的短信、大大小小的广告语宣传语甚至个人的朋友圈，都会时不时冒出一些妙言金句。新媒体时代快阅读居多，要想有点击率，标题必须得抓人，所以新媒体上流传的文章都会在标题上绞尽脑汁、精雕细琢。

比如石头前几天看到某评论微信号推送了一篇题为《当好一线总指挥，必须过四关》的文章，内容是介绍习近平总书记对县委书记提出的四点要求，标题把县委书记比作一线总指挥，把四项要求比作四道关口，这个标题是不是就很亮眼，值得我们借鉴呢？网上的东西鱼龙混杂，但也沉淀了不少精品，只要多用心观察，多收集整理，也能成为我们做亮标题的"弹药库"。

还有一种比建资料库更省事的找标题来源，也是石头自己的秘密武器，那就是保存十来本诸如《求是》《党建》等理论刊物，或者收藏求是网、党建网等理论网站。

这些杂志网站上的标题，不但精彩，而且全都是原创，还很新鲜，甚至都有可能是某人昨天晚上刚想起来的，简直是我们标题资源的"富矿"，关于这些理论网站的特点和用法，石头在第二章第二节"请笔杆子收藏这些网站"里已经讲过了。

除了自己动手丰衣足食，建立好自己的资料库，送到嘴边的饭我们也没有必要拒绝。网上有不少有心人收集整理的"标题三百套""最新公文提纲116组"之类的材料，我们也要尽量收集下来，虽然有些整理比较老套，但新颖可用的也不少，这些海量的标题能够极大拓展我们的思路，提高我们拟写标题的效率。

2. 列举观点，套用模板

每次接到材料写作任务了，经过前一阶段的研究分析，到底该写什么观点，心里应当已经大致有谱。那么，我就先把材料整体或某一部分，可能涉及的全部主要观点都列出来，比如，整体上要写三块，而第一部分要写五点。

主要观点和每部分要点大致确定之后，根据内容需要，再按照单字重复型、内部重复型、反差型、类比型等类型，分别浏览之前收集的提纲模板，或者上求是网、党建网上看别人的标题找找灵感，看看上一步列出的要点能否套用进来。有合适的套路，可以原封不动拿来使用，没有完全匹配的，也可以改头换面、加以改造之后使用。

比如，一次石头帮一位领导起草在哲学社会科学工作动员会上的讲话，经过反复思考沟通，讲话准备从三个方面提要求：第一，讲哲学社会科学研究应以马克思主义为指导；第二，讲哲学社会科学研究要关注现实问题；第三，讲哲学社会科学研究要踏实沉潜治学。

观点确定了，要考虑的就是找个标题的"说法""套子"把观点装进去。石头没什么思路，于是翻自己的公文资料库，发现资料库里记了这么一套标题：

一要着眼原点，抓住发展中的机遇。
二要直面痛点，看清发展中的存在问题和破解之道。
三要突出重点，想明新一年工作的实施路径。
四要攻克难点，破解干部队伍建设的顽疾固症。

这是一套以"点"字构建的单字重复标题。看到"原点"二字，我脑中马上闪过一丝灵感，"原点"这个词好，以马克思主义为指导，不正是哲学社会科学研究的原点吗，对上了一个。再往下看，痛点，也不错，跟哲学社会科学研究要关注现实问题也能衔接得上。就是第三条踏实沉潜治学，跟重点、难点似乎都搭不上，还有什么带点的词呢？我自己想一个吧！对，热点！不追逐热点不就是沉潜治学吗？

于是我就以《哲学社会科学研究的"原点""痛点"和"热点"》为主题，拟了三个标题，分别是：

哲学社会科学研究要立足马克思主义的"原点"。
哲学社会科学研究要找准经济社会发展的"痛点"。
哲学社会科学研究不能一味追逐"热点"。

石头按照上面的方法搭提纲、写标题，工作效率大大提高，生活质量大大提升。

五、用典约等于有才

有些人写的材料，让人感觉格调很高，旁征博引、纵论古今，领导看着着实欢喜："有才啊，小王！"有些人写的材料，虽然也是言辞通顺、文字齐整，却总被领导批评："浅了，没有才气。"

这中间的差别，往往出在善不善于在公文中用典上。石头在前面修辞一节曾经提到过用典。用典，是一种修辞手法，指的是写作中引用古代典制和掌故以及诗文、故事等，以求言简意丰、发人深思。典用得好，相当于采集天地之灵气，相当于拿别人的钱办自己的事，生动传神，寓意深邃，极具启迪意义，文章增色不少。

过去的人从一上学就开始接受古文教育，背三字经、四书五经、诗词歌赋，一般而言古文的造诣都高，所以用起典来不费事，信手拈来。

比如毛主席，在《别了，司徒雷登》中，他这样来写美国对华政策的破产："总之是没有人去理他，使得他'茕茕孑立，形影相吊'，没有什么事做了，只好挟起皮包走路。"这里用了中国古典散文名篇《陈情表》里的句子，将司徒雷登那个孤立、无奈、可怜的样子，永远定格在中国人的记忆中。

在《为人民服务》中，他又引司马迁的话："中国古时候有个文学家叫做司马迁的说过：'人固有一死，或重于泰山，或轻于鸿毛。'为人民利益而死，就比泰山还重；替法西斯卖力，替剥削人民和压迫人民的人去死，就比鸿毛还轻。"这是在一个战士追悼会上的讲话，作为领袖，除表示哀悼之外，还要阐明当时为民族大业牺牲的意义。他一下子拉回两千年前，解释我们这个民族怎样看待生死。你看，司马公有言，人生要追求价值，自古如此，一下子增加了文章的厚重感。司马迁的这句话也因他的引用有了新的含义，流传更广。

这说明，用典用得好，会让文章显得高深，具有凝重的历史感和思想深度。这也是写公文需要的，能够凸显单位或者领导的文化层次，进而反映其高超的工作水准。

但问题是，语文传到我们这一辈，古文修养不行了，写材料的时候，也就依稀能想得起"鹅鹅鹅，曲项向天歌"，或者是"锄禾日当午，汗滴禾下土"，这样的典用在公文里，非但不能提升格调，反倒是露了怯。那么，怎么办呢？这就是本文想要解决的问题。

在切入具体方法之前，石头想先对用典的范围作一个拓展，标准意义上对用典的定义，就是在写作中引用古代典制和掌故以及诗文、故事等。但在实际公文写作中，典的范围被大大拓展了，不只局限于古文、诗词、俗语、农谚、顺口溜乃至歌词、台词都可以被引用，石头以为，这些都叫用典。事实上，只要是在公文中引用别人的精彩语句，而非原创，都可以看成是用典。

下面，石头就具体说说各个类别的"典"该如何在写作中使用。

1.古文

古文，即中国古代的文学作品，当然是最正宗的典，包括诗词歌赋等，也是大家最能接受、最常见的用典方式，说理说观点的时候，引几句《诗经》《尚书》《礼记》《周易》《春秋》里的句子，档次马上飙升。

石头就直接说说在一个人没有什么古文储备，古文修养低下的情况下，想用古文典语该怎么办。有没有秘诀呢？还真有。

前几天，石头去一位同事的办公室串门，发现他正在翻弄一本很厚的书，拿过来一看，书名叫《国学句典》。

石头嘲弄他说，你一堆稿子要写，还有时间翻国学书，真是有闲情逸致啊！他说，就是要写稿子，才看这本书，这是本宝书，不信你拿去看看。

石头借过来翻了几天，发现这本书真是一件宝贝。以前石头用典，主要靠以下两个办法。

一个是攒，如做党报日读计划，把人民日报文章用得好的典故、格言、锦句摘下来，但这个方法效率比较低，积累速度慢。

另一个就是找，去古书名篇中翻，这个效率就更低了。为了找一句话，在几万字的文言文里翻查，句子也不好懂，经常看不明白意思，想找一句在特定场合合适的、贴切的话，还真是不容易。

看了这本书，石头发现之前用古文典语的办法可以往后放一放了，"攒"和"找"，可以变成"查"。

《国学句典》编辑的独特之处在于，它的目录不是按古文篇章排列，也不是按首字检索，而是按内容、主题排列。他把国学名篇中的经典句子摘出来，放到各个主题之下，这就大大方便了我们写作时的使用。比如"人生"编，下面包括人生、命运、机遇、荣辱、贫富、名利、成败等主题，每个主题下都有百十条古文名句。

写哪方面的文章，需要表达哪方面的意思，需要进行哪方面的说理，就可以翻到这个主题之下进行查找，直接拿过来用。更赞的是，此书还有一个特点就是句子比较深，相对生僻，不是大路货。

举个例子，假如石头正在写一篇个人对照检查材料，要论述一下控制自己私欲、奉献一片公心的重要性，到目录中一查，正好《国学句典》里有欲望一编。翻过去一看，能用的还真不少：

《老子》里的"见素抱朴，少私寡欲"不错，《慎言》中的"贪欲者，众恶之本；寡欲者，众善之基"也不错嘛。

那材料里是不是就可以这么写：

古代哲人提倡"见素抱朴，少私寡欲"，我们一定不要计较个人名誉得失，而应把全部的青春投入到火热的为人民服务的实践中去！

或者：

古谚有云，"贪欲者，众恶之本；寡欲者，众善之基"，我们一定不要计较个人名誉得失，而应把全部的青春投入到火热的为人民服务的实践中去！

是不是棒呆了！类似这种用法，石头不再举例了。

石头还专门找了找有没有其他类似的书，发现有异曲同工之妙的书还不少，但也没有精力一一实践了。所以大家不一定要买这本，类似编辑方法的书应该都可以。这本书在网上有电子版。工欲善其事，必先利其器，这是真理。

2. 俚语俗语谚语

群众路线是我们党最根本的工作路线，群众路线讲究的是一切为了群众，一切依靠群众，从群众中来，到群众中去。引用俚语俗语谚语，就是公文写作的群众路线，从政治正确的角度讲，非常符合公文的性格。同时，民谚俗语语本身又确实生动、易懂，不但能让文章接上地气，而且颇具风格。

俚语俗语谚语，往往都是大家耳熟能详的乡村语言。比如，邓小平同志著名的猫论，"不管黑猫白猫，捉到老鼠就是好猫"，原话就是四川的农谚。

习近平总书记讲话也喜欢用民谚，给我们写材料做出了榜样和示范。甚至在一些国际场合，也时不时精彩地运用群众语言来阐述深刻的道理，他在俄罗斯发表演讲指出：世界的命运必须由各国人民共同掌握，"鞋子合不合脚，自己穿了才知道"。各国主权范围内的事情只能由本国政府和人民去管，世界上的事情只能由各国政府和人民共同商量来办。这么重大的理论竟用了"鞋子合不合脚，自己穿了才知道"如此通俗的民间俗语来表达。

他还经常引用顺口溜。比如，习近平总书记讲农村工作，讲得最多的一句话，就是一句顺口溜："小康不小康，关键看老乡。"2015 年 12 月 11 日，他在全国党校工作会议上的讲话，多处引用顺口溜，指出"党校工作在地方和基层还存在'说起来重要、做起来次要、忙起来不要'的问题"。他指出越到基层重视程度越差,办学条件越不好,引用这样一句顺口溜:"中央党校风风光光,省级党校稳稳当当,市级党校勉勉强强,县级党校哭爹喊娘。"听到这里,我们都觉得不仅语言生动形象,更能实在而准确地反映问题存在,更能引起领导干部重视。

许多同行可能和石头差不多,不但古文功底一般,从小在城里长大,稻子韭菜分不清,俗话俚语掌握得也不多,怎么办呢?简单,网上搜一搜,有大量前辈们整理好的"写材料必备俚语俗语谚语200句"之类汇编,连注释都帮你写好了,大家可以自己看着选。

3. 歌词

什么?歌词也能拿来入典?一些老笔头初听此言,或许会惊掉下巴。

但是,你仔细想啊,歌词也是一种文字啊,而且往往是非常优秀的文字。现在的歌坛上,有不少唐诗、宋词都被谱上曲子拿来当歌唱,邓丽君有一张专辑,叫《淡淡幽情》,其中全是唐宋名词,比如《独上西楼》《但愿人长久》《清夜悠悠》,将中国古典传统文化的精髓在光影声色中演绎至极,传唱度和评价都极高,可谓千古独此一唱。

这从侧面提醒我们,好的歌词本身就是优秀的文学作品,歌词和文章之间是相通的。况且,歌词特别强调感情饱满,而且讲究韵脚,朗朗上口,同时由于广为传唱,大家都熟悉,因此传播力强,让人倍感亲切,如能适当用在讲话中,必然会加分不少。

习近平总书记在讲话中引用歌词可谓频繁。比如,他在香港回归20周年晚宴上说了这样一句话,"正如香港一首流行歌曲中唱到,自信好要紧,应该放开胸襟,愿望定会一切都变真。"引用了粤语歌曲歌词,一下拉近了和听众的距离。

还有,访美期间,在谈到"没有先例可循"的中美关系时,他以"敢问路在何方,路在脚下"来展示中国领导人的信心和魄力。在同中央党校县委书记研修班学员座谈时要求:"不能只想当官不想干事,只想揽权不想担责,只想出彩不想出力。要意气风发、满腔热情干好,为官一任、造福一方。不能干一年、两年、三年还是涛声依旧,全县发展面貌没有变化,每年都是重复昨天的故事。"这句话中的"涛声依旧""重复昨天的故事"都是歌词。

博鳌亚洲论坛2018年年会开幕式,习主席在演讲开头又引用了海南经典民歌《久久不见久久见》的歌词:"海南有一首民歌唱道:'久久不见久久见,久久见过还想见。'大家就是这样,今天,有机会在此同各位新老朋友见面,我感到十分高兴。"《久久不见久久见》是一首用海南方言演唱的歌曲,词曲婉转、深情,是琼州大地广为传唱的经典。

石头还曾听一位区委办的前辈讲过他们书记善用歌词的故事,不禁拍案叫绝:

某年,在春节后的全区工业经济发展大会上,这位书记在作工作报告时,先向大家问了一个问题:"时间都去哪了?"用歌手王铮亮的春晚献曲向干部发问,既问出了干部的精气神,同时也是在提醒干部要收拢五指,集中精力,着力解决发展短板的问题。

再如,这位书记到中西部某大学招才引智,面对一群朝气蓬勃的大学生,在发言结束时,领导即兴发挥,灵活运用流行歌手陈明的歌曲《快乐老家》中的一句歌词:"跟我走吧,天亮就出发!"现场的大学生被这般邀请逗得开心一笑,同时也感受到了区委、区政府对人才的真心渴求,纷纷投递简历。

看看,是不是唱得比说得好听呢?

4. 领导讲话

引用领导讲话,也是用典。领导讲话就是我们现当代的经典,要奉为圭臬!这个不多说,翻到第四章第五节,回顾一下《写出高度是最容易的事》。

5. 格言名言

引用格言名言也是很常见的一种用典。格言名言是指既言简意赅,又具有深刻含义的语句，而且得是具有一定社会影响力的人物说过的才有意思，比如卢梭、黑格尔、培根、王阳明。说句玩笑话，你二大妈说的话再有哲理，也不要用到公文写作中，那不严肃。格言名言去哪里找，参见第二章第二节《请笔杆子收藏这些网站》。

6. 网络语、流行语

在如今这个互联网时代，网络文化的影响和渗透越来越广泛深入，即使在被认为保守的公文领域，网络语、流行语应用也越来越多。

石头印象中网络语第一次登大雅之堂还是 2010 年 11 月 10 日，《人民日报》头版头条刊发标题为《江苏给力"文化强省"》的文章。如此"潮"的标题，立刻引发如潮热议。与很"潮"的标题相比，文章中并没有提到"给力"这个词。这个网络用语的应用，的确令人耳目一新。但在通常情况下，网友将"给力"用作形容词或感叹词，"给力文化强省"其实讲不通。对此，《人民日报》视点新闻版主编何炜在其微博中回应称："顾虑很给力，不过神马都是浮云……"

伴随着争议，这股风潮还是愈演愈烈，其结果是，大家对公文等正式文体中出现网络语越来越能接受了。比如，2015 年习近平总书记新年贺词里使用了"我们的各级干部也是蛮拼的""我要为我们伟大的人民点赞"。怎么样，没有感觉特别突兀吧？

需要注意的是，用网络用语和流行语，一定要慎重，要多方了解再使用，不能见"热门"就下手，一味追求新潮。例如，现在大量的网络用语有"黄暴"色彩，"碉堡了""蛋疼"之类，紧紧围绕下半身做文章，不适合在主流媒体和公文写作中出现，这种低俗用语必须加以杜绝和抵制。

要用，就要抓住"主流"二字，只用那些通过某种官方渠道被确认过的网络语、流行语，能够确认代表的是正能量、正面含义的。

比如"互联网＋"，原本是个网络用语，指让互联网与传统行业深度融合、重构、再造新的发展业态。后来国务院总理李克强在《政府工作报告》中提到"互联网＋"，随后"互联网＋"成为媒体的高频用词。政府工作报告都用了，那我们写材料当然可以用。

还有"风口"一词，"站在台风口，猪都能飞上天"这句话说的是在互联网潮流下，人们生活的各个方面因此改变，创业者迅速积累起财富，很正能量，那写公文就可以用。2018年的湖北政府工作报告就用了"风口"一词：

从政策环境、市场准入、要素保障等方面加大对初创企业的支持力度。对看得准的量身定制监管模式；对看不准的不急于定性、不急于封堵，多帮助、多引导，在成长中逐步规范。我们要大力**抢占风口**，让新经济跑出加速度、加快飞起来。

7. 台词

想当一个杰出的材料员，视野必须宽广，一切风格与公文贴合，表达又特别精彩的论述，都可以纳入我们用典的视野。歌词可以，还有一种感情充沛、极具感染力的文字——台词，也值得我们注意。

台词是很特殊的文体，指的是影视戏剧表演中角色所说的话语。确实，《还珠格格》之类神剧里的台词，与公文写作八竿子也打不着。但不要忘了，还有一类数量庞大的影视剧，与公文写作有着天然联系，其中的台词值得我们挖掘，你可能已经猜到，主旋律剧！

我们看看以下台词：

干部不领，水牛掉井。

牛一生下来，不会拉套，把头低下它就学会了。咱们干工作不会的，只要钻进去下死劲干，就不怕干不成啊！

只要把腰板挺起来，什么困难都能扛过去。

人不会被面前的大山绊倒，却会被脚下的土坷垃摔得鼻青脸肿。

任何困难都难不倒英雄的中国人民。

沧海横流，方显英雄本色。

我们不是老百姓，我们是老百姓的儿子。

榜样的力量是无穷的。

清廉一生平安，实干造福百姓。

很多时候是自己跟自己较劲，不光是成败输赢，还有信念和意志。一个你跟另一个你较劲，总是下不了狠心，留有缓劲。

不能有一点特权思想。

劳动是光荣的。谁要是为劳动难为情，那这个人真是变质了。

吃人嚼过的馍没有味道。

亲切不亲切？贴切不贴切？这是电视剧《焦裕禄》中的台词。石头觉得，这些话随便哪一句，用在公文写作中不但不会有违和感，而且还很生动、深刻。比如，我们想在一个材料中论述实干精神，可以这样说：

电视剧《焦裕禄》中有句台词非常精彩："牛一生下来，不会拉套，把头低下它就学会了。咱们干工作不会的，只要钻进去下死劲干，就不怕干不成啊！"这对今天我们各项工作仍有重要的启发，"空谈误国，实干兴邦"，我们要大力发扬马上就办和钉钉子精神，说实话、办实事、出实招、求实效，继续保持心齐气顺劲足的干事环境，坚持在学中干、干中学，以"等不起"的紧迫感、"慢不得"的危机感、"坐不住"的责任感，把全部心思和精力用在干事创业上，忠诚、担当、实干、善为，不负组织的重托、不负人民的厚望。

主旋律影视剧的台词，网上都能找到，石头"办公室的秘密"公众号也专门做过总结。在此也附上供大家参考。

影视中的铿锵台词，用到领导讲话里真提气

电视剧《市委书记日记》

我们的使命是趴下身子做桥梁，挺直身子做灯塔。

损害老百姓的利益，丢人！

你想给别人一杯水,你首先要有一桶水。

做人啊,要有勇气,到什么时候都不能逃避责任。

我们要对每一位对东州发展做出贡献的人负责。

连人都留不住的地方,还谈什么发展?

你不深入事物的本身,你就无法摸清真相。

打牢基础的人要比别人多走好几步,而且走得更长远。

电视剧《焦裕禄》

干部不领,水牛掉井。

牛一生下来,不会拉套,把头低下它就学会了。咱们干工作不会的,只要钻进去下死劲干,就不怕干不成啊!

只要把腰板挺起来,什么困难都能扛过去。

人不会被面前的大山绊倒,却会被脚下的土坷垃摔得鼻青脸肿。

任何困难都难不倒英雄的中国人民。

沧海横流,方显英雄本色。

我们不是老百姓,我们是老百姓的儿子。

榜样的力量是无穷的。

清廉一生平安,实干造福百姓。

很多时候是自己跟自己较劲,不光是成败输赢,还有信念和意志。一个你跟另一个你较劲,总是下不了狠心,留有缓劲。

不能有一点特权思想。

劳动是光荣的。谁要是为劳动难为情,那这个人真是变质了。

吃人嚼过的馍没有味道。

电影《雨中的树》

我们不能总听别人说了什么,更要看他干了什么,干得到底怎么样。

什么都比不上做人重要。

不能让老实人吃亏。

老百姓指望有个好收成,人家雇你,是要你在这一亩三分地上种庄稼。

良心债，谁也还不起。

空气可以不干净，水可以不干净，可人心不行。人心就得在土里、泥里受这个煎熬，谁能够熬过去，谁就是好样的；谁能够把该留的宝贝东西留下来，把该扔的扔了，谁才是好样的。

做官，首先要做人，清白是最要紧的。

人生就好比渡河，也好比是打仗。如果你过了河，就缴械投降，自己搭个安乐窝，胡作非为，要我看呐，你干脆也别渡河了，自己扎到河里葬身鱼腹算了。

时间，你的时间总会有终结的那一天，时间永远不够用，抓紧你们的青春，多做事，做好事，做好人，做善良的人，做清清白白的人，做说话算数的人，做埋头苦干的人，做爱父母、爱老婆、爱老公、爱孩子的人。

电视剧《营盘镇警事》

脱了这身衣服你是老百姓，穿上这身衣服你还是老百姓。这个耳光是提醒你，什么时候都不能忘了咱就是老百姓，不许臭显摆，不许欺负人，不许耍特权。什么时候，都得摸着胸口，你得替老百姓着想，给老百姓办事。

什么时候想重新开始都来得及，只要你想换种活法。

很多潦倒的人啊，你光从物质上帮助他是不行的，得让他心里边不潦倒才行。

不能让干净、老实、干活的人吃亏。这样的人吃香不吃亏，才能体现公平公正，队伍的积极性才能调动起来。

电视剧《远山的红叶》

说几句心里话吧。首先感谢组织对我的信任。纪委书记这个职位，不仅仅是一个官衔，它更是一份庄严而神圣的职责，我会在新的岗位上努力工作。从今以后，我可能会得罪很多人，但是，我绝对不会得罪纪委书记这个称谓。

只有靠严格的制度，靠提高人的整体素质来改变环境，才能有效地召唤天下、持续发展。

其实做任何事情，都有一个从不习惯到习惯的过程。我们做工作是这样，其实犯错误也是这样的。这好的习惯养成了能成就一个人，坏习惯要是养成了，也能毁掉一个人。

一个人的好习惯很难养成，可是坏习惯一滑就下去了。

人的脊梁可能只占人身体的百分之几，非常不起眼。它不像举重运动员的胳膊，也不像足球运动员的大腿，更不像钢琴家的手指和芭蕾舞演员的足尖，那么夺人眼目。甚至，总是会淡出人们的视线。可是，你想过没有，如果一个人的脊梁断了，那会是什么后果。我们共产党人就是脊梁，我们是国家的脊梁，是民族的脊梁，所以我们必须承担比别人更多更沉重的负载。

待在一个容易捞钱的位置，而不捞，那才是一件最不容易的事情。

人活着就要往前走，停下来，就意味着死亡。

电视剧《正午阳光》

在座的各位，难道就没有替安和的三十万百姓想想吗？

我们是党员，县一级的领导干部。我们为什么不能主动地自觉地要求自己呢，非要逼着上级拿党章来约束我们。

就因为我们是领导干部，我们手里有权，有的时候，我们一句话，哪怕是动一个念头，就会影响老百姓的一辈子，所以我万万不能草率。

人要学会换位思考，将心比心。你把心向别人敞开，别人才能跟你掏心窝子。

老百姓已经无奈到希望神灵保佑自己了，那我们安和县委还有什么存在意义？如果我们党的干部对这一切熟视无睹，甚至麻木不仁，那是我们的耻辱。继续这样下去，早晚有一天，我们会被老百姓抛弃。

你们既然端了老百姓的饭碗，就应该做人事。

老百姓的觉悟不比你我差。

党和国家养着我们这些当干部的干什么？那就是得想办法干活、出力、找辙，头拱地地让老百姓过上好日子，挣到钱。

作为一名共产党的干部，吃着国家的俸禄，做出点成绩，那是应当应分的。

电视剧《春暖南粤》

梅山乡是不大,可中国的版图就是这么一块一块的小地方拼起来的。还有这个乡干部,你还老瞧不起。我跟你说,你知道中国13亿人口,有多少像咱们这样的乡干部吗?几万个就,也挺不简单的。

老百姓给我巴掌大的地方,我们这些当官的,得为老百姓撑起这片天,你明白吗?

我为老百姓低三下四我不怕!我不丢人!

电视剧《守望》

在北京大部委里边,一个管办公会议水瓶的那都是县团级,你说就冲这,咱还拿什么架子呀?咱就是个干事的,是不是?

电视剧《阿霞》

这事情总得有人去做吧,总是你等我,我靠你的,到头啊,谁都得跟着吃亏。

电视剧《公安局长》

这人只要一勤快,就没有干不了的事。

最后,再说说用典的位置。既然用典是为了增加文章的格调,那位置大可以放得显眼一些,让人一眼看到,继而啧啧称赞,否则必要性就不大。

一般而言,用典的位置主要包括以下几个:标题中、文章开头段首句、正文段落首句或尾句、结尾段首句。

还要提醒大家的是,用典不是为了用而用,而是为了配合对某种现象的解释、对某种道理的总结,很少出现用典语单独成段、单独使用的情况。用了典语,前后一定要有说理和阐释,不能孤零零地放在那儿。

六、营造浓厚的细节感

"小石啊,稿子写得有点空,有点虚,有点大,不接地气,晚上加班改改吧。"

刚从事公文写作时的石头,经常收到领导这样的指示。虽然嘴上应允着,石头心里其实是不服气的:排比上了,诗词金句引了,标题炫技了,看上去颇有磅礴之势,你却告诉我空了虚了?

领导似乎看出了石头的迟疑,继续叮嘱:"你的稿子,差了细节感,写公文不能少了细节感,你回去再琢磨琢磨。"

琢磨的次数多了,石头品出味道来了。所谓空、虚、大、不接地气,症结就在于欠缺了细节,而如此重要的细节感,却经常被公文写作者忽视、遗忘。

何谓细节?辞海中对细节的解释是:"文学作品细腻地描绘人物性格、社会环境和自然景物的最小组成单位。"

公文不是文学作品,无法直接套用这个概念,石头以为,公文里的细节,必须满足以下两个条件中的至少一项:第一,不抽象、不笼统的内容;第二,实际存在的特定内容。

似乎还是很抽象,具体来解构一段公文吧:

四是坚定不移贯彻以人民为中心的发展思想,在发展中保障和改善民生。财政支出用于民生的比重保持在75%左右。全力抗击2016年特大洪涝等重大自然灾害,减灾救灾和恢复重建取得重大胜利。千方百计扩大就业,城镇登记失业率保持在3.5%以下。义务教育均衡发展通过国家整体验收。城乡社会救助体系不断完善。城乡基本医保整合、基本药物制度、公立医院改革纵深推进,村级标准化卫生室实现全覆盖。

上面这段话,哪些句子完全不符合以上两项条件中的至少一个呢?

四是坚定不移贯彻以人民为中心的发展思想，在发展中保障和改善民生。
减灾救灾和恢复重建取得重大胜利。
千方百计扩大就业。
城乡社会救助体系不断完善。
城乡基本医保整合、基本药物制度、公立医院改革纵深推进。

以上这些，笼统的叙述，概念性的描绘，就是比较抽象的论述。
哪些是具体内容或特定内容呢？

财政支出用于民生的比重保持在75%左右。
全力抗击2016年特大洪涝等重大自然灾害。
城镇登记失业率保持在3.5%以下。
义务教育均衡发展通过国家整体验收。
村级标准化卫生室实现全覆盖。

以上这些，具体陈述，特定内容，就是细节。如果删掉这些细节，文章是什么感觉，可以自行感受一下：

四是坚定不移贯彻以人民为中心的发展思想，在发展中保障和改善民生。减灾救灾和恢复重建取得重大胜利。千方百计扩大就业。义务教育均衡发展。城乡社会救助体系不断完善。城乡基本医保整合、基本药物制度、公立医院改革纵深推进。

离开细节，文章只剩下空泛论述，呆板抽象，大话套话。所以，细节是文章的血肉，会给人具体感、充实感、信赖感，文章离开了细节，就是虚、大、空。更何况，套话何其多，网上随便摘一点大家都会，无法复制的细节更显得难能可贵。

如何才能营造文章的细节感，让领导直观地感受到你的文章是扎实、有料的？石头的办法是在抽象的论述中加点不抽象的东西；把工作中的原则性要求讲得细微具体；用形象化的语言表述理性的内容。具体说来，就是在文章中增加以下内容。

1. 挪数字

笔杆子们在写公文，尤其是起草总结、信息、报告及领导讲话时，经常运用统计数据论证材料观点，几乎到了无"数"不成文的地步。石头的领导对在公文中运用数据概括得极为精辟：有事说事，没事说理，啥都没有就挪数字！一句话道尽了在材料中运用数据的无穷奥妙。

在材料中运用数据来佐证观点，填充内容，大有益处：从形式上看，数据论证显得实在、饱满，可以中和纯粹说理给文章带来的空虚气息。从实质上看，数据论证也确实更有说服力，老说经济实现了开门红，怎么红呢？把GDP增长一摆，在各县市中位居前列，那自然就是开门红了；老说领导对某某工作重视，怎么重视呢？先后召开十余次班子会研究布置工作，那自然就高度重视了。

更妙的是，说理多费脑细胞啊，还得组织语言，还得逻辑严密，还得前后连贯，总之不是一件容易事。相较而言，挪数字似乎就容易多了，统计报表一摘，下级单位报来的数据一引，洋洋洒洒一大段就写下来了，也难怪大家都爱挪数字，其好处就一句话，易得易用不费脑。

但石头想泼盆冷水：数据虽好，如果不会用、不会写，不仅不能给文稿加分，反而可能减分。怎么在公文中恰当地用好数据，而不是像无头苍蝇一样直接堆数字，请翻到本章下一节《如何用数据才能不山炮？》石头有详述。

2. 举例

例子是公文写作中另一种特别常见的细节。为了说明事物的情况或事理，有时光从道理上讲，人们不太理解，这就需要举些既通俗易懂，又有代表性的实例、事例来加以说明。

公文写作中的举例，石头总结，大约有三种方式：

一种是明示，就是用"比如""例如"引出例子。

第四，新常态下，中国政府大力简政放权，市场活力进一步释放。简言之，就是要放开市场这只"看不见的手"，用好政府这只"看得见的手"。**比如**，我们改革了企业登记制度，前3个季度全国新登记注册市场主体920万户，新增企业数量较去年增长60%以上。

另一种是暗示，省去"比如""例如"，在观点后面直接举例子。如：

中国将高举和平、发展、合作、共赢的旗帜，始终不渝走和平发展道路，积极推进全球伙伴关系建设，主动参与国际热点难点问题的政治解决进程。目前，中国累计派出3.6万余人次维和人员，成为联合国维和行动的主要出兵国和出资国。**此时此刻**，2500多名中国官兵正在8个维和任务区不畏艰苦和危险，维护着当地和平安宁。

还有一种是列举，连续简单罗列多个例子或对象。例子可以不进行深入解析，只需纲目式地罗列上去，形式笼统，一笔带过。通俗点说，罗列就是用顿号区隔的内容。比如：

实施交通强省三年攻坚行动，加快武汉长江中游航运中心、三峡综合交通枢纽、汉江现代航运体系建设，加快湖北国际物流核心枢纽、荆州机场建设，抓好武西、郑万、武九、呼南、蒙华铁路湖北段和荆荆客专建设，做好沿江高铁湖北段前期工作，推进"四好农村路"建设。

一般而言，某件事实具有很强的代表性，可以为观点提供强有力的支撑时，例子可以叙述得详细一些；而例子的代表性不是那么特别强，又要保证论述的广度，各种工作都要点到的时候，多用简单列举的方式，点到即可。

石头觉得，材料中最好的例子有两种：一是新近发生的例子；二是身边

的例子。 从新发生的例子、身边的例子讲起，更接地气，也更容易引起大家共鸣。

石头曾经在现场听过福建省委组织部长胡昌升到人民大学引才的演讲，觉得特别实在特别亲切，为啥会给人这么好的感受呢？例子举得好是个很重要的因素。

讲话一开场，为了说明人民大学校园环境好，胡部长就举了一个例子：

一走进校园，就让我们感受到了人大的景观之美、人文之美、和谐之美。

讲到中间，为了说明福建省和人民大学保持着良好的合作关系，胡部长又举了一个例子：

刚才和××校长在交谈会晤时，专门谈到人大与福建在战略决策咨询、干部教育培训、后备干部挂职锻炼、优秀毕业生选拔引进以及社会实践基地建设等方面，开展了广泛深入的合作，取得了显著成效。刚才，我们又签订了新一轮人才战略合作协议，这必将推动校地合作再上新台阶。

刚刚发生的事，合作协议还热乎着，即被运用到讲话中作为举证事例，实在且贴切，部长堪称举例高手。

我们在举例的时候，也要学习这种方式，多用新鲜的例子、身边的例子，如在讲话稿中用"前几天，我看到一则报道""最近，我发现""前不久，我们单位"这样的句式来举例，效果老赞了！

3. 特定化

公文语言有一个很有意思的特点，那就是模糊性，"模糊美"是公文特别讲究的一个东西。大家可以回想一下，这些词是不是经常会在公文里碰见：基本上、某些、当前和今后一个时期、大多数、总体、将近，等等。

因为公文通常是管总的，要普遍适用的，所以指代有时不能太明确，总要弄些大而泛的词搪塞一下。但是，当我们需要细节的充实感时，这些大而泛的模糊词就不合时宜了。如何让模糊的指代清晰起来？石头教大家一个简单有效的绝招——特定化。

所谓特定化，也可以理解成具体化，把之前模糊宽泛的指代，缩小到特定的主体、特定的时间、特定的事情上。

主体可以特定化。比如，我们在写材料提要求的时候常常说，"要提高认识，要加强领导，要落实责任"，这个"要"字前面，通常没有主语，因而细节感不足。我们如果采用特定化的办法，在"要"字前面加上特定的主体，可以是一个部门、一个单位，也可以是一类人或一个人，文章给人的感觉就会细致、具体很多。"提高办学质量，由教育部门牵头，宣传部门要……，政法部门要……""单位主要负责同志要……，分管负责同志要……"

时间也可以特定化。比如笔杆子们常用的"一段时期以来"，听上去过于宽泛，细节不够，我们在一些场合就可以加入特定时间："县委十一次党代会以来，尤其是今年上半年县委确定××的发展战略以来"，是不是明显感觉实在多了，接地气多了呢？

4. 讲述故事和人物

工作、生活中的实际人和实际事，也是一种具有极强说服力的细节。

在工作报告等题材的公文中，直接描述故事和人物或许很少见，但在领导讲话、汇报发言中，如能用合适的方式讲述故事和人物，会使文章饱满充实而富有感染力，领导讲起来自然顺畅，还能显示人文情怀，下面的同志们听起来也熟悉亲切。

习总书记就是在文章中讲故事的高手。无论是会议上的发言、调研时的谈话，还是出访的演讲、报刊上的文章，他都善于用故事来传达深意、感染他人。比如，在纪念长征的大会讲话中，为了说明"人民群众有着无尽的智慧和力量，只有始终相信人民，紧紧依靠人民，充分调动广大人民的积极性、主动性、创造性，才能凝聚起众志成城的磅礴之力"的道理，他就讲了一个长征途中的真实故事：

弘扬伟大长征精神，走好今天的长征路，必须把人民放在心中最高位置，坚持一切为了人民、一切依靠人民，为人民过上更加美好生活而矢志奋斗。长征胜利启示我们：人民群众有着无尽的智慧和力量，只有始终相信人民，紧紧依靠人民，充分调动广大人民的积极性、主动性、创造性，才能凝聚起众志成城的磅礴之力。一部红军长征史，就是一部反映军民鱼水情深的历史。**在湖南汝城县沙洲村，3名女红军借宿徐解秀老人家中，临走时，把自己仅有的一床被子剪下一半给老人留下了。老人说，什么是共产党？共产党就是自己有一条被子，也要剪下半条给老百姓的人。**

人物描写也有类似的妙处。通过刻画人物的性格，表现人物的精神面貌，也能更深刻地表达文章的中心。比如，在纪念抗战胜利的大会讲话中，习近平总书记不惜篇幅，刻画了一位英雄母亲的形象：

在这场救亡图存的伟大斗争中，中华儿女为中华民族独立和自由不惜抛头颅、洒热血，母亲送儿打日寇，妻子送郎上战场，男女老少齐动员。北京密云县一位名叫邓玉芬的母亲，把丈夫和5个孩子送上前线，他们全部战死沙场。华北平原上的一个庄户人家写下这样一副对联："万众一心保障国家独立，百折不挠争取民族解放"；横批是："抗战到底"。这是中华儿女同日本侵略者血战到底的怒吼，是中华民族抗战必胜的宣言。

5. 引用口语

大笔杆子胡乔木曾在一篇文章里教育大家，说写公文也可以直接把人物的话语放进来，也就是引用口语，来丰富文章的细节，增强文章的生动性。

石头最初读到这个观点，很不理解，直接放对话？这似乎与公文严肃性的要求背道而驰了啊，能行吗？看了胡乔木举的例子，又不由得叹服，文件里放对话，还真是一种丰富有趣的细节。

胡乔木举的例子是一篇20世纪50年代湖北省委关于搞试验田的经验报告，里面有这样一段话：

乡里人到县里要见干部，干部开始说是"没有时间"，等到"有时间"，又说，"下班了。"以后城里干部下乡，乡里人也说，"没有时间。"等了一会，他也说，"我下班了！"干部穿着鞋袜，在田岸上"检查生产"，社员骂了他一顿，说"摇摇摆摆像个相公，莫把田埂子踩塌了！"干部又问："你骂谁？"社员说："我骂你！"县委副书记说："骂得对！"

胡乔木觉得，湖北的这篇报告写得很精彩，有这样的对话，给读者印象就很深刻。

实事求是地讲，现在想完全再现这样的文风，是很难的。但是，这种方法，我们还是要掌握。文件、报告写作中直接引话语的办法可能无用武之地，但类似调研报告、调查报告、座谈会纪要、征求意见汇总报告之类的公文，我们也未必不能这样试一试。

石头曾看过一篇某市关于干部作风建设的调研报告，引用了大量原话，写得引人入胜，让人看了还想看：

办事效率不够高。调查问卷中，"工作程序繁琐，工作流程不科学，办事效率不高"选项高达42.29%，反应最为强烈。一位农民到基层派出所办理户口手续，**上午去了，办事人员说，有事下午再来，下午去了又说，手续不全推明天！**引起争吵。市铸铁管厂2000年就已改制，安置费2012年才到位，养老保险至今未到个人账户，职工意见很大。某县一位企业负责人反映，公司在变更一个登记事项时，到海关部门跑了多趟也没有办成，工作人员说，**领导出差没有回来！**最后他发火后，该部门才给盖章。一个企业的厂房用地测量，县规划和土地部门的测量数据不一致，企业多次奔走，部门"推磨转圈"，耽误了半年还没有落实。一名企业负责人感慨：**企业办事难，当老总要少活几年。**一名企业负责人在描绘有些干部作风时讲了简单六个字："卡壳""拖拉""盘剥"。

总之,细节不但文学作品需要,公文写作同样需要。细节的存在,增强了说理的真实性,增强了文章的可读性,更增强了文章的表现力。对付虚、空、大,最可行的办法就是不断用工笔"描"几句,增加文章的细节。

写完初稿之后,一定自我检讨一下,有没有数据支撑?有没有举例说明?有没有佐证的人物?有没有故事提升?如果没有,赶紧增加细节吧!

七、如何用数据才能不山炮?

用数据可以增加文章的细节感,显得材料扎实。可惜,有些人把引用数据搞成了堆积资料,不管三七二十一各种数据叠床架屋往上一摆,领导看了直摇头,批评道:"这些数据太琐碎!"外人看了也摇头:"这么一大段鬼知道在写什么!"那么,到底如何准确、精当、巧妙、高质地在材料中使用数据,避免把数据这么好的东西用成山炮,给糟蹋了,石头建议可从以下方面把握。

1. 掌握基本的统计常识

不少材料人是文科出身,特别怵数字,进大学后就丢开数学欢呼雀跃了。以至于在一些重头材料中,由于写作者不具备一些必要的基本统计常识,在使用数据上经常闹出"增长速度和发展速度不分,报告期和基期不清,时期数和时点数乱比,绝对数和相对数矛盾"的笑话。

石头建议,最基本的统计常识还是要掌握的。比如:

"增长到"和"增长了"的区别。"增长到"包括之前的基数;"增长了"是指增长的数值,不包括之前的基数。

"同比"和"环比"的区别。环比是与紧紧相邻的上一期相比,例如

2014年7月与2014年6月相比较，叫环比；同比是与上一年的同一期相比，例如2014年7月与2013年7月相比，叫同比。

"增量""增速""增长率""增幅"的区别。增量，是指增长的绝对量（也作增长量）＝末期量－基期量；增速，增长的相对量（也作增长速度）＝（末期量－基期量）÷基期量；增长率，其严格含义为增量与基期量之比，从数学计算式上看，与增速的计算式相同；增幅，即增长的幅度，一般理解为增长的相对幅度（即增速），在有特殊说明的情况下，也可理解为增长的绝对幅度（也即增量）。

2. 定量之后要定性、说理

前面石头说了，数据是为观点服务的，数据和观点之间的联系不能指望读者去建立，而是要靠写作者对数据的判断和定性来实现。数据是一种客观存在，冷冰冰的，有些数据或许可以直接读出观点，比如，粮食生产能力达到一万二千亿斤，这个数字是真大，这得多少粮食！或者，说某村人均年收入达到了100万元，傻子也能看出来这个村是真富。

但是，大多数据难以直接读出观点，比如，说某市GDP去年增速为8%，是快还是慢呢？放在东北或许可以说经济表现亮眼了，但要是放在重庆或许还拖了后腿呢！这时就要求你一定要下定义，给数据"戴帽子""贴标签"。

说起来好像简单，但其实定性也相当考验功力，石头有个简单的办法，"比"。

一是可以跟同类比

经济保持中高速增长，**在世界主要国家中名列前茅**。

国内生产总值从五十四万亿元增长到八十万亿元，**稳居世界第二**。

实际使用外资1 300多亿美元，**继续位居发展中国家首位**。

国内生产总值达到74.4万亿元，增长6.7%，**名列世界前茅**，对全球经济增长的贡献率超过30%。

全国居民人均可支配收入实际增长7.4%，**快于经济增速**。

会了吧？在同类中名列前茅，当然具有直接的说服力。具体到我们的写作中，数据后边你就可以加一句，"居于全省前列、排名前三、在全省遥遥领先、达到全省最高水平、高于全省平均水平、挺进全市十强、进入全省第一方阵、位列全国百强"等。

二是可以跟目标比

就业增长超出预期。全年城镇新增就业1 314万人。

稳健的货币政策灵活适度，广义货币M2增长11.3%，**低于13%左右的预期目标。**

全年退出钢铁产能超过6 500万吨、煤炭产能超过2.9亿吨，**超额完成年度目标任务。**

会了吧？超过预期，当然能说明工作做得好。我们落笔的时候，就可以总结，"提前完成全年目标、大幅超过预期、全面完成年初任务、超额完成目标任务"等。

三是可以跟过去比

贫困发生率从10.2%下降到4%以下。

工业企业利润由上年下降2.3%转为增长8.5%。

高校毕业生就业创业人数再创新高。年末城镇登记失业率4.02%，**为多年来最低。**

粮食产量实现"十二连增"。

现在国内生产总值每增长1个百分点的增量，相当于5年前1.5个百分点、10年前2.5个百分点的增量。

会了吧？不怕慢，就怕站，一年年节节高谁看了都高兴。想通过数据表明工作进步，我们就可以用"近年来最高、为多年来最低水平、创历史新高、首次突破、实现'十二连增'、转负为正"等来概括。

四是看比例、比重

对世界经济增长贡献率超过30%。

服务业在国内生产总值中的比重上升到50.5%，首次占据"半壁江山"。

消费对经济增长的贡献率达到66.4%。

优化能源结构，清洁能源消费比重提高1.7个百分点，煤炭消费比重下降2个百分点。

科技进步贡献率上升到56.2%，创新对发展的支撑作用明显增强。

财政性教育经费支出占国内生产总值比例继续超过4%。

比重可以显示一种因素起的作用大，比如，"占据半壁江山，实现了全覆盖、零遗漏零死角，比重最高、贡献最大"等，也可以用来给数据定性。

这样一捋，关于如何给数据定性，是不是心里就清楚多了。

3. 转化为直观常见的理解单位

不少统计区间是以年为单位，数据看上去很庞大，但到底有多高，普通人看了还是没有概念。所以，将统计学上的统计区间转化为日常容易理解的区间，也是常见的一种运用数据的办法。

石头记得小时候特爱看科普读物，不少科普文章中总是喜欢用一句话来形容环境恶化，说地球每小时就有3种生物灭绝，每天灭绝72种生物。这句话常常把少不更事的石头吓得够呛，觉得这物种灭绝的速度也太快了，再这样下去还能有猪肉吃吗？！后来这种担忧当然被证实为杞人忧天，但也从一个侧面说明了选取适当统计区间的力量。

具体到公文写作中，我们可以根据需要选择统计区间：

城镇化率**年均提高一点二个百分点**，八千多万农业转移人口成为城镇居民。

就业状况持续改善，城镇新增就业**年均一千三百万人以上**。

13亿多人口的发展中大国，就业比较充分，十分不易。

大众创业、万众创新广泛开展，全年新登记企业增长24.5%，**平均每天新增1.5万户**，加上个体工商户等，各类市场主体每天新增4.5万户。

只说量很大你不是不好理解吗？我再给你转化成好理解的概念，比如平均到每天，这就很直观了，每天增加好几万户，雨后春笋的感觉就出来了；再比如给你一个13亿人的熟悉概念，你就能理解这工作到底有多么不容易了！

4. 凝练为一个说法

运用数据还有一种更高级的做法，类似于给文章或工作提炼一个"说法"作为小标题，我们也可以给数据提炼一个"说法"，作为几个具有相关性的数据的统帅。

比如，有一篇新闻报道梗概是这样的：

人大代表结构"两升一降"，呈现出基层代表数量增加、党政领导干部代表数量下降、农民工代表倍增等诸多特色和亮点。

这个"两升一降"就是后面这些数据的"说法"和统帅。

这一招从更加高屋建瓴的层面，把所有零碎杂乱的数据囊括在一起，解决了有数据无概括的问题。

再举一个例子，假如有这么一大段数据：

——初步统计显示，2015年广西农林牧渔业增加值预计突破2 600亿元，"十二五"期间年均增长约4.6%，高于全国增速。水果、蔬菜、肉类、木材、蚕茧等产量稳居全国前列，建成了一批在全国有较大影响力的生产基地，打造了一批叫得响的农业品牌。去年农民人均可支配收入预计突破9 000元，城乡居民收入差距不断缩小。农村贫困人口由2010年的1 012万人减至2015年年底的453万人，共实现559万人脱贫，贫困发生率由2010年的23.9%

下降到 2015 年的 10.7%。

大段数据名目繁多，让人不得要领。怎么办呢？可以概括为：

广西三农"两增一减"成亮点，即农业快速增长、农民持续增收、农村贫困人口继续减少。

这样一概括，一下子就抽丝剥茧了。

以此类推还可以有"两增两减""一突破一回升两最高放在数据之前作为统领，"之类，完全可以举一反三。

5. 数据要有代表性和突出意义

说实话，大家都有感觉，数据说理的可读性并不强，反正石头是不爱读数据太多的文章的。数据堆得多了，公文就写成论文了，肯定行不通。数据的运用只能是锦上添花，假如把一篇文章比成一顿饭，数据肯定不是米饭面条，顶多是面条里翠绿的葱花，只有葱花没有面，这哪还能吃得下去！

所以说，我们在引用数据论证的时候，要控制总量，在适当的位置准确精炼地使用具有代表性和突出意义的数据。

仍以有关经济发展的数据为例，其实与经济发展相关的指标很多，有GDP，有就业，有价格，有固定资产投资，有工业增加值，有居民收入，等等。

是不是每个数据都要写到？当然不是！一般来说，具有全局意义的GDP肯定要引，剩下的，就看哪些数据能佐证我们的观点了。固定资产投资增幅很大，达到了15%，为近五年最快，好，那我们不能放过；就业跟去年差不多，那我们就没有必要非把数字写出来了，一句就业平稳足可带过。

6. 不可有悖常理

挪数字的时候难免会有主观选择性，大家都会选取能够服务自己观点的数字。但要注意，运用数据不是玩数字游戏，底线是不能有悖常识和公理，否则会闹出笑话。

某企业常年在亏损边缘挣扎，去年利润1万元，今年利润2万，经营状况并无改观，你却非要说成利润大幅增长，翻了一番，经营状况突飞猛进。从数据上看纵然是没错，但却是昧着良心说假话，实在不可取！

说了这么多种方法，万变不离其宗，归结到一点：数据总是要为观点服务，怎样的写法能够便于理解观点，能够有力论证观点，能够充分支撑观点，我们就怎样运用数据。

第七章

给文章整容：关于修改

chapter 7

<<<

一、给文章整容

石头前面说过，写材料要"先完成，再完美"，先堆出个东西、竖起个靶子来，再慢慢改。之前由各个来源模仿、堆积而来的材料肯定会在一致性、统一性上存在瑕疵，但这不是我们写初稿时关注的重点，我们可以暂时避而不见。

但初稿完成后，对文章的修整就变得格外重要。我们通过对初稿的修整，才能把不统一的文字统一起来，把不一致的内容一致起来，文章才能最终完全褪去之前残留的、来自原始素材的五彩斑斓的杂色，变得严整一体，成为一篇合格的公文。公文定稿的过程，一般而言都是由肥到瘦的过程，是一个对初步堆起的材料进行整合、精炼的过程。

唐代诗人卢延让有个名句，叫"吟安一个字，捻断数茎须"，把成就文字精品之道说得非常生动，要想写出好稿子，必须经历从初稿到终稿的艰辛与煎熬。

啥样的稿子最让人放心？要么是标题为"工作报告第11稿"的材料，要么就是"汇报稿（杨改）""汇报稿（刘主任改）""汇报稿（刘主任再改）""汇报稿（顾主任定）""汇报稿（书记定）""汇报稿（按书记意见新提纲，杨改）"……这样改了无数遍的材料，最让人放心了。

石头在办公室改了几年稿子，我的领导是从大机关下来的，要求严，跟着他一字一句地抠稿子，因此也有了一些心得，润色一篇文章，以下几个环节是一定少不了的。

1. 先调格式

领导和上级如何在最短时间里判定一篇公文的质量和水准，是看结构？不是！是看标题？不是！是看起始段或结尾段？更不是！石头告诉你，是格式。格式不光会影响领导对一篇公文的认知，就连我们"材料狗"自己，写作状态也会受到格式影响。

石头的习惯是，初稿一旦形成，马上调好格式，再进行润色，这或许是一种怪癖，但石头总觉得只有看到三号仿宋字，才能进入公文的氛围，才能坐直身子，投入其中，一板一眼地扮演起领导来。对于如何快速掌握公文的标准格式，石头必须多花点笔墨说清楚，请参见本章第二节《用5分钟大幅提升一篇公文的质量和水准》。

2. 大刀阔斧地删去"的"和"了"

不少领导会用"干净"称赞一篇公文，说这篇文章行文干净，毫不拖泥带水。"不拖泥带水"，实在是很难理解的一种抽象感觉。如果说改稿有什么四两拨千斤的绝技，能马上让一篇啰唆的文章清爽起来，那必定是无脑删去"的"和"了"等助词。

石头改的稿子多了，认识到一件事：对于大部分稿子，"的""了"普遍处于严重过剩状态，看都不看删去一半也不会影响文章理解。大刀阔斧地删去"的"和"了"，就能迅速使文章呈现"干净"状态，更为精确、简练。这需要我们刻意为之，随时检视。

拿"了"来说，不少人，甚至在公文中浸淫多年的人，包括一些领导，也喜欢滥用"了"来连接定语和宾语，甚至写初稿的本来没用"了"，他还觉得人家写得不通顺，非要在好多地方硬塞上"了"。其实，在正式公文里，"了"字用多了，会破坏文体风格，显得不够专业、严肃和简洁，感觉整篇文章漫不经心，口语色彩很浓，语言水平有问题。例如下面这段话：

> 17日下午14点，单位召开了今年第四季度工作计划会。李副主任主持

了会议，就本单位上一个季度的工作做了总结，在为全体员工部署了下一个季度的工作任务的同时，指出了当前工作中存在的不足。

以上段落，五个"了"字全部都是冗词，全部可以去掉，并不影响原意。相反，去掉之后文章变得铿锵有力，动词直接作用于名词，中间没有缓冲和停顿。召开会议就是召开会议，做总结就是做总结，部署任务就是部署任务，没必要"了"来"了"去。感受一下删掉之后的效果：

17日下午14点，单位召开今年第四季度工作计划会。李副主任主持会议，就本单位上一个季度的工作做总结，在为全体员工部署下一个季度的工作任务的同时，指出当前工作中存在的不足。

"了"之所以会让文字感觉拖沓，原因有两点：一是"了"严重口语化，不适合作为公文语言，而且凡是大规模使用"了"字的文章，文句本身一定存在表述不清的问题。其次，"了"字在语感上有一种强烈的降速作用。它的主要用途是表示状态，或者动作终了，出现在句子中间时，会严重拖慢句子节奏。例如：

他坐下来，打开计算机，端起杯子。
他坐了下来，打开了计算机，端起了杯子。

你觉得这两个句子里动作的速度是一样的吗？前一个句子，没有助词，全部是动词加名词，显得动作轻巧快捷。而后面一个句子加上"了"，强调每个动作的完成和终了，显得动作从容而舒缓。

"的"字也是同样道理。有人曾做过实验，删除某篇文章里所有"的"字，结果竟丝毫不影响理解，甚至文章神奇地带上一股文学韵味。

所以，我们在润色公文时，看到"的""了"，一定要有第一时间将其删除的冲动，除非反复斟酌而确需保留。石头可以保证，将文中的"的""了"删去一半以上也毫不可惜，不但不影响文意，紧凑、流畅程度还能大幅提高，谁试谁知道，谁用谁受益。

例如，致辞写作中常见的开头句，"我谨代表学校向活动的举行表示热烈的祝贺！向××先生对我校的大力支持表示衷心的感谢！"，一旦删去"的"，改为"我谨代表学校向活动举行表示热烈祝贺！向××先生对我校的大力支持表示衷心感谢！"，明显更简洁有力。

当然，万事不可从一个极端走向另一个极端，对于讲话稿、座谈会发言这类材料，为了保持一种口语的节奏感，"的""了"就可以多保留一些。

3. 长句变为短句

如果有对文学比较感兴趣的朋友，可能知道杨绛和汪曾祺两位大作家，他们两个在文学史上是以文字优美漂亮著称的，这两位大师的文字读起来特别清爽，同时又韵味无穷。石头发现，这两位大师文字共同点就是，句子短。

石头给大家看两段话，一段是杨绛先生作品《我们仨》中的话：

我们这个家，很朴素；我们三个人，很单纯。我们与世无求，与人无争，只求相聚在一起，相守在一起，各自做力所能及的事。碰到困难，钟书总和我一同承当，困难就不复困难；还有个阿瑗相伴相助，不论什么苦涩艰辛的事，都能变得甜润。我们稍有一点快乐，也会变得非常快乐。所以我们仨是不寻常的遇合。

另一段是汪曾祺先生小说《受戒》中的话：

这个地方的地名有点怪，叫庵赵庄。赵，是因为庄上大都姓赵。叫做庄，可是人家住得很分散，这里两三家，那里两三家。一出门，远远可以看到，走起来得走一会，因为没有大路，都是弯弯曲曲的田埂。庵，是因为有一个庵。庵叫苦提庵，可是大家叫讹了，叫成荸荠庵。连庵里的和尚也这样叫。"宝刹何处？"——"荸荠庵。"庵本来是住尼姑的。"和尚庙"、"尼姑庵"嘛。可是荸荠庵住的是和尚。也许因为荸荠庵不大，大者为庙，小者为庵。

句子是不是短得令人震惊？顶顶长的句子也不过十个字！由此可知，句子短和句子优美之间，是存在着某种必然联系的。

写材料一样的，改稿子，脑中还需时刻盘旋的一条硬杠杠，就是减少长句，杜绝超长句，单个句子长度最好不要超过 35 字，否则必然影响阅读和朗诵。 按照标准公文格式，每行约为 28 字，也就是说每句话不要超过一行半。

一个比较直观的鉴别句子是否过长的标准是：一行字不能没有一个标点，一个句号最好不要超过两行。写完稿子从头到尾读一遍，如果读着感觉快憋死了，就赶紧把长句截短。至于截短长句的方法，一个是加逗号，另外就是加连词。

大家可以看看习近平总书记在建党 95 周年上的讲话，比如这段：

在几千年的历史发展中，中华民族创造了悠久灿烂的中华文明，为人类作出了卓越贡献，成为世界上伟大的民族。但是，近代以后，由于西方列强的入侵，由于封建统治的腐败，中国逐渐成为半殖民地半封建社会，山河破碎，生灵涂炭，中华民族遭受了前所未有的苦难。

最长的句子也就十五六字，一般句子普遍在 10 个字左右，意旨明确，朗朗上口，其中蕴含的技巧值得我们揣摩。

4. 查找前后用词和语句重复

"写东西最怕什么？最怕用词重复。"这是石头的领导反复跟石头念叨的一句话。有这么严重吗？石头反复体会，领导所言不虚。

用词重复是不少初稿的常见弊病，重复用词表明作者词汇量不足，对词语的运用未能得心应手，改稿时需重点关注。一件事反复提，一个词反复用，会让文章显得很没水平，听者或观者一定会想：这个人水平真低啊，这个写材料的人完全词穷了啊！

小王负责起草单位的五年工作总结，开头他是这样写的：

五年来，面对错综**复杂**的国内外形势，面对经济发展新常态等**复杂**变化，在班子坚强领导下，我们牢记嘱托，**全面**学习贯彻党的十九大精神，**全面贯彻**落实省委**重大**决策部署，积极应对经济下行等**重大**考验，克难攻坚、奋发进取，单位事业发展取得**丰硕**成果。

问题在哪？重复的地方太多了："复杂"出现了两次，"全面"出现了两次，"贯彻"出现了两次，"重大"出现了两次，"重要"和"重大"也很像，这段话就不够精彩。应该对重复用词进行替换：

五年来，面对错综**复杂**的国内外形势，面对经济发展新常态等**深刻**变化，在班子坚强领导下，我们牢记嘱托，深入**学习贯彻**党的十九大精神，**全面落实**省委重大决策部署，积极应对经济下行等**严峻**考验，克难攻坚、奋发进取，单位事业发展取得**丰硕**成果。

再以某致辞稿为例：

原文为"今天，我们在这里举行中国××大学纪念红军长征胜利80周年主题活动。首先，我谨代表中国××大学向活动的举行表示热烈祝贺！"短短两句话，中国××大学重复出现两次，语义极为啰嗦。假如改为：

"今天，我们在这里举行中国××大学纪念红军长征胜利80周年主题活动。首先，我谨代表学校向活动的举行表示热烈祝贺！"就杜绝了重复。

大家要牢记，公文三行之内要尽量避免同样的词重复出现，如果发现有复用的词，将其中一处用语义相似的词句替换掉。

为了避免用词重复，平时需多积累常用公文用词的替代词，如"重要"可用"关键""首要""关系重大"等替代，"此外""另外"可用"值得一提的是"等代替，"巨大成绩"可用"显著进步""令人瞩目的进展"代替，等等。

当然，你词汇量不大，也还有救，咱还有搜索引擎。就拿公文写作中常用的"重要"一词来说，在百度中输入"重要 同义词"，结果马上显示：要紧、严重、重大、关键、首要、紧张、主要、紧急、紧要。这个方法也可以为我们替换重复用词提供思路。

5. 调整逻辑顺序

校稿时，还要特别注意文章的逻辑。文章的逻辑，既包括部分之间的逻辑，也包括段落之间的逻辑，还包括段内句子之间的逻辑，甚至一个句子中用词也要符合逻辑。

写初稿的时候往往顺着语感写，顺着灵感写，没有精力关注文字之间的内部逻辑，很多内容的逻辑往往是混乱的，所以逻辑问题，是我们润色材料的时候要尤其关注的。

大家可能都有感觉，看有些稿子的时候你会发现，虽然文字优美、用词考究，一段话也洋洋洒洒说了不少，但总是觉得哪哪都别扭，这往往是逻辑上出了问题。

石头前几天改一个稿子，文中有一句排比相当有力，说"必须要自觉服从大局、坚决维护大局、正确认识大局"，看着铿锵有力，还挺对仗，但仔细一琢磨，就能发现句子内部其实逻辑混乱，正常的逻辑应是，先有认识大局，才谈得上服从和维护大局，不能是已经服从了，再去谈认识。

大家写稿、改稿时一定要留意逻辑问题，尤其是看到公文写作中特别常见的句子中两个联合关系的动词一起用，宜按照事理顺序排列，而不宜颠倒过来。

比如，"保持和发扬""巩固并提高""继承和发展"，不能写成"发扬和保持""提高并巩固""发展和继承"。

再如，"支持主任、副主任和其他同志的工作，增进和维护新成立的秘书处的团结。"维护在逻辑上必然处于增进之前，连维护都维护不住，还谈什么增进呢？因此"增进和维护"要毫不犹豫地改成"维护和增进"。

还有些工作，有固定的工作程序上的先后顺序，不能随意改变。例如，要制定一项惠民政策，一般是先调查研究、听取意见、征求建议，再汇总整理、多方协商、民主讨论,最终形成初稿、反复修改、审定下发。

觉得逻辑有问题的,无论是部分、段落,还是句子、用词,都要敢于调整。该挪到前面的挪到前面,该放到后边的放到后边。

6. 提炼主题句,明晰段落结构

文章的整体结构大家一般都比较在意,条条块块尚能分割得清晰,但到了段落结构这个层面,很多初稿就是一塌糊涂,根本没法深究了。不少初稿写段落的时候都是肆意为之,想到哪写到哪,没有提炼过主题句,密密麻麻一大段,理解起来费劲,显得材料质量不高。只要稍微注意下段落结构,回忆一下石头前面讲过的金字塔叙事方法,每段话给加上个主题句,很神奇,层次马上分明了。

一般来说,每段的第一句应为主题句,对本段基本观点和内容予以概括;中间几句是发展部,有层次、有逻辑地阐述主题句的思想;结论句则对本段主要思想予以深化。关于主题句和段落结构,石头在第四章第七节和第五章的第一、二节有详细论述。

7. 文字比例必须整齐匀称

人类对形式审美总是有很高要求。路边的树木、草坪、灌木,按说让其自由生长对空气更好,对植物自己也好,但事实上这行不通,人类看到这些自由生长的植物就难受,非要把树按等距离种好,灌木、草坪修剪得整整齐齐,认为"整齐"才是"美"的,有序的。

同理,写材料,文字比例"整齐"也是硬杠杠。

篇章要整齐。除去开头结尾,中间各部分长度应该差不多,每个部分差不多都讲三点以上意思。为什么讲三点以上意思才看着舒服?一方面,这是逻辑需要,还记得我们前面讲过的"提出问题、分析问题、解决问题"逻辑吗?三点以上,逻辑上才有纵深,比较言之成理。同时,"三三制"也是为了迎合文字比例整齐的审美需要,大家普遍审美是一米七以上的妹子高挑好看,你非要领个一米二的妹子回家,父母肯定不满意。

段落要整齐。各个段落篇幅应该差不多,不能第一条十几行,第二条只有两三行。

标题要整齐。同一部分内,不能有的标题三四个短句,有的却一个单句,如:第一,进一步加强学习;第二,始终把加快发展作为第一要务,全力推动经济健康发展。这就属于不整齐,改的时候需要规置成:

第一,始终把加强学习作为第一需要,不断提升自身执政能力;第二,始终把加快发展作为第一要务,全力推动经济健康发展。

这样标题才整齐匀称。

8. 检查句子的语法结构

总的来讲,与英文相比,汉语很不重视语法,这是中文本身的特点决定的,汉语以字为基本表意单位,对语法错误的包容性很强。

不信,大家可以看看下面这句话:

研表究明,汉字序顺并不定一影阅响读。比如当你看完这句话后,才发这现里的字全是都乱的。

哈哈哈,是不是很好玩。石头举这个例子,不是想说中文的语法不重要,相反,我是想说,因为汉语的语法太过宽容,所以大多数人语法水平低下,材料员也莫不能外。

所以,在润色校对的过程中,一定要进行语法检查,把句子分为主、谓、宾、定、状、补六类成分,砍去细枝末节,理清句子主干,然后按照这些成分的组成、要求、用法、范围来鉴别语句是否正确,找出语句错误。

语法错误的类型很多,石头在这里不一一展开,只提醒大家公文中最常见的一种语法错误：动宾搭配不当，即句子里动词和宾语搭配错误。

请注意，当一个动词修饰两个宾语时，这个动词必须与两个宾语都能搭配使用。例如：同志们要坚持有计划地学习，不断激发个人的内在潜能和综合素质。此处的"激发"就犯了语法错误，因为"激发"只能与"潜能"搭配，不能同时与"素质"搭配，应当把"激发"改为"提升"。

不少人凭着所谓的语感生造动宾搭配，写出这样的句子：必须进一步明确和执行建设有中国特色社会主义的政治、经济、文化的基本目标和基本政策。

乍一看用词丰富，似乎还不错，把动宾结构理出来一看就出问题了，"明确"和"目标"、"政策"都能搭配，而"执行"只能和"政策"搭配，不能和"目标"搭配。

我们可将句子分为两个分句："……必须进一步明确建设有中国特色社会主义的政治、经济、文化的基本目标和基本政策，并确保政策得以执行……"

9. 注意核实数字

公文写作中还有一项特别易犯的错误，那就是数据错误。不少材料，尤其是总结性材料，往往涉及时间、人数、序列、经济指标等各个方面的数据，务必对此保持高度注意，反复校对，确保数据准确无误。

除了要关注数据的来源和准确性，还要重点关注数据前后不一致的问题。我们在起草初稿的过程中，可能收集了来自多个部门的素材，运用在文稿的不同部分。

写初稿时，不容易有整体观，注意力都在当时正在写的部分上面，如果部门提供的素材之间数据打架，你又没注意，成稿时就会出问题。

有次石头起草材料，涉及单位某年的招生人数，招生就业处负责全校学籍管理和本科招生，给石头提供的数据是全校 2017 年共招生 9 810 人，其中本科生 3 120 人。研究生院负责研究生招生，给石头的数据是 2017 年共招研究生 7 560 人。

于是石头在初稿中写道：2017 年我校招生态势平稳，共招录本科生 3 120

人，研究生 7 560 人，总计 9 810 人。检查时石头发现，哎呀，不对啊，这本科生和研究生招生数加起来比招就处提供的总数多啊，根本不止 9 810 人啊！经过多方查证，才搞明白，研究生院给的研究生招生数据包含了几百名非全日制研究生，而招生处未将其纳入统计。乖乖，好悬，这要是没发现，就闹笑话了。

所以，当引用不同单位提供的数据时，一定要注意确认数据的统计口径、区间是否一致，以免贻笑大方。

核实数字还有另一层含义，就是标题中或是正文中表示顺序的数字一定要正确连贯，比如，一项工作本来有四项要求，按照一、二、三、四的顺序排列下来了，但领导觉得第三部分没有必要给删除了，结果标题却没有改过来，就少了一个第三点，这种情况在写初稿的时候很容易忽视。尤其是当标题层级比较多，而每级标题包含的小观点也比较多时，要认真检查层级标题序号是否有交叉，同一层级内标题序号是否有重复，或是序号与实际不一致。

核实文中表示顺序的数字，还要注意数字格式的统一。无论是直接用序号：一、（一）、1.，还是用文字性的一是、二是、三是，第一、第二、第三，同一层级的数字格式一定要统一起来。

石头刚入门曾犯过这类错误，第一个标题是：第一，提高认识。写第二个标题时大意了，就变成：二是强化落实。第三个标题又转回来了：第三，完善监督。"第一、二是、第三"，这就是典型的序号格式不统一，必然要被领导批评的。

10. 核实古文和典语

用典是提升材料文采的有效途径，石头主张多用典。但同时，也强烈提醒大家注意核实文中引用的古文、领导讲话等典语，千万别出现错误，画虎不成反类犬。

有次石头改别人的初稿，文中有这样一句话："孔子说过，'不义而富且贵，于我为浮云'。"用来描述廉洁自律的重要性，相当贴切。

但石头没有被这句古语妖娆的外表蒙蔽，因为我有个习惯，不管是自己写的初稿，还是改别人的初稿，碰到古文等引用，都会逐句核实。核实的方法也很简单，把整句拷贝下来放到百度中一搜，找到原文来源即可。

就这么一搜，出问题了，论语《述而》中的原话是，"子曰：'饭疏食饮水，曲肱而枕之，乐亦在其中矣。不义而富且贵，于我如浮云。'"也就是说，不是"于我为浮云"，而是"于我如浮云"。于是马上将其改正。可见，越是不熟悉的引用，越要严肃核实！

11. 注意容易误用的成语

有些成语词性、含义比较复杂，难以从字面看出，需要我们在校稿时特别留心。成语之所以被误用，主要是因为没有理解其真正含义，使用时望字生义、先入为主，被其中的某一关键词诱导。

比如，"曾几何时"普遍被误作"曾经"的意思使用，其本意是指时间没过多久；"差强人意"本义表示事情结果还不错，却常被反过来当作"不如人意"来使用；"莘莘学子"本来已含有众多的意思，后面却偏偏再加上个"们"字；"灯火阑珊"本意是指灯火稀疏、人烟稀少、比较冷清，却被误解为"灯火通明"，等等。

提高成语勘误水平，只能靠学习。网上有人总结了"容易误用的100个成语"等资料，大家可以找来看看，对照学习，免得写材料时闹笑话。

12. 政治性专有名词和领导原话一点都不能错

公文姓公，政治性是政府文稿的第一属性。如果说写材料这项工作有什么错误是一招毙命的，那就是政治性错误，犯一次，足以葬送你的职业生涯。

一方面，在涉及政治性问题或其他重大敏感问题上，必须与中央精神保持一致。

例如，2014年11月APEC峰会在北京召开期间，网上某篇文章出现"21个APEC成员国国家元首和政商精英"。其中有两处严重错误：第一，APEC成员中包括中国台北、香港，所以不能用"成员国"一词；第二，"国家元首"更属严重错误。所幸，这一错误被及时发现，改为"21个经济体的领导人和政商精英"。

另一方面，**在引用领导人讲话和政治性表述上要精准无误**。尤其是引用领导人讲话，一定要慎之又慎，万不可出现错误，引错古文或许还能归到能力问题，引错领导论述那就是作风问题，甚至政治问题了。

一次，石头改一篇稿子，其中有段话是这样的：

习近平总书记在文艺工作座谈会讲话中指出，"**现在的文艺作品**存在着有数量缺质量、有'高原'缺'高峰'的现象，存在着抄袭模仿、千篇一律的问题，存在着机械化生产、快餐式消费的问题。"

石头读着总觉得有点别扭，口气不大对，于是找到原文，发现习近平总书记原话是：

不能否认，**在文艺创作方面，**也存在着有数量缺质量、有"高原"缺"高峰"的现象，存在着抄袭模仿、千篇一律的问题，存在着机械化生产、快餐式消费的问题。

也就是说，总书记原话中根本没有"现在的文艺作品"七个字，那完全是写作者自己的表达，所以，引号只能放在"现在的文艺作品"这七个字的后面，否则就是引用政治性表述出现了错误。

二、用5分钟大幅提升公文质量和水准

前面石头讲过，领导和上级在最短时间内判定一篇公文的质量和水准：一不看结构；二不看标题；三不看起始段或结尾段，而是要看格式。

石头曾领衔撰写单位的年度工作总结，收上来下面几十个部门的年度总

结。有些总结下了功夫，文字通畅、资料翔实，可以不加修改地引用，极具参考价值；有些胡堆乱砌，利用价值不大。

各个部门的材料看多了，石头发现一个规律：一般而言，一眼看上去格式规整，标题小标宋二，正文仿宋三，标题按"一、""（一）""1.""（1）"依次排下来的，往往文字内容也属上乘；而那些交上来格式乱七八糟，整篇宋体五、字小得看不见的，或者标题零号字，感觉不是在写公文而是在刷标语的，文字内容读来常常也是味同嚼蜡，索然无味。

难道格式是否标准和公文质量高低有什么直接关系？答案是肯定的。

其实，当时石头请各个单位提供年度总结的时候，并未统一要求格式，但很明显，各个单位还是把自己的一贯工作作风带到了总结里。

那些对格式一丝不苟，无论什么情况下都严格按照公文格式规范塑造自己文字的单位，往往都是训练有素、管理规范的单位，对内容会认真对待，反复推敲，结果就是公文质量高，上级单位满意。

那些对格式随随便便、随心所欲的单位，往往是对公文写作规范十分陌生，人员公务素养欠缺的单位，连格式都弄不好，还能指望他们提供什么出彩的内容呢？

将心比心、以心换心，你在拿格式评判下级单位的工作水准，上级单位也在拿格式评判你的工作水准。

石头是天平座，懒得很，曾经看不上一些专司文书的同志那处女座一般的、对格式吹毛求疵的态度。

石头那时觉得，《党政机关公文处理工作条例》《党政机关公文格式》之类的条例和标准，当然很重要，但那是约束正式公文，是约束有法律效力的公文的，而正式公文反正也要经过文书部门的冗长流程，反复修改，他们自然而然会把格式调正确，我干吗要懂公文格式？

石头坚信，给领导写讲话也好，给单位写总结也好，关键是要把内容打磨好，至于格式，只要字别太小领导看得清就行，干吗非要懂那一套标题几号什么字体，正文几号什么字体，一级标题用"一"，二级标题用"（二）"的条条框框，太烦琐，太形式主义。

直到后来，有一次给上级部门反馈对某规定的意见，很简单的两页纸文字，分管领导看过之后，交代我，没问题，按要求反馈给××部门吧。石头秉持"马上就办"的精神，迅速地把反馈意见传真给了上级部门。

不一会儿，石头桌上的电话急促响起，一接，是分管领导愠怒的声音：石头，你报给××部门的材料格式怎么是乱的？！我一惊，辩解道，领导啊，那不就是个反馈材料吗？连公章都没盖，更不是正式公文，还要求什么格式？

后来石头才知道，××部门并未经官方途径对石头反馈的材料提出意见，不过上级部门负责该项工作的××处长和我们领导很熟，私下提醒了我们领导，说我们报的那材料格式乱七八糟，而其他单位的则都是一板一眼，我们的东西在一堆材料里很扎眼，显得极为业余。

××处长还开玩笑说，不像是你们单位一向以来的工作表现啊，是不是最近抓得不紧？搞得我们分管领导脸上相当挂不住。

可见，公文的格式一方面是单位的脸面，别人从这一点来判断单位的工作状态、管理水平。相应地，公文的格式也是办公室人自己的脸面，别人从这一点来判断你个人的业务能力、作风态度。

一个单位发的公文如果格式错误，缺词少字，那么这个单位的管理水平和运行状态必然会遭到强烈质疑。一个人弄材料都不注意格式，随心所欲，那么你的文字水平必然难以让人信服，甚至工作作风也难被认可。

千万不要把遵守格式只理解成对专门核文发文人员的要求，千万不要把格式只理解成对正式印发公文的要求，只要从你手里流出的文字，只要给别人看了，要派上用场了，你都要把它的格式当成自己的脸面。出个门，牙缝里的韭菜总要搞干净吧！

自此，在石头这里，调好格式就成为修改公文的第一步，数万言的总结、汇报也好，百八十字的通知、谈参、讲话也好，给上级单位或领导精细打磨的成品也好，初步拿出来拼拼凑凑的草稿、靶子也好，石头都要严格按《党政机关公文格式》调好格式。

时间长了，石头发现把格式先调好，绝对是四两拨千斤的划算买卖，石头甚至因为这个经常轻易获得表扬，似乎连文字内容也跟着沾了格式的光。

有时候拿出来的东西，别人还没细看内容，就先表扬一句，"很规范啊""很是那么回事啊""看着没啥大问题"，一下子就把作者石头判定为一名在文海遨游多年的老笔杆子，带着一种认可乃至敬畏去审石头的稿子，修改意见明显提得少多了，认可度明显高多了。

前面扯了半天，主要还是提高认识层面的东西。如何快速掌握公文格式规范？当然最好是去把好几十条的《党政机关公文格式》背下来，如果实在力所不逮，版头套印这类格式你可以不掌握，但正文格式一定要清楚，至少要记住以下四个方面的要点：

1. 标题

并非越大越好，千万别用黑体！一般用 2 号小标宋；在顶端或红色分隔线下空二行位置；分一行或多行居中排布；回行时，要做到词意完整，排列对称，长短适宜，间距恰当；标题排列应当使用梯形或菱形，工字型简直丑得不能看！若有副标题，破折号之后用 3 号楷体。

关于标题的摆布还有一个值得注意的小问题，那就是排版的时候尽量要把每一部分的标题和其下的内容安排在同一页纸上。很多人在排版时不注意这一点，标题放在第一页最后一行，内容却从第二页第一行开始，明明是同一部分的内容，作为旗帜的标题和作为支撑的内容却被硬生生拆散了，这样容易给读者阅读、理解该部分的内容造成不便。正确的做法应是敲下回车，把标题安排在第二页的起始，这样标题和内容就"无缝衔接"了，阅读时感觉会顺畅许多。

2. 正文

仿宋！仿宋！仿宋！不是仿宋自己打屁股，最基本的都不懂。一般用 3 号仿宋；每个自然段左空二字，回行顶格。

3. 序号

按照规范，文中结构层次序数依次可以用"一、""（一）""1.""（1）"标注；一般第一层用黑体字，第二层用楷体字，第三层和第四层用仿宋体字；都是三号，都不加粗！

4. 行距

规范要求的是排版每面排22行，每行排28个字，并撑满版心。在Word里如何达到呢？一是调页面设置，页边距上3.3，下3.3，左2.9，右2.6，页脚边距2.9；二是调行高，固定值29磅。注意，这些数值并非一成不变，可以根据稿件的实际微调。

5. 页码

有些人弄完材料，从来不记得加个页码，四五十页的汇报材料，页底端也是光秃秃一片。殊不知，这会给领导，有时甚至会给自己造成极大不便。讲话稿没有页码，领导念着念着就不知道念到哪去了；总结稿没有页码，打印装订时出了问题都无从发现；上报材料没有页码，上级收到一大堆搞不清顺序的传真，简直要吐血。调材料格式，一定记得加上页码，最好是在每页显示一共几页，本页是第几页。

做到以上几点，一眼看上去，公文的格式就基本规范了。当然，其他关于附件、署名、日期等都有相应要求，这个就不再赘述，请大家在《党政机关公文格式》（见附录）里翻查吧。

总之，公文写完了，先别急着发邮件、交领导，花五分钟，把格式认认真真调一遍，石头敢说，即使一字不改，这篇文章在别人眼里的水准，也高了不少。

三、写材料，可以在格式上花的一些小心思

把文稿的格式按照《党政机关公文格式》调好任务就完成了吗？还没有。石头想再教教你，如何再用三两分钟时间，鹤立鸡群般地体现你对材料撰写的认真和用心，用你缜密的小心思去征服领导。

我们都知道，现在领导都忙到起飞，要参加各种会议，很多时候甚至到了刚拿到稿子，马上就要上主席台开讲的程度。如果领导没有时间事先熟悉讲话稿中的每一个字每一句话，就有可能在讲话过程中出现这样或那样的问题，乃至酿成重大"事故"。

前不久，一位级别不低的领导就在活动讲话中把"滇越铁路"念成"镇越铁路"，引发网络轩然大波；北京大学120周年校庆日，现北大校长林建华在校庆大会致辞中将"鸿鹄（hóng hú）"念成了"鸿浩（hóng hào）"，引发网友热议。

领导念错字，主要责任当然在他自己，但我们写材料的确实也应当多想办法，把工作做在前面，尽量保证领导在讲话中少出问题或者不出问题。我们在完成领导讲话稿的写作之后，还应该细致入微地做一些格式调整和标注工作，用身份代入的办法，试想一下，如果是自己现场念会不会有尴尬的情况出现，有可能在哪些地方出问题，然后进行提示。这样不但能显得自己工作特别认真、心思缜密，还能最大限度避免"念别字"这类事故。

1.用括注拼音、同音字的方式标注生僻字和容易读错或看错的字

有些字生僻难读，认识的人不多；有些字字形容易跟别的字混淆，导致读错。最好在讲话稿中用括注拼音或同音字的方式标注出来。比如千里迢迢，和"超""招""昭"等字同包含"召"，但不读 chāo、zhāo，就可以在文中标注为千里迢迢（tiáo）；龋齿，经常被读成 yǔ 齿，也应当标注为龋（qǔ）齿；安徽的亳州市，经常被读成"毫州市"，在讲稿中最好标注为亳（bó）

州市。

如果讲话稿中出现多音字，也要特别留心。比如"朝阳"，既可读作"zhāo yáng"，也可读作"cháo yáng"；再如"茜"，既可读作"qiàn"，也可读作"xī"。如果讲话稿、表彰决定、宣读名单等材料中出现诸如"李朝阳""王茜"这样的人名，就得提前核实究竟怎么读，并在其后用括号标注出同音字。

还有一些字，用作姓时有固定的读音，最好也用同音字标注一下，以免读错。比如"仇"，一般情况下读"chóu"，用作姓时读"qíu"；再如"解"，一般情况下读"jiě"，用作姓时读"xiè"；等等。

有些兄弟可能要挠头：哎呀，不是我不想标注，只是这拼音在电脑中打字很不方便，我还真不太会弄。其实有简单方法，假如你碰到哪个字读音拿不准，放到百度里面一搜，拼音马上显示出来，复制过来即可。

还有些人工作更细致，他们考虑到20世纪60年代之前出生的领导大多没有学过拼音，用拼音标注相当于无用功，于是贴心地用同音字的方式来标注讲话稿读音，写成"安徽亳（伯）州""河南漯（落）河"，这样即使领导不懂拼音，也不会读错了。

2. 用空格或加下画线的方式标示专业术语、外国人名等

石头曾经听过个笑话，一领导念讲话稿，因为不熟悉内塔尼亚胡其人，竟然念成了"内塔尼亚 胡说"。如果秘书事先在"内塔尼亚胡"下面加一条线，即"<u>内塔尼亚胡</u>说"，或者留出空格，即"内塔尼亚胡 说"，念错的情况就不会发生了。

当然，除了做标记，也可以直接改动容易引发歧义的文字，比如改成"内塔尼亚胡曾经说过"，这样领导和听众都不容易误解，也许会更好些。

有人做得更周到，他们把讲话稿中比较拗口的专业术语、外国人名和一些不常见的地名等单独列出来，放在材料最后面搞个"名词解释"，让领导事先熟悉一下，也是个办法。

3. 用调整字间距的方式保证页末的词语或短语排在同一页

还有个领导读稿的笑话也流传甚广。某单位学习国际形势，领导读稿子时，读完"葡萄"后，这稿子的一页终了，于是停顿下来，翻开下一页，接着读道："牙"。本来大家很奇怪为什么会突然说起"葡萄"，听到那个"牙"后才恍然大悟。

特定的词组和短语一定要确保呈现在同一页上，否则有时领导先读了一个词语或短语中的几个字，然后翻页再读接下来的字，出现了不该有的停顿，读破了句子，就会闹笑话。

怎么才能避免这种情况呢？我们可以调整字间距，把文稿的最后一行或者两行的字距放大或缩小，使页面中最后一个词语或短语的每一个字同处一页之中，这样可以避免读破句。

4. 标示文言文中的停顿关系

如果文稿中引用了文言文，且文言文意思晦涩难懂，不容易读得流畅，可在词与词之间留出空格，便于领导把握朗读节奏。

比如"祸患常积于忽微，而智勇多困于所溺"这句话，可以处理成：祸患／常积于／忽微，而智勇／多困于／所溺。"知之者不如好之者，好之者不如乐之者"可以处理成："知之者／不如／好之者，好之者／不如／乐之者"。"苟利国家生死以，岂因祸福避趋之"，可处理成"苟利／国家／生死以，岂因／祸福／避趋之"。

以石头的经验，在领导讲话中引用文言文或古籍，尽量用大家耳熟能详、朗朗上口的句子，不要用过于晦涩难懂的。

如果确有必要引用生僻的古籍，尽量给领导当面讲解清楚，或者用短信、邮件说清楚，领导如果念得磕磕巴巴，还不如不写。

5. 把页边距调宽便于领导修改

初稿写好了，领导一般会用笔在初稿上直接修改，有时候增删的内容多，领导写字又龙飞凤舞，就会导致稿子两边的空白处密密麻麻挤满了修改的笔迹，抠也抠不出来、看也看不清楚。

如果你是起草初稿，估摸着依领导的脾气肯定会大篇幅修改，可以在文件常规格式的基础上做一些变化，打印的时候把页面右侧或者两侧的页边距磅数调大一点，调宽一点，这样稿纸上的空白面积就会大得多，领导写起来就舒心多了，不用再挤作一团，誊清的时候看着也清楚。

6. 控制每一个段落的长度

如果一段文字有七八行甚至更多，很容易读错行。为了避免发生这种情况，最好把较长的段落分成若干小段，每一段三四行比较适宜，而且最后一行尽可能不要满行，这样在视觉上有明显的段落分隔，可以避免读错行。

7. 对需要说明的地方加脚注

如果材料中涉及数据来源、统计口径、专有名词或背景信息需要向领导进一步解释，当面汇报又难以说清楚，可以在文中添加脚注，将相关信息在脚注中予以说明，方便领导掌握。

比如，一篇关于"一带一路"的材料写到要坚持"三共"原则，一般人可能并不了解"三共"原则到底包括哪些内容，那么就可以在脚注中写明："注：'三共'原则是指'一带一路'建设是系统性工程，要坚持共商、共建、共享原则。"领导一看就懂。

有人对石头上面说的这些技巧有些将信将疑：你说的这些，工作到位是到位了，但这不是预设领导很没文化吗？不是故意在提醒领导你还有不认识的字吗？会不会让领导感觉很不爽呢？

石头对他说，此言差矣。我们当然知道领导啥都会，但我们还是要用这样细致的工作来体现细致入微的服务和关怀。就像家里的地谁不会扫,那为什么还要请保姆扫呢?省事呗!我们标注读音也是一个道理,不是说领导不会,而是我们多做一点,让领导省事一点、轻松一点。你说是不是呢?

四、一个错别字毁所有!

错别字是文章公害之首,这点几乎毋庸置疑。错别字能使文意谬之千里,假如把一篇雄文比作一座大坝,那错别字可能就是让其溃败的蚁穴。辛辛苦苦写出的公文出现了错别字,实在是很恼人的一件事。明明已经用尽洪荒之力,立意相当高远,标题也很亮眼,内容比较实在,语言非常讲究,离好稿子只有一步之遥。

结果一个不小心,出现了错别字,于是被领导劈头盖脸一顿批评:这写的什么?错别字问题都还没解决,有没有认真写?!有没有认真写!?回去好好反思。

于是乎前功尽弃,好几个晚上挑灯夜战的努力被几个错别字打了水漂。对颜值来说,是一胖毁所有;对写材料来说,是错别字毁所有!

有时候时间紧,领导信任石头的文稿写作质量,会对石头说,写完我就不看了,发吧,但紧接着往往会补上一句:我就一个要求,千万别有错别字!

错别字之所以犯忌讳,是因为它被看成底线。领导这样解释:"一旦看到错别字,我心里就不'托底'了,就对材料的内容、文字都没有信心了。"你看,后果多严重!

1. 哪些字特别容易错?

石头总结,在目前的公文中,特别容易出错的大概是以下几类字。

(1) 读音相近的字

现在很多人都用智能拼音打字，在输入部分拼音时会出现一些相关联的字词，由于选择速度较快而发生错误，形成错词病句。校稿人员要从撰写文章的过程入手，亲自体验出现错误的情景，加深校核印象，对读音相近的字保持高度警惕。

例如，在写机遇与挑战并存时，避免把"与"写成"于"；在写多少名群众参与活动时，避免把"名"写成"民"。常见的容易搞错的同音字还包括：发轫（误为发韧），杂糅（杂揉），沧桑（苍桑），宣泄（渲泄），文身（纹身），抑或（亦或），挖墙脚（挖墙角），原动力（源动力），式微（势微）。

(2) 用法不清的字

由于对字词的用法含混不清，导致用词不准，出现文字错误。其中最容易混淆的是"的、地、得"，网上关于它们之间的区别有很多解释，但关键要把握的就是："的"是定语的标记，一般模式为"的＋主语或宾语（名词）"；"地"是状语的标记，一般模式为"地＋谓语（动词或形容词）"；"得"是补语的标记，一般模式为"谓语（动词或形容词）＋得"。

再譬如，"做、作"用法区分比较复杂，有时还存在通用的情形，但在写作实践中有其习惯的用法，"做"字后面一般接具体的事物或动作，"作"字后面一般接抽象的事物。

(3) 字形相似的字

在平时的学习阅读中，要善于总结，将字形相似、容易混淆的字归集起来，组建错字库，核稿时有针对性地检查正误。

例如，崇与祟，前者用作崇拜、崇山峻岭，后者用作鬼鬼祟祟；腾与滕，前者用作奔腾、腾云驾雾，水向上腾涌，后者为姓氏滕；鹜与婺，前者用作趋之若鹜，后者为地名婺源；赢与嬴，前者用作输赢，后者为姓氏嬴。

常见的形似字（括号内为错误用法）还包括：窠臼（巢臼），仓廪（仓禀），镌刻（隽刻），高亢（高吭），引吭（引亢），如法炮制（如法泡制），蛰伏（蜇伏），一炷香（一柱香），住持（主持）。

2.校稿的手法

以上几类，是公文犯错的高发区、重灾区，有人看了石头的总结说：石头，你讲得挺好，但问题是我每次盯着稿子看了一遍又一遍，也发现不了你说的这些问题，你说问题出在哪呢？校稿，只靠盯着看肯定不行，大脑会陷入疲沓，我们还要有其他手段！如何把好质量控制的关口，力争让"出厂"的公文零瑕疵，石头有几个小办法。

（1）念一念

所谓念一念，即大声朗读或逐字逐句默读。这是一位在报社校稿多年的老前辈总对石头提起的办法。大多数人在检查文稿时，习惯扫视，用目光一行一行地在文字上扫过去，这样速度虽快，其实很难发现错别字，因为目光具有跳跃性，一不注意就从第二行扫到了第五行，直接跳过去两行。

如果把文章大声读出来效果完全不同，一方面一字一句不可能有遗漏，另一方面调动了嘴巴，注意力会更加集中，更关键的是，朗读还能把书面文字放到口语的框框中去调试，不少书面文字看是看不出问题的，但一读就会发现诸如不通顺、不符合语言习惯等问题，这样一来，不但能发现错别字，还能顺便修正语病。

比如，石头改了一个讲话稿，稿子原文最后一段为"祝画展圆满成功！祝同学们更上层楼！"粗看没看出问题，待到读审的时候感觉不对，"更上层楼"书面上看得懂，是要同学们艺术创作水准更上一层楼的意思，但念出来总感觉是让人爬到二楼去的感觉，而且也没说哪方面更上层楼，总不会是体重更上层楼吧，句子有歧义。于是改成，"祝同学们在艺术道路上更攀高峰！"改后的句子明显更加符合口语习惯，也更为有力。

鲁迅先生也深谙此道，他有句话石头觉得很经典，"写完后，总要读两遍，自己觉得拗口的，就增删几个字，一定要把它读得顺口，决不能用只有自己懂的或自己也不懂的生造出来的字句。"

石头办公室有位同事，堪称"念一念"这方面的楷模，每次写稿子，都能听到她在窃窃私语，一边写一边默念，石头问她这样有啥好处，她告诉石头，这样念出声，可以用口语的语感去矫正书面语的问题。事实证明，确实她写的稿子往往语言平顺，质量较高。

（2）帮一帮

石头刚到办公室的时候，同屋有位女同事，每次写完稿子都会草打两份，一份自己审，另一份递给石头，说，石头，这个稿子帮我看一遍吧。搞得石头心情久久不能平静。后来才发现大可不必脸红心跳，人家其实完完全全是从工作角度考虑的。

自己写的稿子，看多了总会有审美疲劳，哪哪看着都顺眼，不忍增删一句，更别提发现错别字啥的了。这也是为什么办公室常常发生一类灵异事件：自己的稿子即使反复翻看多遍，直至纸页翻出毛边，都发现不了错误，到了领导那却被一眼识破，让人懊恼不已。多一个人看稿子，就相当于多了一道关卡，出错的概率就会大幅下降。

石头从同事那儿取经之后，也学着每次写完文章多打几份，分给办公室的同事甚至实习生，请他们帮忙看一看，到目前为止，石头请的这些帮手还从没有放过空枪，每次都能挑出错别字、语法错误甚至事实错误的硬伤。有了大家的襄助，石头再把稿子拿给领导时，心里踏实了不少。

（3）放一放

稿子写完了，早日交差的迫切心情可以理解，但石头建议，自己念过了，别人也看过了，还是再放一放，假如时间允许，第二天一早到办公室后再检查一遍，之后提交成果，这样可能更有把握。

之所以要放一放，是考虑到前期写稿核稿，已经耗费了大量精力，往往头昏脑涨，同时，反复校看同一篇稿件，基本已经沉浸到文章的语言和逻辑中去了，这种情况下发现错字的难度极高。好比同一个小孩，自家人天天见往往没觉得长高了长胖了，抱回老家一看，亲戚们异口同声地惊叹"啊呀，长高了这么多！"

给文章挑错是个耐心活，也是个耗气力的活，所以千万别在心急火燎或是昏昏欲睡的时候干。写完之后好好睡一觉，待到隔天神清气爽的时候再认真校稿，才能最大限度保证收到实效。

写到这，石头必须再次搬出鲁迅先生的指示："等到成稿后，搁它几天，然后再来复看，删去若干，改换几字，竭力将可有可无的字、句、段删去，毫不可惜。"

（4）查一查

检查检查，有检更有要查。前面说的三种挑错方式，都是检索这一层面的工作，但是，就算检索得再详细，你压根就不知道某个字是个错别字，不知道正确的词语和成语是什么，那即使念一百遍也发现不了问题。

比如，有许多易用错易混淆的词，"宣泄"和"渲泄"，"部署"和"布署"，"坐镇"和"坐阵"，"和谐"和"合谐"。还有一些成语来自典故，用字特别，如"山清水秀""青山绿水""直截了当""再接再厉"，等等。

遇到这些词句，一旦有疑虑就要马上确认，随手备一本《现代汉语词典》翻查，或者直接百度，一定要确认写在纸上的就是标准、规范的用法。

一直觉得办公室人和错别字的战争就像是压弹簧，你认真了、细致了、严肃了，错别字就被压得紧紧的，你一旦松一点，它就弹得老高。

加班加点写的材料，经过一遍遍修改，怀着忐忑的心情，带着期待的眼神，望穿秋水般盯着计算机、电话，当听到领导一句：可以了，再检查一遍就印吧。这个时候，还不到放松的时候，一定要再检查一遍错别字，坚决不犯低级错误。

结语

假如学写公文有捷径,那么一定有且只有这一条

经常有朋友留言问石头,"怎么写公文?""怎么写好公文?""不会写没思路怎么办?"石头感到无言以对,不是问题不好,实在是回答不了,或者说不想做空泛的回答。

即使把要做亮标题、内容要生动贴切、观点要鲜明、结构要合理、言辞要准确优美这种正确的废话说上100遍,背上100遍,你就能做到了吗?离开积累和文字的感觉去谈方法,是一种毫无用处的奢侈。

假如说学写文章有捷径,那么一定有且只有一条——读党报、摘党报、用党报。虽然石头对自己的书有信心,觉得大家看完这本书,对公文写作能够有焕然一新的认识。但我也明白,如果你想在写材料的路上走得更远,甚至发展成可以傍身的手艺,仅靠这本书中的"雕虫小技"是远远不够的。

如何才能在公文写作领域持续成长?答案有且只有一条:学习。

石头也知道大家忙,交不完的材料,填不完的表格……所以石头想,与其高谈阔论"空对空"谈学习,还不如给各位读者布置一个长期家庭作业,一起来完成我们的"党报日读计划"。

1. 为什么要"党报日读"?

"党报日读",简单点说,就是坚持每天阅读党报,摘录党报,它的好处如下所述。

一是可以浸淫在公文的语感中

公文是一种独特的文体,有自己的语感。很明显,一个只知道"吓死本宝宝了""主要看气质""我的内心几乎是崩溃的"这类"黑话"的人,可能是一个好的段子手,但绝对写不出好公文。每天读党报,徜徉在公文话语体系的世界里,是培养适当语感的不二法门。

二是可以感受最新颖最时尚的文风

党报从来都引领公文体的流行风潮,想要知道最近时兴怎么写公文,不读党报不行。比如,最近一段时间,俚语土话明显比诗词歌赋更受欢迎,"天上月亮贼拉亮"比"举头望明月"更高端一些,这点在党报上得到了全面体现。

三是可以积累丰富实用的句、词、字

党报的文字大都经千锤百炼,它是公文体形式上的高峰这点不容置喙。石头之前说一定要建立自己的公文写作资料库,去哪挖宝藏?最大的富矿就是党报。关于建立资料库对于写公文的巨大效益,可以重温第一章第八节《我们不生产文字,我们只是文字的搬运工》。

2. 如何"党报日读"?

读党报如此重要,所以最好经常读、每天读,读得越多,文章必然写得越好。但办公室工作确实又很忙,如何坚持读下去,见缝插针地读,有效率见效果地读,石头建议这样操作。

一是可以只读人民日报电子版

各级各类党报一大堆,石头建议最好不要铺开读,你肯定没有那个时间精力。在所有党报中,人民日报无疑是综合性最强、理论水平最高、文字最为讲究的,所以,只读人民日报。当然,如果精力有富余,你说要读读地方党报、行业报,那更好。

为什么要读电子版?两个原因,易得、好摘。人民日报电子版打开网页即可获得,版面工整,更新非常及时,完全免费,更重要的是,看到值得摘录的词句,直接复制即可,碰上经典文章,全文粘过来也不费劲。

二是可以只读质量较高的文章

同在一张版面上，文章质量仍有高下之分。一般来说，一些经典栏目，比如社论、任仲平、人民论坛、人民时评、评论版的文章更值得读。还有一个鉴别方法，人民日报电子版左下方有个点击量排名，可以作为选择自己要读的内容的参考。

三是边学边摘

好文章，无非是学它的标题、结构、逻辑、内容、语言。需注意，比学更重要的，其实是摘。工作忙，没时间仔细学，可以先摘下来，好的标题、句子、词语、俚语、观点、诗词、名言、古语甚至段落、篇章，都直接摘下来，闲时慢慢回味。摘的时候不要分类，不要关心格式，就按看到的顺序排下来即可，顶多加个序号，或是把自己最中意的部分标黄。若是弄得太烦琐，过不了几天你就会了无兴致。口说无凭，可以给大家展示一下，石头的党报日读资料库是这样的：

【党报日读计划】2016年11月22日文摘

言人人殊，说到底，这是利益调整方程式，也是政策推行必答题，关键是"依据"在哪里，"度"在哪里，只有求取最大公约数，才能顺利推行政策。

同呼吸需要共担当。同在一节地铁车厢，如果你碰到有人进食，味道很大，总是希望他吃完了再上车；同在一个房间，如果你碰到有人吸烟，烟臭呛人，总是希望他到户外去抽。

孔子曾教导弟子，"民无信不立"。

既要明确划分行政事务中的具体责任，做好衔接工作，杜绝"甩锅"、避免"掉链"，又要加强对失信行为的监督和惩罚。

"自古驱民在信诚，一言为重百金轻。"

做好民族地区的文化扶贫，关键要"各美其美、美美与共"，把开发和保护、传承与创新、文化和生态等紧密结合起来。

为人工智能发展"定规立矩"。

频繁的公款挥霍也让当地有限的财政状况雪上加霜，投资环境得不到改善，所谓"推动工作"实则成了阻碍发展的"绊脚石"。

我想援引纪奥伦的话，"当毒药正在准备中的时候，苏格拉底正在用长笛练习一支曲调。'这有什么用呢？'有人问他。'至少我死前可以学习这支曲调。'"

"愿中国青年都摆脱冷气，只是向上走，不必听自暴自弃者流的话。"

芸芸众生中很多事情，根本不是非黑即白的，学着从不同的角度去看待问题，有很多时候，挫折悲伤也会成为成长和收获，春的料峭可以温柔，夏的酷烈可以肆意，冬的严酷可以宁静。

想快速成长，请读报，请摘报。话不多说，读者们，请你从读完此书的今天做起，参与"党报日读计划"！

参考文献

[1] 谢亦森. 大手笔是怎样炼成的：资深老秘书的公文写作秘籍 [M]. 武汉：长江文艺出版社，2015.

[2] 王群. 品味公文 [M]. 北京：北京联合出版社，2016.

[3] 胡森林，马振凯. 公文高手的自我修养 [M]. 哈尔滨：北方文艺出版社，2016.

[4] 刘杨. 学会写作 [M]. 北京：九州出版社，2017.

[5] 李忠秋，刘晨，张玮. 结构化写作 [M]. 北京：人民邮电出版社，2017.

[6] 乔志明. 感悟公文写作 [M]. 北京：中国税务出版社，2008.

附录一

党政机关公文格式

(GB/T 9704—2012)

《党政机关公文格式》是由国家质量监督检验检疫总局、国家标准化管理委员会发布的关于党政机关公文通用纸张、排版和印制装订要求、公文格式各要素编排规则等的国家标准,是党政机关公文规范化的重要依据,适用于各级党政机关制发的公文。其他机关和单位的公文可以参照执行。

前 言

本标准按照 GB/T 1.1—2009 给出的规则起草。

本标准根据中共中央办公厅、国务院办公厅印发的《党政机关公文处理工作条例》的有关规定对 GB/T 9704—1999《国家行政机关公文格式》进行修订。本标准相对 GB/T 9704—1999 主要作如下修订:

a) 标准名称改为《党政机关公文格式》,标准英文名称也作相应修改;

b) 适用范围扩展到各级党政机关制发的公文;

c) 对标准结构进行适当调整;

d) 对公文装订要求进行适当调整;

e) 增加发文机关署名和页码两个公文格式要素,删除主题词格式要素,并对公文格式各要素的编排进行较大调整;

f) 进一步细化特定格式公文的编排要求;

g) 新增联合行文公文首页版式、信函格式首页、命令(令)格式首页版式等式样。

本标准中公文用语与《党政机关公文处理工作条例》中的用语一致。

本标准为第二次修订。

本标准由中共中央办公厅和国务院办公厅提出。

本标准由中国标准化研究院归口。

本标准起草单位：中国标准化研究院、中共中央办公厅秘书局、国务院办公厅秘书局、中国标准出版社。

本标准主要起草人：房庆、杨雯、郭道锋、孙维、马慧、张书杰、徐成华、范一乔、李玲。

本标准代替了 GB/T 9704—1999。

GB/T 9704—1999 的历次版本发布情况为：

——GB/T 9704—1988。

党政机关公文格式

1 范围

本标准规定了党政机关公文通用的纸张要求、排版和印制装订要求、公文格式各要素的编排规则，并给出了公文的式样。

本标准适用于各级党政机关制发的公文。其他机关和单位的公文可以参照执行。

使用少数民族文字印制的公文，其用纸、幅面尺寸及版面、印制等要求按照本标准执行，其余可以参照本标准并按照有关规定执行。

2 规范性引用文件

下列文件对于本标准的应用是必不可少的。凡是注日期的引用文件，仅所注日期的版本适用于本标准。凡是不注日期的引用文件，其最新版本（包括所有的修改单）适用于本标准。

GB/T 148 印刷、书写和绘图纸幅面尺寸

GB 3100 国际单位制及其应用

GB 3101 有关量、单位和符号的一般原则

GB 3102（所有部分）量和单位

GB/T 15834 标点符号用法

GB/T 15835 出版物上数字用法

3 术语和定义

下列术语和定义适用于本标准。

3.1 字 word

标示公文中横向距离的长度单位。在本标准中，一字指一个汉字宽度的距离。

3.2 行 line

标示公文中纵向距离的长度单位。在本标准中，一行指一个汉字的高度加 3 号汉字高度的 7/8 的距离。

4 公文用纸主要技术指标

公文用纸一般使用纸张定量为 $60 g/m^2$~$80 g/m^2$ 的胶版印刷纸或复印纸。纸张白度 80%～90%，横向耐折度 ≥ 15 次，不透明度 ≥ 85%，pH 值为 7.5～9.5。

5 公文用纸幅面尺寸及版面要求

5.1 幅面尺寸

公文用纸采用 GB/T 148 中规定的 A4 型纸，其成品幅面尺寸为：210 mm × 297 mm。

5.2 版面

5.2.1 页边与版心尺寸

公文用纸天头（上白边）为 37 mm ± 1 mm，公文用纸订口（左白边）为 28 mm ± 1 mm，版心尺寸为 156 mm × 225 mm。

5.2.2 字体和字号

如无特殊说明，公文格式各要素一般用 3 号仿宋体字。特定情况可以作适当调整。

5.2.3 行数和字数

一般每面排 22 行，每行排 28 个字，并撑满版心。特定情况可以作适当调整。

5.2.4 文字的颜色

如无特殊说明，公文中文字的颜色均为黑色。

6 印制装订要求

6.1 制版要求

版面干净无底灰，字迹清楚无断划，尺寸标准，版心不斜，误差不超过 1 mm。

6.2 印刷要求

双面印刷；页码套正，两面误差不超过 2 mm。黑色油墨应当达到色谱所标 BL100%，红色油墨应当达到色谱所标 Y80%、M80%。印品着墨实、均匀；字面不花、不白、无断划。

6.3 装订要求

公文应当左侧装订，不掉页，两页页码之间误差不超过 4 mm，裁切后的成品尺寸允许误差 ±2 mm，四角成 90°，无毛茬或缺损。

骑马订或平订的公文应当：

a) 订位为两钉外订眼距版面上下边缘各 70 mm 处，允许误差 ±4 mm；

b) 无坏钉、漏钉、重钉，钉脚平伏牢固；

c) 骑马订钉锯均订在折缝线上，平订钉锯与书脊间的距离为 3 mm~5 mm。

包本装订公文的封皮（封面、书脊、封底）与书芯应吻合、包紧、包平、不脱落。

7 公文格式各要素编排规则

7.1 公文格式各要素的划分

本标准将版心内的公文格式各要素划分为版头、主体、版记三部分。公文首页红色分隔线以上的部分称为版头；公文首页红色分隔线（不含）以下、公文末页首条分隔线（不含）以上的部分称为主体；公文末页首条分隔线以下、末条分隔线以上的部分称为版记。

页码位于版心外。

7.2 版头

7.2.1 份号

如需标注份号,一般用 6 位 3 号阿拉伯数字,顶格编排在版心左上角第一行。

7.2.2 密级和保密期限

如需标注密级和保密期限,一般用 3 号黑体字,顶格编排在版心左上角第二行;保密期限中的数字用阿拉伯数字标注。

7.2.3 紧急程度

如需标注紧急程度,一般用 3 号黑体字,顶格编排在版心左上角;如需同时标注份号、密级和保密期限、紧急程度,按照份号、密级和保密期限、紧急程度的顺序自上而下分行排列。

7.2.4 发文机关标志

由发文机关全称或者规范化简称加"文件"二字组成,也可以使用发文机关全称或者规范化简称。

发文机关标志居中排布,上边缘至版心上边缘为 35 mm,推荐使用小标宋体字,颜色为红色,以醒目、美观、庄重为原则。

联合行文时,如需同时标注联署发文机关名称,一般应当将主办机关名称排列在前;如有"文件"二字,应当置于发文机关名称右侧,以联署发文机关名称为准上下居中排布。

7.2.5 发文字号

编排在发文机关标志下空二行位置,居中排布。年份、发文顺序号用阿拉伯数字标注;年份应标全称,用六角括号"〔〕"括入;发文顺序号不加"第"字,不编虚位(即 1 不编为 01),在阿拉伯数字后加"号"字。

上行文的发文字号居左空一字编排,与最后一个签发人姓名处在同一行。

7.2.6 签发人

由"签发人"三字加全角冒号和签发人姓名组成,居右空一字,编排在发文机关标志下空二行位置。"签发人"三字用 3 号仿宋体字,签发人姓名用 3 号楷体字。

如有多个签发人，签发人姓名按照发文机关的排列顺序从左到右、自上而下依次均匀编排，一般每行排两个姓名，回行时与上一行第一个签发人姓名对齐。

7.2.7 版头中的分隔线

发文字号之下 4 mm 处居中印一条与版心等宽的红色分隔线。

7.3 主体

7.3.1 标题

一般用 2 号小标宋体字，编排于红色分隔线下空二行位置，分一行或多行居中排布；回行时，要做到词意完整，排列对称，长短适宜，间距恰当，标题排列应当使用梯形或菱形。

7.3.2 主送机关

编排于标题下空一行位置，居左顶格，回行时仍顶格，最后一个机关名称后标全角冒号。如主送机关名称过多导致公文首页不能显示正文时，应当将主送机关名称移至版记，标注方法见 7.4.2。

7.3.3 正文

公文首页必须显示正文。一般用 3 号仿宋体字，编排于主送机关名称下一行，每个自然段左空二字，回行顶格。文中结构层次序数依次可以用"一、""（一）""1.""（1）"标注；一般第一层用黑体字、第二层用楷体字、第三层和第四层用仿宋体字标注。

7.3.4 附件说明

如有附件，在正文下空一行左空二字编排"附件"二字，后标全角冒号和附件名称。如有多个附件，使用阿拉伯数字标注附件顺序号（如"附件：1. ××××××"）；附件名称后不加标点符号。附件名称较长需回行时，应当与上一行附件名称的首字对齐。

7.3.5 发文机关署名、成文日期和印章

7.3.5.1 加盖印章的公文

成文日期一般右空四字编排，印章用红色，不得出现空白印章。

单一机关行文时，一般在成文日期之上、以成文日期为准居中编排发文机关署名，印章端正、居中下压发文机关署名和成文日期，使发文机关署名

和成文日期居印章中心偏下位置，印章顶端应当上距正文（或附件说明）一行之内。

联合行文时，一般将各发文机关署名按照发文机关顺序整齐排列在相应位置，并将印章一一对应、端正、居中下压发文机关署名，最后一个印章端正、居中下压发文机关署名和成文日期，印章之间排列整齐、互不相交或相切，每排印章两端不得超出版心，首排印章顶端应当上距正文（或附件说明）一行之内。

7.3.5.2 不加盖印章的公文

单一机关行文时，在正文（或附件说明）下空一行右空二字编排发文机关署名，在发文机关署名下一行编排成文日期，首字比发文机关署名首字右移二字，如成文日期长于发文机关署名，应当使成文日期右空二字编排，并相应增加发文机关署名右空字数。

联合行文时，应当先编排主办机关署名，其余发文机关署名依次向下编排。

7.3.5.3 加盖签发人签名章的公文

单一机关制发的公文加盖签发人签名章时，在正文（或附件说明）下空二行右空四字加盖签发人签名章，签名章左空二字标注签发人职务，以签名章为准上下居中排布。在签发人签名章下空一行右空四字编排成文日期。

联合行文时，应当先编排主办机关签发人职务、签名章，其余机关签发人职务、签名章依次向下编排，与主办机关签发人职务、签名章上下对齐；每行只编排一个机关的签发人职务、签名章；签发人职务应当标注全称。

签名章一般用红色。

7.3.5.4 成文日期中的数字

用阿拉伯数字将年、月、日标全，年份应标全称，月、日不编虚位（即1不编为01）。

7.3.5.5 特殊情况说明

当公文排版后所剩空白处不能容下印章或签发人签名章、成文日期时，可以采取调整行距、字距的措施解决。

7.3.6 附注

如有附注，居左空二字加圆括号编排在成文日期下一行。

7.3.7 附件

附件应当另面编排，并在版记之前，与公文正文一起装订。"附件"二字及附件顺序号用3号黑体字顶格编排在版心左上角第一行。附件标题居中编排在版心第三行。附件顺序号和附件标题应当与附件说明的表述一致。附件格式要求同正文。

如附件与正文不能一起装订，应当在附件左上角第一行顶格编排公文的发文字号并在其后标注"附件"二字及附件顺序号。

7.4 版记

7.4.1 版记中的分隔线

版记中的分隔线与版心等宽，首条分隔线和末条分隔线用粗线（推荐高度为0.35mm），中间的分隔线用细线（推荐高度为0.25mm）。首条分隔线位于版记中第一个要素之上，末条分隔线与公文最后一面的版心下边缘重合。

7.4.2 抄送机关

如有抄送机关，一般用4号仿宋体字，在印发机关和印发日期之上一行、左右各空一字编排。"抄送"二字后加全角冒号和抄送机关名称，回行时与冒号后的首字对齐，最后一个抄送机关名称后标句号。

如需把主送机关移至版记，除将"抄送"二字改为"主送"外，编排方法同抄送机关。既有主送机关又有抄送机关时，应当将主送机关置于抄送机关之上一行，之间不加分隔线。

7.4.3 印发机关和印发日期

印发机关和印发日期一般用4号仿宋体字，编排在末条分隔线之上，印发机关左空一字，印发日期右空一字，用阿拉伯数字将年、月、日标全，年份应标全称，月、日不编虚位（即1不编为01），后加"印发"二字。

版记中如有其他要素，应当将其与印发机关和印发日期用一条细分隔线隔开。

7.5 页码

一般用 4 号半角宋体阿拉伯数字，编排在公文版心下边缘之下，数字左右各放一条一字线；一字线上距版心下边缘 7 mm。单页码居右空一字，双页码居左空一字。公文的版记页前有空白页的，空白页和版记页均不编排页码。公文的附件与正文一起装订时，页码应当连续编排。

8 公文中的横排表格

A4 纸型的表格横排时，页码位置与公文其他页码保持一致，单页码表头在订口一边，双页码表头在切口一边。

9 公文中计量单位、标点符号和数字的用法

公文中计量单位的用法应当符合 GB 3100、GB 3101 和 GB 3102（所有部分），标点符号的用法应当符合 GB/T 15834，数字用法应当符合 GB/T 15835。

10 公文的特定格式

10.1 信函格式

发文机关标志使用发文机关全称或者规范化简称，居中排布，上边缘至上页边为 30mm，推荐使用红色小标宋体字。联合行文时，使用主办机关标志。

发文机关标志下 4 mm 处印一条红色双线（上粗下细），距下页边 20 mm 处印一条红色双线（上细下粗），线长均为 170 mm，居中排布。

如需标注份号、密级和保密期限、紧急程度，应当顶格居版心左边缘编排在第一条红色双线下，按照份号、密级和保密期限、紧急程度的顺序自上而下分行排列，第一个要素与该线的距离为 3 号汉字高度的 7/8。

发文字号顶格居版心右边缘编排在第一条红色双线下，与该线的距离为 3 号汉字高度的 7/8。

标题居中编排，与其上最后一个要素相距二行。

第二条红色双线上一行如有文字，与该线的距离为 3 号汉字高度的 7/8。

首页不显示页码。

版记不加印发机关和印发日期、分隔线，位于公文最后一面版心内最下方。

10.2 命令（令）格式

发文机关标志由发文机关全称加"命令"或"令"字组成，居中排布，上边缘至版心上边缘为 20 mm，推荐使用红色小标宋体字。

发文机关标志下空二行居中编排令号，令号下空二行编排正文。

签发人职务、签名章和成文日期的编排见 7.3.5.3。

10.3 纪要格式

纪要标志由"×××××纪要"组成，居中排布，上边缘至版心上边缘为 35 mm，推荐使用红色小标宋体字。

标注出席人员名单，一般用 3 号黑体字，在正文或附件说明下空一行左空二字编排"出席"二字，后标全角冒号，冒号后用 3 号仿宋体字标注出席人单位、姓名，回行时与冒号后的首字对齐。

标注请假和列席人员名单，除依次另起一行并将"出席"二字改为"请假"或"列席"外，编排方法同出席人员名单。

纪要格式可以根据实际制定。

11 式样

A4 型公文用纸页边及版心尺寸见图 1；公文首页版式见图 2；联合行文公文首页版式 1 见图 3；联合行文公文首页版式 2 见图 4；公文末页版式 1 见图 5；公文末页版式 2 见图 6；联合行文公文末页版式 1 见图 7；联合行文公文末页版式 2 见图 8；附件说明页版式见图 9；带附件公文末页版式见图 10；信函格式首页版式见图 11；命令（令）格式首页版式见图 12。

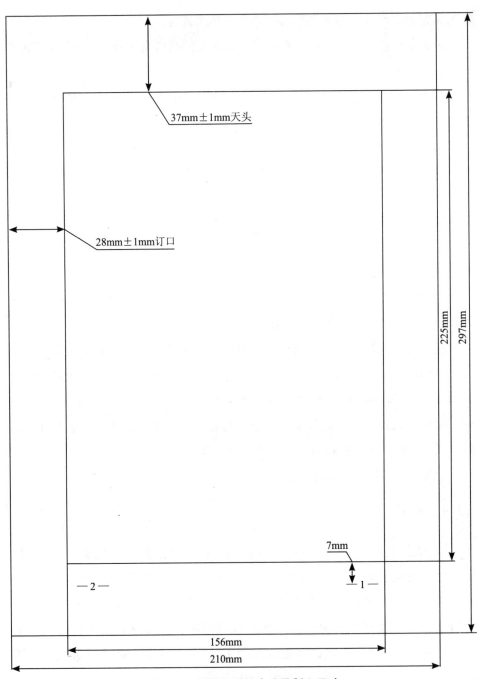

图1 A4型公文用纸布边及版心尺寸

附录一 党政机关公文格式

```
000001
机密★1年
特急
```

×××××文件

×××〔2012〕10号

×××××关于××××××的通知

×××××××××：
　　××。
　　×××××××××××××××××××××××××××××××。
　　××××××××。
　　××××。×××

— 1 —

图 2　公文首页版式

注：版心实线框仅为示意，在印制公文时并不印出。

```
000001
机密★1年
特急
```

××××××

× × × 文件

××××××

×××〔2012〕10号

×××××关于××××××的通知

××××××××：
　　××。
　　××××××××××××××××××××××××××

—1—

图3　联合行文公文首页版式1

注：版心实线框仅为示意，在印制公文时并不印出。

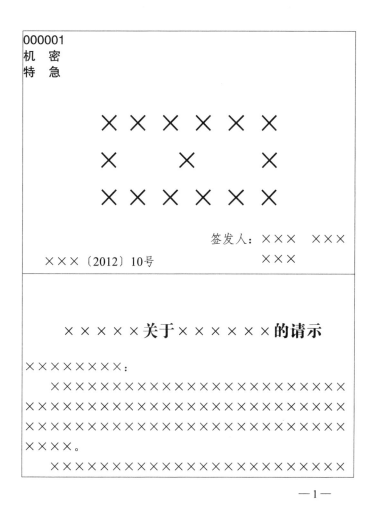

图4 联合行文公文首页版式2

注：版心实线框仅为示意，在印制公文时并不印出。

×××××××××××××。
　×××××××××××××××××××××
×××××××××××××××××××××××
××××××。

2012年7月1日

(××××××)

抄送：××××，××××，××××，××××，
×××××。

××××××××　　　　　　　　2012年7月1日印发

—2—

图5　公文末页版式1

注：版心实线框仅为示意，在印制公文时并不印出。

```
××××××××××××。
    ××××××××××××××××××
××××××××××××××××××××××
××××××××。

                    ××××××××××
                     2012年7月1日




(××××××)




抄送：××××，××××，××××，××××，
    ×××××。
××××××××         2012年7月1日印发
```

—2—

图6　公文末页版式2

注：版心实线框仅为示意，在印制公文时并不印出。

图 7　联合行文公文末页版式 1

注：版心实线框仅为示意，在印制公文时并不印出。

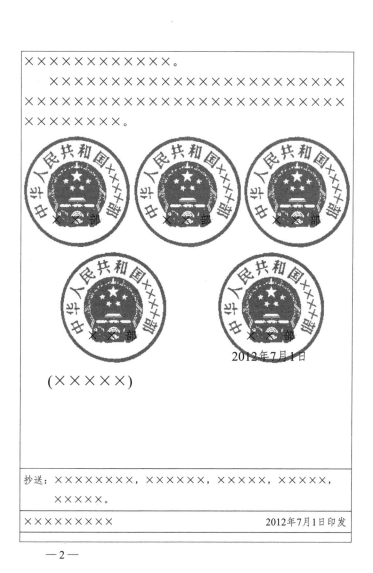

图8 联合行文公文末页版式2

注：版心实线框仅为示意，在印制公文时并不印出。

```
××××××××××。
    ××××××××××××××××××××
××××××××××××××××××××××
××××××××。
    附件：1. ××××××××××××××××
            ××××
         2. ××××××××××
                                    ×××××××
                                    ×  ×  ×  ×
                                    2012年7月1日

(×××××)
```

—2—

图9　附件说明页版式

注：版心实线框仅为示意，在印制公文时并不印出。

附录一
党政机关公文格式

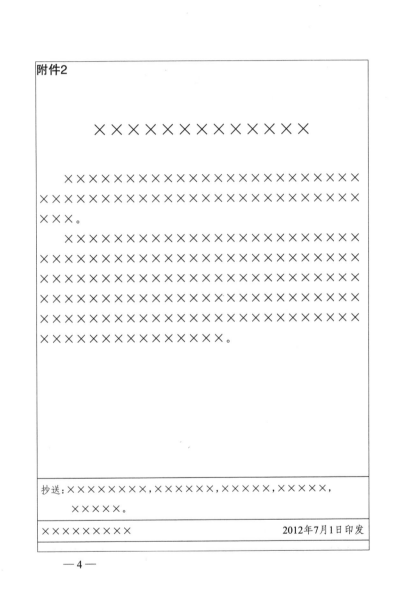

图 10　带附件公文末页版式

注：版心实线框仅为示意，在印制公文时并不印出。

中华人民共和国×××××部

000001　　　　　　　　　　　×××〔2012〕10号
机　密
特　急

×××××关于×××××××的通知

×××××××：
　　×××。
　　×××。
　　×××。

图 11　信函格式首页版式

注：版心实线框仅为示意，在印制公文时并不印出。

附录一
党政机关公文格式 | 323

××××××令

第×××号

　　××。
　　××。

部　长×××

2012年7月1日

—1—

图 12　命令（令）格式首页版式

注：版心实线框仅为示意，在印制公文时并不印出。

附录二

党政机关公文处理工作条例

第一章 总 则

第一条 为了适应中国共产党机关和国家行政机关（以下简称党政机关）工作需要，推进党政机关公文处理工作科学化、制度化、规范化，制定本条例。

第二条 本条例适用于各级党政机关公文处理工作。

第三条 党政机关公文是党政机关实施领导、履行职能、处理公务的具有特定效力和规范体式的文书，是传达贯彻党和国家的方针政策，公布法规和规章，指导、布置和商洽工作，请示和答复问题，报告、通报和交流情况等的重要工具。

第四条 公文处理工作是指公文拟制、办理、管理等一系列相互关联、衔接有序的工作。

第五条 公文处理工作应当坚持实事求是、准确规范、精简高效、安全保密的原则。

第六条 各级党政机关应当高度重视公文处理工作，加强组织领导，强化队伍建设，设立文秘部门或者由专人负责公文处理工作。

第七条 各级党政机关办公厅（室）主管本机关的公文处理工作，并对下级机关的公文处理工作进行业务指导和督促检查。

第二章 公文种类

第八条 公文种类主要有：

（一）决议。适用于会议讨论通过的重大决策事项。

（二）决定。适用于对重要事项作出决策和部署、奖惩有关单位和人员、变更或者撤销下级机关不适当的决定事项。

（三）命令（令）。适用于公布行政法规和规章、宣布施行重大强制性措施、批准授予和晋升衔级、嘉奖有关单位和人员。

（四）公报。适用于公布重要决定或者重大事项。

（五）公告。适用于向国内外宣布重要事项或者法定事项。

（六）通告。适用于在一定范围内公布应当遵守或者周知的事项。

（七）意见。适用于对重要问题提出见解和处理办法。

（八）通知。适用于发布、传达要求下级机关执行和有关单位周知或者执行的事项，批转、转发公文。

（九）通报。适用于表彰先进、批评错误、传达重要精神和告知重要情况。

（十）报告。适用于向上级机关汇报工作、反映情况，回复上级机关的询问。

（十一）请示。适用于向上级机关请求指示、批准。

（十二）批复。适用于答复下级机关请示事项。

（十三）议案。适用于各级人民政府按照法律程序向同级人民代表大会或者人民代表大会常务委员会提请审议事项。

（十四）函。适用于不相隶属机关之间商洽工作、询问和答复问题、请求批准和答复审批事项。

（十五）纪要。适用于记载会议主要情况和议定事项。

第三章　公文格式

第九条　公文一般由份号、密级和保密期限、紧急程度、发文机关标志、发文字号、签发人、标题、主送机关、正文、附件说明、发文机关署名、成文日期、印章、附注、附件、抄送机关、印发机关和印发日期、页码等组成。

（一）份号。公文印制份数的顺序号。涉密公文应当标注份号。

（二）密级和保密期限。公文的秘密等级和保密的期限。涉密公文应当根据涉密程度分别标注"绝密""机密""秘密"和保密期限。

（三）紧急程度。公文送达和办理的时限要求。根据紧急程度，紧急公文应当分别标注"特急""加急"，电报应当分别标注"特提""特急""加急""平急"。

（四）发文机关标志。由发文机关全称或者规范化简称加"文件"二字组成，也可以使用发文机关全称或者规范化简称。联合行文时，发文机关标志可以并用联合发文机关名称，也可以单独用主办机关名称。

（五）发文字号。由发文机关代字、年份、发文顺序号组成。联合行文时，使用主办机关的发文字号。

（六）签发人。上行文应当标注签发人姓名。

（七）标题。由发文机关名称、事由和文种组成。

（八）主送机关。公文的主要受理机关，应当使用机关全称、规范化简称或者同类型机关统称。

（九）正文。公文的主体，用来表述公文的内容。

（十）附件说明。公文附件的顺序号和名称。

（十一）发文机关署名。署发文机关全称或者规范化简称。

（十二）成文日期。署会议通过或者发文机关负责人签发的日期。联合行文时，署最后签发机关负责人签发的日期。

（十三）印章。公文中有发文机关署名的，应当加盖发文机关印章，并与署名机关相符。有特定发文机关标志的普发性公文和电报可以不加盖印章。

（十四）附注。公文印发传达范围等需要说明的事项。

（十五）附件。公文正文的说明、补充或者参考资料。

（十六）抄送机关。除主送机关外需要执行或者知晓公文内容的其他机关，应当使用机关全称、规范化简称或者同类型机关统称。

（十七）印发机关和印发日期。公文的送印机关和送印日期。

（十八）页码。公文页数顺序号。

第十条 公文的版式按照《党政机关公文格式》国家标准执行。

第十一条 公文使用的汉字、数字、外文字符、计量单位和标点符号等，按照有关国家标准和规定执行。民族自治地方的公文，可以并用汉字和当地通用的少数民族文字。

第十二条 公文用纸幅面采用国际标准A4型。特殊形式的公文用纸幅面，根据实际需要确定。

第四章 行文规则

第十三条 行文应当确有必要，讲求实效，注重针对性和可操作性。

第十四条 行文关系根据隶属关系和职权范围确定。一般不得越级行文，特殊情况需要越级行文的，应当同时抄送被越过的机关。

第十五条 向上级机关行文，应当遵循以下规则：

（一）原则上主送一个上级机关，根据需要同时抄送相关上级机关和同级机关，不抄送下级机关。

（二）党委、政府的部门向上级主管部门请示、报告重大事项，应当经本级党委、政府同意或者授权；属于部门职权范围内的事项应当直接报送上级主管部门。

（三）下级机关的请示事项，如需以本机关名义向上级机关请示，应当提出倾向性意见后上报，不得原文转报上级机关。

（四）请示应当一文一事。不得在报告等非请示性公文中夹带请示事项。

（五）除上级机关负责人直接交办事项外，不得以本机关名义向上级机关负责人报送公文，不得以本机关负责人名义向上级机关报送公文。

（六）受双重领导的机关向一个上级机关行文，必要时抄送另一个上级机关。

第十六条 向下级机关行文，应当遵循以下规则：

（一）主送受理机关，根据需要抄送相关机关。重要行文应当同时抄送发文机关的直接上级机关。

（二）党委、政府的办公厅（室）根据本级党委、政府授权，可以向下级党委、政府行文，其他部门和单位不得向下级党委、政府发布指令性公文或者在公文中向下级党委、政府提出指令性要求。需经政府审批的具体事项，经政府同意后可以由政府职能部门行文，文中须注明已经政府同意。

（三）党委、政府的部门在各自职权范围内可以向下级党委、政府的相关部门行文。

（四）涉及多个部门职权范围内的事务，部门之间未协商一致的，不得向下行文；擅自行文的，上级机关应当责令其纠正或者撤销。

（五）上级机关向受双重领导的下级机关行文，必要时抄送该下级机关的另一个上级机关。

第十七条　同级党政机关、党政机关与其他同级机关必要时可以联合行文。属于党委、政府各自职权范围内的工作，不得联合行文。

党委、政府的部门依据职权可以相互行文。

部门内设机构除办公厅（室）外不得对外正式行文。

第五章　公文拟制

第十八条　公文拟制包括公文的起草、审核、签发等程序。

第十九条　公文起草应当做到：

（一）符合党的理论路线方针政策和国家法律法规，完整准确体现发文机关意图，并同现行有关公文相衔接。

（二）一切从实际出发，分析问题实事求是，所提政策措施和办法切实可行。

（三）内容简洁，主题突出，观点鲜明，结构严谨，表述准确，文字精练。

（四）文种正确，格式规范。

（五）深入调查研究，充分进行论证，广泛听取意见。

（六）公文涉及其他地区或者部门职权范围内的事项，起草单位必须征求相关地区或者部门意见，力求达成一致。

（七）机关负责人应当主持、指导重要公文起草工作。

第二十条　公文文稿签发前，应当由发文机关办公厅（室）进行审核。审核的重点是：

（一）行文理由是否充分，行文依据是否准确。

（二）内容是否符合党的理论路线方针政策和国家法律法规；是否完整准确体现发文机关意图；是否同现行有关公文相衔接；所提政策措施和办法是否切实可行。

（三）涉及有关地区或者部门职权范围内的事项是否经过充分协商并达成一致意见。

（四）文种是否正确，格式是否规范；人名、地名、时间、数字、段落顺序、引文等是否准确；文字、数字、计量单位和标点符号等用法是否规范。

（五）其他内容是否符合公文起草的有关要求。

需要发文机关审议的重要公文文稿，审议前由发文机关办公厅（室）进行初核。

第二十一条 经审核不宜发文的公文文稿，应当退回起草单位并说明理由；符合发文条件但内容需作进一步研究和修改的，由起草单位修改后重新报送。

第二十二条 公文应当经本机关负责人审批签发。重要公文和上行文由机关主要负责人签发。党委、政府的办公厅（室）根据党委、政府授权制发的公文，由受权机关主要负责人签发或者按照有关规定签发。签发人签发公文，应当签署意见、姓名和完整日期；圈阅或者签名的，视为同意。联合发文由所有联署机关的负责人会签。

第六章　公文办理

第二十三条 公文办理包括收文办理、发文办理和整理归档。

第二十四条 收文办理主要程序是：

（一）签收。对收到的公文应当逐件清点，核对无误后签字或者盖章，并注明签收时间。

（二）登记。对公文的主要信息和办理情况应当详细记载。

（三）初审。对收到的公文应当进行初审。初审的重点是：是否应当由本机关办理，是否符合行文规则，文种、格式是否符合要求，涉及其他地区或者部门职权范围内的事项是否已经协商、会签，是否符合公文起草的其他要求。经初审不符合规定的公文,应当及时退回来文单位并说明理由。

(四)承办。阅知性公文应当根据公文内容、要求和工作需要确定范围后分送。批办性公文应当提出拟办意见报本机关负责人批示或者转有关部门办理;需要两个以上部门办理的,应当明确主办部门。紧急公文应当明确办理时限。承办部门对交办的公文应当及时办理,有明确办理时限要求的应当在规定时限内办理完毕。

(五)传阅。根据领导批示和工作需要将公文及时送传阅对象阅知或者批示。办理公文传阅应当随时掌握公文去向,不得漏传、误传、延误。

(六)催办。及时了解掌握公文的办理进展情况,督促承办部门按期办结。紧急公文或者重要公文应当由专人负责催办。

(七)答复。公文的办理结果应当及时答复来文单位,并根据需要告知相关单位。

第二十五条 发文办理主要程序是:

(一)复核。已经发文机关负责人签批的公文,印发前应当对公文的审批手续、内容、文种、格式等进行复核;需作实质性修改的,应当报原签批人复审。

(二)登记。对复核后的公文,应当确定发文字号、分送范围和印制份数并详细记载。

(三)印制。公文印制必须确保质量和时效。涉密公文应当在符合保密要求的场所印制。

(四)核发。公文印制完毕,应当对公文的文字、格式和印刷质量进行检查后分发。

第二十六条 涉密公文应当通过机要交通、邮政机要通信、城市机要文件交换站或者收发件机关机要收发人员进行传递,通过密码电报或者符合国家保密规定的计算机信息系统进行传输。

第二十七条 需要归档的公文及有关材料,应当根据有关档案法律法规以及机关档案管理规定,及时收集齐全、整理归档。两个以上机关联合办理的公文,原件由主办机关归档,相关机关保存复制件。机关负责人兼任其他机关职务的,在履行所兼职务过程中形成的公文,由其兼职机关归档。

第七章 公文管理

第二十八条 各级党政机关应当建立健全本机关公文管理制度,确保管理严格规范,充分发挥公文效用。

第二十九条 党政机关公文由文秘部门或者专人统一管理。设立党委(党组)的县级以上单位应当建立机要保密室和机要阅文室,并按照有关保密规定配备工作人员和必要的安全保密设施设备。

第三十条 公文确定密级前,应当按照拟定的密级先行采取保密措施。确定密级后,应当按照所定密级严格管理。绝密级公文应当由专人管理。

公文的密级需要变更或者解除的,由原确定密级的机关或者其上级机关决定。

第三十一条 公文的印发传达范围应当按照发文机关的要求执行;需要变更的,应当经发文机关批准。

涉密公文公开发布前应当履行解密程序。公开发布的时间、形式和渠道,由发文机关确定。

经批准公开发布的公文,同发文机关正式印发的公文具有同等效力。

第三十二条 复制、汇编机密级、秘密级公文,应当符合有关规定并经本机关负责人批准。绝密级公文一般不得复制、汇编,确有工作需要的,应当经发文机关或者其上级机关批准。复制、汇编的公文视同原件管理。

复制件应当加盖复制机关戳记。翻印件应当注明翻印的机关名称、日期。汇编本的密级按照编入公文的最高密级标注。

第三十三条 公文的撤销和废止,由发文机关、上级机关或者权力机关根据职权范围和有关法律法规决定。公文被撤销的,视为自始无效;公文被废止的,视为自废止之日起失效。

第三十四条 涉密公文应当按照发文机关的要求和有关规定进行清退或者销毁。

第三十五条 不具备归档和保存价值的公文,经批准后可以销毁。销毁涉密公文必须严格按照有关规定履行审批登记手续,确保不丢失、不漏销。个人不得私自销毁、留存涉密公文。

第三十六条　机关合并时，全部公文应当随之合并管理；机关撤销时，需要归档的公文经整理后按照有关规定移交档案管理部门。

工作人员离岗离职时，所在机关应当督促其将暂存、借用的公文按照有关规定移交、清退。

第三十七条　新设立的机关应当向本级党委、政府的办公厅（室）提出发文立户申请。经审查符合条件的，列为发文单位，机关合并或者撤销时，相应进行调整。

第八章　附　　则

第三十八条　党政机关公文含电子公文。电子公文处理工作的具体办法另行制定。

第三十九条　法规、规章方面的公文，依照有关规定处理。外事方面的公文，依照外事主管部门的有关规定处理。

第四十条　其他机关和单位的公文处理工作，可以参照本条例执行。

第四十一条　本条例由中共中央办公厅、国务院办公厅负责解释。

第四十二条　本条例自 2012 年 7 月 1 日起施行。1996 年 5 月 3 日中共中央办公厅发布的《中国共产党机关公文处理条例》和 2000 年 8 月 24 日国务院发布的《国家行政机关公文处理办法》停止执行。